21世纪交通版高职高专汽车专业教材

Qiche Kongtiao Gouzao yu Weixiu
汽车空调构造与维修
（第二版）

杨柳青　主编

人民交通出版社股份有限公司
China Communications Press Co.,Ltd.

内 容 提 要

本书是21世纪交通版高职高专汽车专业教材,主要包括:绪论、汽车空调概述、汽车空调技术基础、汽车空调制冷系统、汽车空调的采暖与通风系统、汽车空调的控制系统、独立式汽车空调系统、汽车空调维修专用设备、汽车空调系统维护与检修、汽车空调系统故障诊断与排除、汽车空调系统维修后的性能调试,共十一章内容。

本书可供高等职业院校汽车运用技术专业教学使用,也可作为相关行业岗位培训或自学用书,同时可供汽车维修人员学习参考。

图书在版编目(CIP)数据

汽车空调构造与维修/杨柳青主编. —2版. —北京:人民交通出版社股份有限公司,2017.8
ISBN 978-7-114-13831-7

Ⅰ. ①汽… Ⅱ. ①杨… Ⅲ. ①汽车空调—构造—高等职业教育—教材②汽车空调—维修—高等职业教育—教材 Ⅳ. ①U463.850.3②U472.41

中国版本图书馆 CIP 数据核字(2017)第 119827 号

书　　名:	汽车空调构造与维修(第二版)
著　作　者:	杨柳青
责任编辑:	张一梅
出版发行:	人民交通出版社股份有限公司
地　　址:	(100011)北京市朝阳区安定门外外馆斜街 3 号
网　　址:	http://www.ccpress.com.cn
销售电话:	(010)59757973
总 经 销:	人民交通出版社股份有限公司发行部
经　　销:	各地新华书店
印　　刷:	北京市密东印刷有限公司
开　　本:	787×1092　1/16
印　　张:	13.25
字　　数:	309 千
版　　次:	2008 年 6 月　第 1 版 2017 年 8 月　第 2 版
印　　次:	2017 年 8 月　第 2 版　第 1 次印刷　累计第 6 次印刷
书　　号:	ISBN 978-7-114-13831-7
定　　价:	30.00 元

(有印刷、装订质量问题的图书由本公司负责调换)

第二版前言

随着我国人民生活水平的日益提高和国家政策的刺激与支持,汽车行业飞速发展,汽车产销量均高居世界首位。目前,几乎所有品牌的汽车均在我国生产、销售,大量的汽车舒适性设备也被广泛地使用在汽车上,其中,空调系统也在近些年实现了多项技术革新。因此在汽车制造业、汽车维修检测业都需要大量系统熟练掌握汽车空调检修与维护的人才,各大专职业院校都在汽车维修、汽车电子、汽车制造与装配专业中开设了汽车空调结构与检修课程,以满足人才培养的需要。

为完善国家示范院校和骨干院校建设的后续工作,落实《教育部关于印发〈高等职业教育创新发展行动计划(2015—2018年)〉的通知》(教职成〔2015〕9号)精神,继续深化校企合作项目成果,紧密结合目前汽车维修行业实际工作需求,本教材编写组织了长期从事校企合作的高校教师和企业专家,在第一版编写的基础上,再次对汽车空调系统的技术基础、系统结构、控制原理及维护检修等全书十一章内容进行了修订,同时对第六章与第十一章的内容进行了整合,从而使全书的内容与目前汽车行业空调系统的主流技术更新保持同步。全书修订工作主要包括以下几个方面:

(1)针对汽车空调系统维修出现的新技术、新工艺、新设备,本书在原有的基础上进行了更新和补充,并简单介绍了新能源汽车空调有关系统的工作原理。

(2)对第一版中的旧车型和老技术进行了删减,并增加大众、丰田、标致和雪铁龙等主流品牌的空调系统检修内容,使学生所学能直接对接工作实际。

(3)仔细校对了第一版中的文字和图片错误,并予以修订。

本教材由安徽交通职业技术学院杨柳青教授担任主编,唐晓丹担任副主编,参加本版修订编写工作的有:安徽交通职业技术学院程章(修订编写第一章、第二章、第三章、第四章)、王雷(修订编写第六章、第九章)、黄智勇(修订编写第八章、第十一章)、安徽伟世行汽车销售服务有限公司孟军(修订编写第五章)、芜湖伟霖雷克萨斯汽车销售服务有限公司张庆伟(修订编写第十章)。

本教材在编写与修订的过程中得到了"高等职业教育创新发展行动计划(2015—

2018年)——基于'四元合一'的汽车技术运用协同创新中心项目"、"安徽省高校学科(专业)拔尖人才学术资助项目"、"《车载网络系统检修》省级精品资源共享课项目"、"新能源汽车方向'双师型'师资'四位一体'协同培养模式的探索"4个省级项目的资助。

  由于编写时间较紧且有关新能源方向的最新技术资料欠缺,加之编者水平有限,错误和不妥之处在所难免,敬请读者和同行批评指正。

编 者
2017年7月

目录

第一章　绪论 ··· 1
　第一节　汽车空调的基本概念 ·· 1
　第二节　汽车空调的发展 ·· 2
第二章　汽车空调概述 ·· 6
　第一节　汽车空调组成与分类 ·· 6
　第二节　汽车空调的工作特点 ·· 9
　第三节　汽车空调的布置 ·· 11
第三章　汽车空调技术基础 ··· 13
　第一节　热力学基础知识 ·· 13
　第二节　制冷剂与冷冻机油 ·· 17
第四章　汽车空调制冷系统 ··· 22
　第一节　汽车空调制冷系统工作原理 ······································ 22
　第二节　汽车空调制冷系统主要部件结构与原理 ···················· 24
第五章　汽车空调的采暖与通风系统 ··· 47
　第一节　采暖系统 ··· 47
　第二节　通风与空气净化系统 ··· 56
　第三节　汽车空调配气系统 ·· 58
第六章　汽车空调的控制系统 ·· 61
　第一节　汽车空调系统常用控制元器件 ·································· 61
　第二节　汽车空调系统控制电路 ··· 71
　第三节　手动调节的汽车空调系统 ·· 84
　第四节　电控气动的汽车空调系统 ·· 87
　第五节　微机控制的自动空调系统 ·· 92
第七章　独立式汽车空调系统 ·· 116
　第一节　客车空调概述 ··· 116
　第二节　独立式空调系统组成与工作原理 ····························· 120
　第三节　典型客车空调系统电路实例 ···································· 128

第八章 汽车空调维修专用设备 ·········· 138
第一节 汽车空调检修专用仪器及设备 ·········· 138
第二节 汽车空调维修常用的工具 ·········· 145

第九章 汽车空调系统维护与检修 ·········· 147
第一节 汽车空调使用与维护 ·········· 147
第二节 汽车空调制冷系统的检修 ·········· 152
第三节 汽车空调系统部件的拆装与检修 ·········· 160

第十章 汽车空调系统故障诊断与排除 ·········· 184
第一节 汽车空调常见故障诊断与排除 ·········· 184
第二节 自动空调控制系统故障诊断与排除 ·········· 192

第十一章 汽车空调系统维修后的性能调试 ·········· 201
第一节 汽车空调系统维修后的外观检查 ·········· 201
第二节 汽车空调系统维修后的性能测试 ·········· 202

参考文献 ·········· 205

第一章 绪 论

第一节 汽车空调的基本概念

空调即空气调节,是指在封闭的空间内,对温度、湿度及空气的清洁度进行调节控制。

空调是汽车现代化标志之一,现代汽车空调的基本功能是在任何气候和行驶条件下,能改善驾驶员的工作劳动条件和提高乘员的舒适性。由于汽车空调的调节对象是车内的乘员,故偏重于舒适性的要求。舒适性是由人对车内的温度、湿度、空气流速、含氧量、有害气体含量、噪声、压力、气味、灰尘、细菌等参数指标的感觉和反应决定的。这种舒适感是主动安全功能的一个组成部分,对安全行车具有很大影响。车内的气候对驾驶员轻松驾驶和行驶安全性都有直接影响。现代汽车空调就是将车内空间的环境调整到对人体最适宜的状态,创造良好的劳动条件和工作环境,以提高驾驶员的劳动生产率和行车安全;同时,保护乘员的身体健康,利于乘员旅游观光、学习或者休息。为此,现代汽车空调系统就必须具备完善的功能,以及完成这些功能所需要的装置。这些装置既可单独使用,也可综合使用,以完成空气调节工作。

汽车空调已大众化、普及化。日本和欧美一些发达国家生产的新型轿车,绝大部分出厂时就安装了空调设备。不但轿车、旅游客车和公共汽车上装有空调设备,而且在载货汽车、拖拉机的驾驶室里以及具有特殊作业的汽车上,都装有空调设备,可见汽车空调的使用已经相当普及。

衡量汽车空调质量的指标主要有 4 个,即温度、湿度、气流控制和清洁度。

一、温度

在夏季,人感到最舒适的温度是 22~28℃;在冬季,则是 16~18℃。温度低于 14℃,人会感觉到"冷",温度越低,越觉得手脚动作僵硬,不能灵活操作机件。温度超过 28℃,人就会觉得燥热,温度越高,越觉得头昏脑涨,精神集中不起来,思维迟钝,容易造成交通事故。超过 40℃,则为有害温度,对身体的健康会造成损害。另外,人体面部所需求的温度比足部略低,即要求"头凉足暖",温差大约为 2℃。

二 湿度

人觉得最舒适的相对湿度夏季是 50%～60%，冬季则是 40%～50%，在这种湿度环境中，人会觉得心情舒畅，皮肤觉得特别光滑、柔嫩。湿度过低，人的皮肤会干燥，这是由于湿度太低时，皮肤表面和衣服都较干燥，它们之间（特别是化纤衣服）摩擦产生静电的缘故；湿度过高，人会觉得发闷，这是由于人体皮肤的水分蒸发不出来，干扰了人体正常的新陈代谢过程。

三 气流控制

人在流动的空气中比在静止的空气中要舒服，这是因为流动的空气能促进人体温度外散的缘故，所以空气流速是汽车空气调节的重要内容之一。通常空气流速在 0.2m/s 以下为好，并且以低速流动为佳。

四 清洁度

由于车内空间小，乘员密度大，全封闭空间的空气极易产生缺氧和二氧化碳浓度过高；汽车发动机废气中的一氧化碳和道路上的粉尘、野外有刺激性的花粉都容易进入车内，造成车内空气混浊，严重时会影响乘员的身体健康。

第二节 汽车空调的发展

一 汽车空调的发展阶段

汽车空调技术的发展是从低级到高级，由功能简单向功能齐全方向发展的，其发展过程可以概括为以下 5 个阶段。

第一阶段：单一采暖。1925 年，首先在美国出现利用汽车冷却液通过加热器的方法取暖。到 1927 年发展到具有加热器、鼓风机和空气滤清器等比较完整的取暖系统。目前，在寒冷的北欧、亚洲北部地区及国内大部分货车上仍然使用单一供暖系统。

第二阶段：单一制冷。1939 年，由美国通用汽车帕克公司（PACKARD）首先在轿车上安装机械制冷降温的空调器，成为汽车空调的先驱。欧洲国家、日本到 1957 年才加装这种单一制冷的轿车。目前在热带、亚热带地区，汽车空调仍然使用单一制冷系统。

第三阶段：冷暖一体化。1954 年，美国通用汽车公司首先在纳什（NASH）轿车上安装了冷暖一体化的空调器，汽车空调才基本上具有调节控制车内温度、湿度的功能。随着汽车空调技术的改进，目前冷暖一体的空调基本上具有降温、除湿、通风、过滤和除霜等功能。这种方式目前仍然在大量的经济型汽车上使用，是目前使用量最大的一种方式。

第四阶段：自动控制的汽车空调。冷暖一体汽车空调需要人工操纵，增加了驾驶员的工作量，同时控制质量也不太理想。1964 年，美国通用汽车公司将自动控制的汽车空调安装在凯迪拉克轿车上,紧接着通用、福特、克莱斯勒三大汽车公司也在各自的高级轿车上安装。日本、欧洲国家直到1972年才在高级轿车上安装。这种自动空调装置只要预先设置好温度,机器就能自动地在设定的温度范围内工作,达到调节车内空气的目的。

第五阶段:微机控制。1973年,美国通用汽车公司和日本五十铃汽车公司(后合并到三菱集团)一起联合研究微机控制的汽车空调系统,1977年同时安装在各自生产的汽车上。微机控制的汽车空调功能增加了显示数字化,冷、暖、通风三位一体,故障诊断智能化。目前,高档轿车全自动空调已经与车身计算机系统组成局域网络,微机可根据车内外的环境条件,控制空调器的工作,实现了空调运行与汽车运行的相关统一,极大地提高了调节效果、节约了燃料,从而提高了汽车的整体性能和最佳的舒适性。目前,微机控制的汽车空调已广泛使用在国内各大品牌车型的中高配汽车上,如通用君威、丰田凯美瑞、一汽-大众的速腾及东风标致408和东风雪铁龙C4世嘉等。

二 我国汽车空调的发展现状

我国汽车空调的发展大致经历了3个阶段。

第一阶段:在20世纪60年代初到20世纪70年代末,主要是利用汽车发动机排出的高温废气或冷却循环水产生的热量来取暖。在20世纪六七十年代生产的北京吉普和北方的一些长途客车上应用。

第二阶段:在20世纪80年代初至90年代初。20世纪80年代初期,我国从日本购进制冷降温用的汽车空调系统,装配在我国生产的红旗、上海、伏尔加等小轿车上和豪华大客车上,并发展成单一的降温汽车空调。20世纪80年代中后期,我国第一汽车制造厂以及上海、北京、湖南、广州、佛山等地分别从日本、德国引进先进的空调生产线和空调生产技术,生产大中型客车、轻型车及轿车的空调系统。

第三阶段:从20世纪90年代开始至今。国内有一批形成生产规模的汽车空调制造企业,在吸收国外先进压缩机、冷凝器和蒸发器生产技术的同时,开始自主研发制造新型的空调系统总成部件。2000年时,按照《蒙特利尔议定书》和《中国消耗臭氧层物质逐步淘汰国家方案》的要求,我国完成了汽车空调制冷系统介质由R12向R134a的转换。目前,基于欧盟和美国对碳排放的要求,国内的空调生产企业已在技术和产品上做好了由R134a向R1234yf及R744转换的准备,届时可直接实现制冷系统介质的换代。

我国现有主要汽车空调生产厂家20多家,其中绝大部分都引进国外技术生产线和生产设备,还有些是中外合资企业,国内汽车空调技术的研究和开发与国外的差距正在逐渐缩小。

目前国内汽车空调市场基本被上海三电、上海三电贝洱、奥特佳、电装、松下、建设以及杰克塞尔几家大企业所垄断,并且在乘用车空调领域(轿车、SUV、MPV)、货车空调领域、客车空调领域都形成了主要竞争格局,竞争形势严峻,内资中小企业的生存更加艰难。国际上,汽车空调压缩机生产一直集中在日本和美国几大公司中。日本电装独占鳌头,技术水平位居前列,市场份额约占全世界的1/3。此外,杰克赛尔、三电、精工、松下、三菱重工等都是世界空调压缩机行业龙头企业。美国主要是德尔福、伟世通和克莱斯勒三家。如今,这些企业在我国基本上已建立合资或独资公司,其中不少在我国拥有不止一家生产基地。这些公司占据了我国车用空调压缩机很大一部分市场。总体来看,目前本土车用空调企业仍居劣势,大部分整车配套市场掌握在外资公司手中。随着国内汽车空调制造水平进步,也出现了几家优秀企业,如重庆建设、南京奥特佳等。此外,浙江、广东等地区出现小范围的车用空调产业集群。

三 汽车空调的发展方向

当前,从市场需求方面看,汽车空调装置应进一步降低成本,提高燃油经济性;从制造方面看,随着车厢地板的降低以及车辆向大型化、高级化发展,需进一步提高汽车空调各组成装置的紧凑性和效率;从乘员和驾驶员方面看,车内温度要合理分布、设备操作要简便,空调装置应向全季节型发展。

1. 日趋自动化

早期的汽车空调系统进出风系统、冷气系统和暖气系统彼此间互相独立,因而它们的控制系统也自成一体,且汽车空调都是手动控制,仅凭人的感觉来调节开关,因而温度、湿度及风量很难控制。近年来,随着电子计算机的普及并逐步应用到汽车空调系统,使得空调系统的控制效果日趋完善,空调设备的性能也越来越高。使用这种空调系统能进行全天候的空气调节,集制冷、采暖、通风、净化于一体。在人为设定的最佳温度、湿度及风量的情况下,该系统可根据车厢内人员数量及其他情况的变化进行多挡位、多模式的微调,从而达到设定的最佳值,使车内始终保持舒适的人工气候环境,同时可进行故障自动诊断和数字显示,从而缩短其检修和准备时间。

2. 提高舒适性

当前不少汽车空调系统的制冷和采暖是各自独立的系统。每当梅雨季节,风窗玻璃上常常蒙上雾气,若要去掉雾气,必须启动冷气装置,但这样会使车内太冷。为了克服此缺点,目前正在开发一种全季节型的空调系统。该系统具有换气、采暖、除湿、制冷等功能,夏天由发动机驱动制冷系统,冬天由加热器制热采暖,过渡季节(如梅雨季节)则采用制冷与采暖混合吹出温和风进行除湿,使车厢内换气情况达到最佳状态。

3. 高效节能、小型轻量化

要进一步降低空调装置的质量和外形尺寸,必须提高各组成装置的结构紧凑性和效率。在压缩机方面,以往的空调系统多采用斜板式压缩机,这种压缩机制冷能力相对较低,性能系数和容积效率也相对较小。为了提高压缩机性能,现已使用了制冷效率高的旋转式压缩机和三角转子压缩机。在冷凝器和蒸发器方面,管片式换热器已逐渐被管带式换热器取代。而目前散热性能更佳、结构更为紧凑的平行流冷凝器和层叠式蒸发器又有取代管带式换热器的趋势。在制冷管路方面,进行优化设计使管路结构更为合理,并在管路上装配防振橡胶块以防共振等。

4. 向环保型汽车空调发展

目前所采用的汽车空调制冷剂 R134a 具有与 R12 相接近的热力性质,且安全性好,不燃爆,基本无毒,性质稳定,更重要的是其不含氯原子,臭氧层破坏系数 ODP 为零,对大气臭氧层没有破坏作用,但其全球变暖潜能值 GWP 高达 1430,对全球变暖影响较大。因此,欧盟及美国环保署 EPA 要求所在国家及地区的汽车制造商使用 R1234yf 替代 R134a,降低 CO_2 的平均排放量。德国大众汽车公司也宣布将开发以 CO_2 为制冷剂的汽车空调系统。

⑤ 采用空调新技术

空调制冷方式有许多种,目前应用于汽车空调的制冷方式全部为蒸气压缩式,其他制冷方式,如吸收式、吸附式、蒸气喷射式、空气压缩式等,很少在汽车空调上采用。但利用发动机的余热来驱动制冷系统是一个理想的节能方案,所以世界各国都在研究这种新技术,如氢化物汽车空调系统、二氧化碳汽车空调系统、固体吸附式汽车空调系统和吸收式汽车空调系统等。

第二章 汽车空调概述

第一节 汽车空调组成与分类

一、汽车空调系统的组成

汽车安装空调系统的目的是为了调节车内空气的温度、湿度,改善车内空气的流动,并且提高空气的清洁度,因此,汽车空调系统主要由以下几部分组成。

(1)制冷装置:对车内空气或由外部进入车内的新鲜空气进行冷却或除湿,使车内空气变得凉爽舒适。

(2)暖风装置:主要用于取暖,对车内空气或由外部进入车内的新鲜空气进行加热,达到取暖、除湿的目的。

(3)通风装置:将外部新鲜空气吸进车内起通风和换气作用,同时通风对防止轿车风窗玻璃起雾也起着良好的作用。

(4)加湿装置:在空气湿度较低的时候,对车内空气加湿,以提高车内空气的相对湿度。

(5)空气净化装置:用以过滤空气及对空气进行杀菌处理。

目前汽车的空调系统根据车辆的配置不同,所具备的装置也有所不同,在一般的轿车和客货车上,通常只有制冷装置、暖风装置和通风装置和空气净化装置,在高级轿车和高级大客车上,才有加湿装置和空气杀菌装置。

二、汽车空调的分类

(一)按驱动方式分类

汽车空调根据驱动方式不同,可分为独立式空调和非独立式空调。独立式空调就是配备专用的副发动机或专用的空调压缩机驱动电机作为压缩机的动力源(如大客车空调和新能源汽车),而非独立式空调是由汽车主发动机带动,通过发动机附件皮带来驱动压缩机(如轿车、小型客车空调以及货车空调等)。

1 独立式空调

单独用一个专用发动机或电动机带动空调压缩机,其制冷性能不受主发动机工况的影响。在独立式空调系统中,压缩机转速基本不变,并可将压缩机与冷凝器做成一个通用性较好的机组,以便于设计选用。

独立式空调制冷性能不受主发动机转速的影响,制冷系统对汽车的行驶也无影响,而且在汽车急速行驶或停驶时,其制冷系统照样正常运行,制冷量大,但采用专用发动机的独立式空调,其结构复杂,增加了整车的质量和布置难度,因此,这种形式的独立式空调只用于大型客车或货车上;采用专用的空调压缩机驱动电机的独立式空调,其技术难点在于压缩机的变频控制和空调系统能耗控制,目前主要使用在混合动力汽车和纯电动汽车上。

❷ 非独立式空调

由发动机带动压缩机运转,一般由电磁离合器进行控制。当接通电源时,离合器吸合,压缩机开始运转并制冷;当断开电源时,离合器分离,压缩机停机,从而调节冷气的供给,达到控制车室内温度的目的。有些汽车(如东风标致408)使用无电磁离合器的摆盘式空调压缩机,当发动机运转时,无论是否有制冷需求,空调压缩机都会随发动机运转而永久性工作。当没有制冷要求时,压缩斜盘几乎与压缩机的轴垂直,这时排量最小,达到最大排量的5%,通过维持低内部压力实现最小润滑;当有空调制冷需求时,压缩机外部控制阀可以根据乘客所要求的温度调节压缩机压缩的制冷剂数量,调节空调至所需的温度。

非独立式空调结构简单,便于安装布置,噪声小,但需要消耗发动机动力,直接影响汽车的加速性能和爬坡能力,同时,其制冷量受汽车行驶速度影响,如果汽车停止运行,其空调系统也停止运行,因此,这种类型的汽车空调系统用于制冷量相对较小的中、小型汽车上。

总之,两种形式的驱动各有优缺点,至于采用哪种形式,要从各种影响因素分析考虑,如整车布置、整车负荷、空间位置和发动机功率等。

(二)按功能分类

汽车空调经历了由低级到高级的发展过程。最先进入汽车的是暖风机,它主要是向乘客供暖以及为风窗玻璃内侧除霜,随着制冷技术的发展,冷风机也进入了汽车。

汽车空调按功能可分为冷暖分开型、冷暖部分合一型、冷暖完全合一型(全空调)。

❶ 冷暖分开型

制冷和采暖系统各自分开,由两个完全独立的冷风机和暖风机所组成,各有各的送风机,控制系统也是完全分开的。制冷完全依靠车内循环空气,采暖则可以吸入新风。这种空调不太常见。

❷ 冷暖部分合一型

在暖风机的基础上增加蒸发器芯子和冷气出风口,但制冷工作与采暖工作各自分开,不能同时工作(早期桑塔纳轿车就是这种类型),车内部分形状根据仪表板下空间设计,由几部分拼接而成。

❸ 冷暖完全合一型

制冷和采暖完全用一套温度控制系统,可同时工作,实现除湿、采暖和制冷,完成从冷到热的连续温度调节。现在汽车上的空调普遍采用这种类型,它是在蒸发器和加热器之间设置了可以连续改变角度的混合风门,从蒸发器出来的空气可根据全部或部分通过加热器,通过蒸发器冷却后的空气中的水分部分凝结出来。为降低湿度,冷气经过热水器部分加热,才送入车厢,但这样对制冷设备的制冷能力要求较高,功耗也大些。

(三)按结构形式分类

汽车空调按结构形式可分为整体式空调、分体式空调以及分散式空调。

1 整体式空调

将副发动机、压缩机、冷凝器和蒸发器通过传动带、管道连接成一个整体,安装在一个专用机架上,构成一个独立总成,由副发动机带动,通过车内通风管将冷风送入车内。

2 分体式空调

将压缩机、冷凝器、蒸发器以及独立式空调的副发动机部分或全部分开布置,用管道连接成一个制冷系统。

3 分散式空调

将压缩机、冷凝器、蒸发器各自成为独立总成,分散安装在车体的不同部位,轿车、中小型客车及货车都采用这种结构形式。

(四)按蒸发器的布置形式分类

汽车空调按蒸发器的布置方式可分为仪表台板式空调、顶置式空调。

1 仪表台板式空调

通常称为前置式空调,蒸发器安装在仪表台板之下,与车内内饰融为一体,布置美观,如微型轿车及微型单、双排座车均采用这种方式。这种布置方式的优点是前排冷气效果好,第二排次之,但微型客车的第二排冷气效果则较差。

2 顶置式空调

蒸发器吊置于车内顶上,俗称顶置式空调,一般常安装于中部,有的人称其为中央空调。这种布置方式的优点是车内降温平衡,整体降温平衡,克服了仪表台板式空调的缺点。

(五)按蒸发器和冷凝器的数量不同分类

汽车空调按蒸发器和冷凝器的数量可分为单蒸单冷式、单蒸双冷式、双蒸单冷式和双蒸双冷式。

1 单蒸单冷式

一个蒸发器、一个冷凝器。单温区的手动和自动汽车空调就是采用这种方式,如大众朗逸和标致308。

② 单蒸双冷式

一个蒸发器、两个冷凝器。一般是由于冷凝器的安装位置受限,冷凝器只能平置,无迎风效果,于是安装一个副冷凝器,在主冷凝器与副冷凝器之间形成"串联"连接。

③ 双蒸单冷式

两个蒸发器、一个冷凝器。这种结构一般是一个前置式蒸发器(仪表台板式)和一个顶置式蒸发器,两个蒸发器之间"并联"连接,前置式蒸发器主要用于前排(驾驶员)及第二排的制冷,而顶置式蒸发器用于后两排的制冷,车内降温比较平衡。

④ 双蒸双冷式

两个蒸发器、两个冷凝器。双蒸发器带来了系统的不匹配,特别是高压太高,而主冷凝器又由于空间的限制不能太大,这时就需要增加副冷凝器,系统高压就会很理想,但这种布置方式结构复杂、管路接头多、易泄漏、成本较高、安装困难。

第二节　汽车空调的工作特点

一、汽车空调的功能

汽车空调的主要功能是调节车内的温度、湿度、气流速度及方向、空气洁净度等,从而为乘员创造清新舒适的车内环境。

① 调节温度

汽车空调在冬季利用其采暖装置升高车内的温度。轿车和中、小型客车一般以发动机冷却循环水作为暖气的热源,而大型客车则采用独立式加热器作为暖气的热源。在夏季,车内降温则由制冷装置完成。

② 调节湿度

冷暖一体化空调具有调节湿度的功能,它可以通过除湿来防止汽车前风窗玻璃起雾。当制冷系统工作时,通过蒸发器的空气中的水分会遇冷凝结,再由取暖装置中的加热器升温,从而获得干燥的热空气。在一些豪华汽车中还有加湿装置,用于保持座舱内的空气湿度。

③ 调节气流

空气的流速和方向对人体舒适性影响很大。夏季,气流速度稍大些,有利于人体散热降温,但过大的风速直接吹到人体上,则会使人感到不舒服,舒适的气流速度一般为 $0.25m/s$ 左右;冬季,风速大了会影响人体保温,因而冬季采暖时气流速度应尽量小一些,一般为 $0.15 \sim 0.20m/s$。根据人体生理特点,头部对冷比较敏感,脚部对热比较敏感,因此,在布置空调出风口时,应采取上冷下暖的方式,即让冷风吹到乘员的头部,暖风吹到乘员的脚部。

4 过滤、净化空气

由于车内空间小、乘员密度大,车内极易出现缺氧和二氧化碳浓度过高的情况,汽车发动机废气中的一氧化碳、道路上的粉尘、野外有毒的花粉都容易进入车内,造成车内空气污浊,影响乘员的身体健康。因此,必须要求汽车空调具有补充车外新鲜空气、过滤和净化车内空气的功能。一般汽车空调装置上都设有进风门、排风门、空气过滤装置和空气净化装置。

二、汽车空调的特点

汽车空调是以消耗发动机的动力来调节车内环境的,了解汽车空调特点,有利于汽车空调的使用和维修。汽车空调主要有以下特点。

1 抗冲击能力强

汽车空调安装在运动中的车辆上,承受剧烈、频繁的振动和冲击,因此,汽车空调的各个零部件应有足够的强度和抗振能力,接头牢固并防漏。汽车空调制冷系统极容易发生制冷剂的泄漏,破坏整个空调系统的工作条件,甚至破坏制冷系统的部件,如压缩机。所以各部件的连接要牢固,要经常检查系统内制冷剂的量。统计表明,汽车空调因制冷泄漏而引起的故障约占全部故障的80%,且泄漏频率很高。

2 动力源多样

空调系统所需的动力来自发动机。轿车、轻型汽车、中小型客车及工程机械,其空调所需的动力和驱动汽车的动力都来自同一发动机,这种空调系统称为非独立式空调系统;对于大型客车和豪华型大、中型客车,由于所需制冷量和暖气量大,一般采用专用发动机驱动制冷压缩机和设置独立的采暖设备,故称为独立式空调系统。非独立式空调系统,会影响汽车的动力性能,但比独立式在设备成本和运行成本上都经济。汽车安装了非独立式空调后,耗油量平均增加10%～20%(和汽车的速度有关),发动机的输出功率减少10%～12%。非独立式汽车空调的采暖系统一般利用发动机的冷却水,独立式空调系统则采用独立的采暖燃烧器。

3 制冷制热能力强

汽车的制冷制热能力要比较大,其原因在于:
(1)车内乘员密度大,产生热量多,夏天时热负荷大,而冬天时人体所需的热量也大。
(2)汽车为了减轻自重,隔热层薄,且汽车的门窗多、面积大,所以汽车隔热性热量流失严重,这就要求制热量大。
(3)汽车都在野外工作,直接接受太阳的热、霜雪的冷、风雨的潮湿,环境恶劣,千变万化。要使汽车空调能迅速地降温,在最短的时间里达到舒适的环境,就要求制冷量特别大。非独立式空调系统,由于汽车发动机的工况变化频繁,因此,制冷系统的制冷剂流量变化大。例如,汽车高速运动时,发动机的转速高达6000r/min,而在急速时仅为600～700r/min,两者相差10倍之多,导致压缩机输送的制冷剂流量变化大,这使得汽车空调设计因制冷效果不佳,引起压力过高或者压缩机的液击现象,从而发生事故。

4 结构紧凑、质量小

由于汽车本身的特点,要求汽车空调结构紧凑,能在有限的空间进行安装,而且安装了空调后,不至于使汽车增重太多,影响其他性能。现代汽车空调的总质量已经比20世纪60年代时的汽车空调质量下降了50%,是原始汽车空调装置质量的1/4,而制冷能力却比20世纪60年代增加了50%。

第三节　汽车空调的布置

汽车空调的布置根据车型的不同而不同,大体上可以分为整体式空调和分体式空调两大类。

一、轿车空调的布置

轿车空调一般采用的布置方式,见图2-1。压缩机通过发动机曲轴的带轮驱动,中间通过电磁离合器控制动力接通和断开。冷凝器安置在发动机冷却水散热器的前面,用冷凝器风扇和行驶时的流动风进行热交换。储液干燥器安装在靠近冷凝器处,最好离发动机远一点,以免受其散热的影响。蒸发器和膨胀阀一起装在一个箱体内,安装在车室内或靠近车室的发动机室内。蒸发器有的布置在仪表的中间或下方,为仪表板式,也有的布置在后部,由后向前送风。

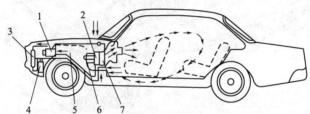

图2-1　非独立式驱动的轿车空调系统
1-压缩机;2-蒸发器;3-冷凝器;4-储液器;5-发动机;6-鼓风机;7-加热器

二、客车空调的布置

我国客车空调一般采用以下3种布置形式。

(1)整体裙置式。这种布置方式见图2-2,将压缩机、副发动机、冷凝器蒸发器用传动带和管道连成一个整体布置于客车地板下方。该方案安装方便,制冷系统不外露,车的外观不受影响,因此,常见于高档旅游客车;但是该方案由于蒸发器位于地板下方,送风机的功率要求较大。

(2)冷凝器、蒸发器集中顶置,压缩机和副发动机裙置式,这种布置方式见图2-3。其特点是安装灵活、维修

图2-2　客车空调整体裙置式
1-压缩机;2-副发动机;3-冷凝器;4-蒸发器

方便,是我国最常见的一种客车空调布置方式。

(3)冷凝器、蒸发器集中顶置,压缩机后裙置式。这种布置方式见图2-4,该方案安装维修方便、噪声低,但是仅仅适用于大功率后置式发动机的非独立式空调系统。

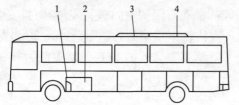

图2-3 冷凝器、蒸发器集中顶置,压缩机和副发动机裙置式
1-压缩机;2-副发动机;3-冷凝器;4-蒸发器

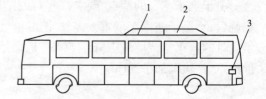

图2-4 压缩机后裙置、冷凝器和蒸发器顶置式
1-冷凝器;2-蒸发器;3-压缩机

轻型客车空调的布置可以分为直吹式和风道式,其压缩机都由主发动机带动。直吹式如图2-5所示,该方案省去了风道,不占用车内空间,结构形式简单,但送风不均匀。风道式如图2-6所示,该方案送风均匀,舒适性好,但增加了风道结构,系统复杂,占用了一部分车内空间。

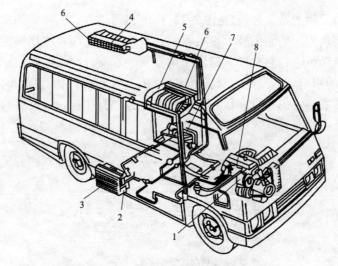

图2-5 轻型客车空调直吹式布置
1-压缩机;2-储液干燥器;3、7-冷凝器;4、5-蒸发器;6-出风口;8-主发动机

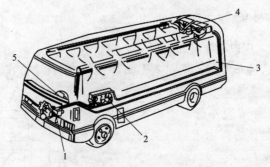

图2-6 轻型客车空调风道式布置
1-压缩机;2-冷凝器;3-视液镜;4-蒸发器;5-控制板

第三章 汽车空调技术基础

第一节 热力学基础知识

一、温度

温度是物质冷热程度的量度,其大小反映物质内部分子无规则热运动的程度。物质的温度只是表示热的程度而不是热的量。温度的高低程度可用温度计来测量,测量温度的标尺称为温标。工程上常用的温标有以下几种。

1 摄氏温标

将一个标准大气压下冰的溶点定为0℃,水的沸点定为100℃,两者之间均分为100等分,每等分为摄氏一度,表示为1℃,用符号 t 表示,单位为℃。

2 华氏温标

将一个标准大气压下冰的溶点定为32℉,水的沸点定为212℉,两者之间均分为180等分,每等分为华氏一度,表示为1℉,用符号 F 表示,单位为℉。

3 热力学温标

热力学温标又称为绝对温标或开氏温标,用符号 T 表示,单位为K。这个温标所定义的热力学温度以绝对零度(-273.16℃)为基准。

3种温标的关系如下:

$$t = 5/9(F - 32)$$
$$F = 9/5t + 32$$
$$T = t - 273$$

二、湿度

日常生活中的空气是由干空气和水蒸气组成的混合体,该混合体称为湿空气,习惯上称湿空气为"空气"。这是由于地球表面大部分都是海洋、湖泊和江河,每时每刻都有大量的水分蒸发到大气中去,使大气成为干空气和水蒸气的混合体。

1 绝对湿度

湿度用来表示空气的含湿程度。$1m^3$ 湿空气中所含水蒸气的质量,叫空气的绝对湿度。用 r_w 表示。绝对湿度只能说明湿空气在某一温度下实际所含水蒸气的质量,但不能说明湿空气的吸湿能力。因此,采用湿空气的相对湿度来说明空气的潮湿程度,或说明空气接近饱和的程度。

2 相对湿度

相对湿度就是湿空气中实际所含的水蒸气量与同温度下饱和湿空气所含的水蒸气量的比值,用 ψ 表示,即:

$$\psi = \frac{r_w}{r_s} = \frac{p_w}{p_s} \times 100\%$$

式中:r_w——空气的湿度;

r_s——饱和湿空气的湿度;

p_w——空气中水蒸气的分压力;

p_s——饱和湿空气中的水蒸气分压力。

ψ 值越小,表示湿空气离饱和状态越远,空气较干燥,还能吸收更多的水分;反之,若 ψ 值越大,则表示空气越潮湿,吸收水分的能力越差。当 $\psi = 0$ 时,则为干空气;当 $\psi = 100\%$ 时,则为饱和空气,再也不能吸收水分了。相对湿度是检验空调效果好坏的重要参数之一。

湿空气在状态变化过程中,由于水分蒸发,水蒸气凝结,其体积和质量会发生变化。即使湿空气中的水蒸气含量不变,由于温度变化,其体积也跟着变化,故绝对湿度也将发生变化。

三 压力与真空度

物体单位表面积上所受的垂直作用力称为压力,物理学上称为压强,常用 p 表示,在国际单位制中压力单位为 N/m^2,也称为帕斯卡,简称帕(Pa)。

地球表面包围着一层很厚的空气层,我们称它为大气层,大气对地球表面物体单位面积上所产生的压力称为大气压力(简称大气压)。我们把在地球纬度45°、温度为0℃时,大气对海平面的压力称为标准大气压,它相当于 101.325kPa。

在工程上往往采用 kgf/cm^2 作为压力单位,亦称为工程大气压。英、美等国则采用 lb/in^2 作为工程上的压力单位。

这3种压力单位的换算关系为:

$$1kgf/cm^2 = 14.22lb/in^2$$
$$1Pa = 1.02 \times 10^{-5} kgf/cm^2$$
$$1lb/in^2 = 0.07 kgf/cm^2$$
$$1kPa = 10^3 Pa$$

$$1\text{MPa} = 10^6 \text{Pa}$$
$$1\text{bar} = 0.1\text{MPa}$$

对于汽车空调系统,制冷剂压力的表示方法常用的有绝对压力、表压力和真空度,其三者的关系如图3-1所示。

1 绝对压力

表示制冷剂实际的压力值。绝对压力是设计参数,供设计时使用。

2 表压力

通过压力表上指示读出的压力值,称为表压力。表压力是使用维修时使用。表压力等于绝对压力减去大气压力。

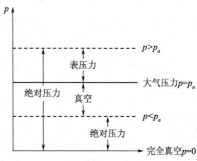

图3-1 绝对压力、大气压力、表压力、真空度的相互关系

3 真空度

当制冷剂的绝对压力低于大气压力时,大气压力减去绝对压力的差值称为真空度。真空度是在制冷系统抽真空时使用。

四 汽化与冷凝

1 汽化

物质由液态变为气态的过程称为汽化。汽化过程为吸热过程。1kg液体转变为气体需要的热量(单位为J或kJ),叫作该物质的汽化热。不同的物质,有不同的汽化热。

汽化过程有两种形式,即蒸发和沸腾。虽然这两种情况都是物质由液态变成气态的过程,但是两者是有区别的。一般说来,蒸发在任何压力、任何温度情况下都随时进行着,而且只是局限在表面的液体转变为蒸气。而沸腾是在一定压力下,只有温度达到与此压力相对应的温度时才能发生,而且从液体内部产生大量蒸气,沸腾时的温度称为沸点。

在空调制冷系统中,制冷过程主要是利用制冷剂在蒸发器内不断吸收周围空气的热量进行汽化的过程来制冷的。制冷时制冷剂在蒸发器中通常是以沸腾的方式进行,但习惯上称它为蒸发过程,并把沸腾时的温度称为蒸发温度,沸腾时所保持的压力称为蒸发压力。

2 冷凝

物质由气态转变为液态的过程称为冷凝。冷凝过程一般为放热过程。

在汽车空调制冷系统中,制冷剂在冷凝器中由气态变成液态的过程就是一个冷凝过程。制冷剂在冷凝器中由气态变为液态时的温度称为冷凝温度。在冷凝过程中放出的热量由冷却空气带走。

五 饱和温度和饱和压力

如果对制冷剂加热,则其中的一部分液体就会变成蒸汽;反之,如果制冷剂放出热量,则其中的一部分蒸汽又会变成液体(温度不变)。在这种制冷剂液体和蒸汽处于共存的状态时,液体和蒸汽是可以彼此转换的。处于这种状态的制冷剂蒸汽叫饱和蒸汽,这种状态下的制冷剂液体叫作饱和液体。饱和蒸汽的温度叫作饱和温度;饱和蒸汽的压力叫作饱和压力。

通常所说的沸点都是指液体在一个大气压下的饱和温度。对于不同的液体,在同一压力下,它的饱和温度也是不同的,见表3-1。

几种液体在一个标准大气压下的正常沸点　　　　　　　　　　表3-1

液 体 名 称	沸点(℃)	液 体 名 称	沸点(℃)
水	100	R22	-40.8
酒精	78	R134a	-26.15
(R744)CO_2	78.4	R142b	-9.25
氨	-33.4	R1234yf	-29

如果液体上作用的压力改变了的话,那么液体的沸点也随着改变了。压力越低,水沸腾的温度或汽化的温度也就越低,水的蒸汽压力曲线如图3-2所示。

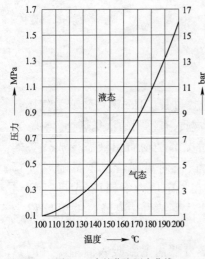

图3-2　水的蒸汽压力曲线

六 热的传递

热从一处传递到另一处的现象称为热的传递,热的传递方法有传导、对流及辐射三种。

1 热的传导

凡热由高温处经物体内部逐渐传至低温处的现象称为热的传导,如手握冰块,体温将冰块融化则为热的传导,传导也称导热。

2 热的对流

液体或气体因其一部分受热时,体积膨胀、密度减小,其四周冷的部分将补充其位置。由热源引起流体的流动,把热量从一处传到另一处的现象称为热对流。对流只能在液体或气体之间进行,热量传递是靠流体本身的流动而进行的。如在火炉上烧水,壶底的水受热上升而上方的冷水下沉产生对流的作用,直至整壶水都加热为止。

3 热的辐射

热不依赖其他物质为媒介而产生热的传递现象称为热的辐射,如面对高温的固体表面或火焰会感觉到热;太阳的热传到地球是种典型的热辐射。热辐射与电磁波一样可以在真空中传播。

七、显热与潜热

物体受热,温度就会上升,温度上升到一定程度物体状态就会发生变化。冰加热后溶化成水(固体→液体);水加热,温度上升到100℃开始沸腾汽化(液体→气体),这时即使继续加热,温度也不再升高。

物质在吸热过程中只发生温度变化而不发生形态变化,这一过程所吸收的热量称为显热;物质在吸热过程中只发生形态变化而不发生温度变化,这一过程所吸收的热量称为潜热。

八、制冷能力与制冷负荷

1. 制冷能力

制冷机就是把热量不断地从低温物体转移给高温物体的装置。制冷能力的大小是以单位时间内所能转移的热量来表示的,单位为J/h。

2. 制冷负荷

为了把汽车内部的温度和湿度保持在一定的范围内,必须将来自车外太阳的辐射热和车室内的热量排除到大气中去。这两种热量的总和就叫作制冷负荷。

由于汽车制冷负荷受到车身形状及外界大气温度、湿度、车速等客观条件和乘员数量的影响,因此,汽车空调系统的制冷负荷较大。

第二节 制冷剂与冷冻机油

一、制冷剂

在制冷系统中,用于转换热量并且循环流动的物质,称为制冷剂。

汽车空调制冷系统是利用压缩机使制冷剂循环流动实现制冷的。制冷剂是一种很容易沸腾的物质,在蒸发器中吸取热量而汽化,使蒸发器表面得到降温。然后,制冷剂又在高温下把热量传给冷却空气而冷凝成液体。如此不断循环,借助于制冷剂的状态变化,达到制冷目的。

目前汽车空调制冷系统使用的制冷剂为 R134a,在欧美一些汽车上,已经开始使用 R1234f 和 R744,其中,英文字母 R 是 Refrigerant(制冷剂)的简称,其数字代号使用的是美国制冷工程师协会(ASRE)编制的代号系统。

制冷剂的种类很多,理论上只要能进行气液两相转换的物质,均可作为制冷系统的制冷剂。但寻找制冷效率高,且对环境没有污染的制冷剂却很困难,目前使用的 R134a 只是 R12 的替代品,其排放物产生的温室效应仍然对环境有较大的危害。

1 R134a 制冷剂的特性

20 世纪,汽车空调系统长期使用氟利昂(R12)作为制冷剂。众所周知,R12 泄漏后进入大气层会导致地球的臭氧层破坏,危害人类的健康和生存环境,同时会引起地球的温室效应。1987 年,国际上制定了控制破坏大气层的《蒙特利尔议定书》,我国于 1991 年加入该协议,并决定从 1996 年起,汽车空调制冷剂开始使用 R134a,截至 2000 年,全面终止 R12 的使用。

现在,汽车空调普遍使用的制冷剂是 R134a,分子式为 CH_2FCF_3,化学名为四氟乙烷,分子量为 102.3。其特性如下:

(1) 新型的环保制冷剂,无色、无刺激性;一般情况下无毒性,对人体没有直接危害。

(2) 在一个标准大气压下,R134a 的沸点为 $-26.19℃$,汽化潜热值(0℃)为 197.2kJ/kg。

(3) 不燃烧、无爆炸或助燃风险、无腐蚀,热稳定性好。

(4) 臭氧消耗潜能值(ODP)为 0,即使泄漏也不会导致臭氧层破坏。

(5) 全球变暖潜能值(GWP)为 1430,其导致全球变暖的效应是 CO_2 的 1430 倍,因此,正在被 R1234yf、R744 等其他制冷剂取代。

(6) 其配套的冷冻机油为合成的润滑油,如 PAG 类润滑油等。

(7) R134a 的蒸汽压力曲线与 R12 的蒸汽压力曲线很相近,制冷能力也达到 R12 的水平,如图 3-3 所示。

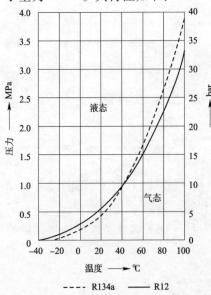

图 3-3 R134a 与 R12 的蒸汽压力曲线

2 R1234yf 制冷剂的特性

由于全球气候日益变暖,在欧盟和美国,已经开始使用新型环保制冷剂替代 R134a,目前正在广泛开展的是使用 R1234yf 作为替代品,使用到汽车空调上。R1234yf 化学名称为四氟丙烯,分子式为 $CF_3CF=CH_2$,相对分子量为 114,其物理化学特性如下:

(1) 新型的环保制冷剂,无色、无刺激性;一般情况下无毒性,对人体无害,大气寿命为 11d。

(2) 沸点:$-29℃$,临界温度:$95℃$,25℃时的饱和液体密度:$1094kg/m^3$,25℃时的饱和蒸汽密度:$37.6kg/m^3$。

(3) 制冷剂安全等级分类(按 ANSI/ASHRAE 34 标准):A2,自燃温度:$405℃$。

(4) 臭氧消耗潜能值(ODP)为 0,即使泄漏也不会导致臭氧层破坏。

(5) 全球变暖潜能值(GWP)为 4,相比 R134a,其对温室效应的影响值几乎可以等同 CO_2。

（6）R1234yf 对制冷设备中所有常用金属材料不具有活性和腐蚀性，包括碳钢、不锈钢、铜和黄铜等，但可与铝、镁、锌反应，尤其是除去表面氧化层的铝、镁、锌，设备中要禁用。

（7）实验发现 R1234yf 与矿物油（C3）、烷基苯、聚烯醇油、改性聚烯醇油、乙烯醚油、聚亚烷基二醇（PAG）、多元醇酯（POE）等常见润滑油几乎都具有良好的互溶性，因此冷冻机油的选择更加丰富。

R1234yf 被认为是一种 R134a 的理想替代品，但戴姆勒集团则表示，霍尼韦尔国际公司（Honeywell International）生产的 R1234yf 制冷剂存在易燃性安全问题，目前在欧盟仍然存在争议。在日本丰田的油电混合动力汽车上，日本电装公司采用了一种二氧化碳制冷剂 R744 作为制冷剂使用，德国大众公司也在研发使用 R744 作为制冷剂的汽车空调产品。

3 使用制冷剂的注意事项

（1）装制冷剂的钢瓶，应储存在阴凉、干燥、通风的库房中，防止受潮而腐蚀钢瓶，在运输过程中要严防振动和撞击。

（2）要远离热源，不要把它存放在日光直射的场所。在给汽车空调系统中加注制冷剂时，为提高加注效率，可对装制冷剂的容器加热，加热应在 40℃ 以下的温水中进行，而不可将其直接放在火上烘烤。否则，会引起内储的制冷剂压力增大，导致容器发生爆炸。

（3）避免接触皮肤。因制冷剂在大气环境下会急剧蒸发，当其液体落到皮肤上时，会从皮肤上大量吸热而汽化，造成局部冻伤。尤其危险的是，当其进入眼球时，会冻结眼球中的水分，就有可能造成失明的重大事故。因此，在处理制冷剂时，应戴上眼镜和防护手套。若制冷剂触及皮肤或眼睛时，应立即用大量清水冲洗。

（4）要避开明火。制冷剂不会燃烧和爆炸，但与明火接触时，会分解出对人体有害的气体。

（5）要注意通风良好。当制冷剂排到大气中含量超过一定量时，会使大气中的氧气浓度下降，使人窒息。因此，维修汽车空调制冷系统管路时，要在通风良好的地方进行操作。

二 冷冻机油

1 冷冻油的作用和特性

冷冻机油也叫冷冻油，是制冷压缩机的专用润滑油，它保证压缩机正常运转、可靠工作和延长使用寿命，冷冻油的作用如下。

（1）润滑作用。压缩机是高速运动的机器，轴承、活塞、活塞环、曲轴、连杆等机件表面需要润滑，以减少阻力和磨损，延长使用寿命，降低功耗，提高制冷系数。

（2）密封作用。汽车使用的压缩机传动轴需要油封来密封，防止制冷剂泄漏。有润滑油，油封才起密封作用。同时，活塞环上的润滑油，不仅起减摩作用，而且起密封压缩机蒸气的作用。

（3）冷却作用。运动的摩擦表面会产生高温，需要用冷冻油来冷却。冷冻油冷却不足，会引起压缩机温度过热,排气压力过高,降低制冷系数,甚至烧坏压缩机。

(4)降低压缩机噪声。

2 对冷冻油的性能要求

冷冻油在空调制冷系统中完全溶于制冷剂中,并随制冷剂一起在制冷系统中循环。因此,冷冻油工作在高温与低温交替的条件下。为保证其工作正常,对冷冻油提出以下性能要求。

(1)冷冻油的凝固点要低,在低温下具有良好的流动性。若低温流动性差,则冷冻油会沉积在蒸发器内影响制冷能力,或凝结在压缩机底部,失去润滑作用而损坏运动部件。

(2)冷冻油的黏度受温度的影响要小。温度升高或降低时,其黏度随之变小或增大,与冷冻油完全互溶的制冷剂会使冷冻油变稀,因此,应选用黏度较高的冷冻油;但黏度也不宜过高,否则,需要的起动转矩增大,压缩机起动困难。

(3)冷冻油与制冷剂的溶解性能要好。在汽车空调制冷系统中,制冷剂与润滑油是混合在一起的。当制冷剂流动时,润滑油也随之流动,这就要求制冷剂与润滑油能够互溶。若二者不互溶,润滑油就会聚集在冷凝器和蒸发器的底部,阻碍制冷剂流动,降低换热能力。由于润滑油不能随制冷剂返回压缩机,压缩机将会因缺油而加剧磨损。

(4)冷冻油要具有较高的热稳定性,即在高温下不氧化、不分解、不结胶、不积炭。

(5)冷冻油应无水分。若润滑油中的水分过多,则会在膨胀阀节流口处结冰,造成冰堵,影响系统制冷剂的流动;同时,油中的水分会使冷冻油变质分解,腐蚀压缩机材料。

(6)混合动力汽车因使用电子变频空调压缩机,为保证内部高压部件有适当的绝缘性,必须使用指定的专用高绝缘性冷冻油。

3 冷冻油与制冷剂的匹配

使用不同制冷剂的制冷系统,冷冻油不能混入使用。早期 R12 制冷系统用的冷冻油属于矿物油。R134a 制冷剂与矿物油不相溶,目前能与 R134a 相溶的冷冻油有 PAG 和 POE 两类。但这两种润滑油都不是最理想的。PAG 是一种合成多元醇,它和 R134a 的高温互溶性较差,吸水性大,润滑性差。POE 是一种合成多元醇酯,又称为酯类油,它的水解稳定性差。目前改性 PAG 作为汽车空调润滑油取得了较好的结果,已经占据大部分市场,但其吸水性强仍是需要解决的课题。

4 冷冻油的加注量

在空调压缩机首次启动前,润滑油只是位于压缩机的底壳内,启动后会随制冷剂分布到制冷系统的各个部件中去,冷冻油在制冷系统中的分布情况见图3-4。维修汽车空调时,所需加注的冷冻油与制冷剂数量可通过技术手册查询到,表3-2为常见几种车型空调系统内制冷剂与冷冻油的数量。更换空调系统部件时需补加的冷冻油数量见表3-3。

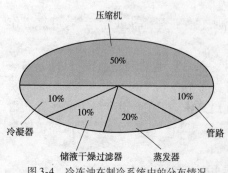

图3-4 冷冻油在制冷系统中的分布情况

常见车型空调系统内制冷剂与润滑油的数量　　　　表 3-2

车　型	制冷剂类型	制冷剂数量(g)	润滑油量(mL/cc)
桑塔纳 2000	R134a	1150±50	135mL
帕萨特领驭 1.8t	R134a	550±25	250mL
捷达	R134a	800±50	115cc±15cc
高尔夫	R134a	850±30	115cc±15cc
宝来	R134a	750±50	135cc±15cc
AudiA6	R134a	650±50	250cc

更换空调系统部件时需补加的润滑油数量　　　　表 3-3

更换部件名称	需补加的润滑油量(mL)		加注润滑油原因	需补加的润滑油量(mL)	
压缩机	旧压缩机倒出后再补加 10~20		系统制冷剂排空	30	
冷凝器	无渗漏油迹	30~40	系统漏气	无渗漏油迹	可不加
	有渗漏油迹	40~50		有渗漏油迹	酌情补加
储液干燥器	20		—	—	
蒸发器	40~50		—	—	

5 冷冻油的使用及性能检查

(1)必须严格使用原车空调压缩机所规定的冷冻油牌号,或换用具有同等性能的冷冻油,不得使用其他油来代替;否则,会损坏压缩机。

(2)冷冻油吸收潮气能力极强,所以,在加注或更换冷冻油时,操作必须迅速,如没有准备好,不能立刻加油时,不得打开油罐,在加注完后应立即将油罐的盖子封紧储存,不得有渗透现象。

(3)不能使用变质的冷冻油。冷冻油变质的原因是多方面的,归纳起来有以下几方面的原因:

①混入水分后,在氧气作用下会生成一种油酸性质的酸性物质,腐蚀金属零部件。这种油酸物质是絮状物质。

②高温氧化,当压缩温度过高时,油被氧化分解而炭化变黑。

③不同牌号的油混合使用时,由于不同牌号的冷冻油所加的氧化剂不同而产生化学反应,引起变质。

(4)冷冻油会妨碍热交换器的换热效果,所以,在使用时只允许加到规定的用量,绝不允许过量使用,以免降低制冷效果。

(5)在排放制冷剂时要缓缓进行,以免冷冻油和制冷剂一起喷出。

(6)必须作为特殊垃圾来进行处理。由于其化学特性的原因,制冷剂机油不可与发动机机油和变速器油一同来处理。

6 冷冻油的牌号与产品品牌

按照是黏度不同,国产的冷冻油牌号有 13 号、18 号、25 号、30 号和企业标准 40 号 5 种牌号的冷冻油,其中 R134a 压缩机可使用 18 号。一般来说,牌号越大,其黏度也越大。常见的国产品牌冷冻油有昆仑、长城等;进口的冷冻油有太阳 SUNOCO、嘉实多、道达尔、美孚、冰熊等。

第四章　汽车空调制冷系统

第一节　汽车空调制冷系统工作原理

一、空调制冷系统的工作原理

汽车空调制冷系统由压缩机、冷凝器、储液干燥器(集液器)、膨胀阀(膨胀管)、蒸发器和鼓风机等组成。各部件之间采用铝管(或铜管)和高压橡胶管连接成一个密闭系统,制冷系统工作时,制冷剂以不同的状态在这个密闭系统内循环流动,每个循环有以下 4 个基本过程。

① 压缩过程

压缩机吸入蒸发器出口处的低温低压的制冷剂气体,把它压缩成高温高压气体排出压缩机。

② 放热过程

高温高压的过热制冷剂气体进入冷凝器,由于压力及温度的降低,制冷剂气体冷凝成液体,并放出大量的热。

③ 节流膨胀过程

温度和压力较高的制冷剂液体通过膨胀装置后体积变大,压力和温度急剧下降,以雾状(细小液滴)排出膨胀装置。

④ 吸热制冷过程

雾状制冷剂液体进入蒸发器,因此时制冷剂沸点远低于蒸发器内温度,故制冷剂液体蒸发成气体。在蒸发过程中大量吸收周围的热量,而后低温低压的制冷剂蒸汽又进入压缩机。上述过程周而复始地进行,便可达到降低蒸发器周围空气温度的目的。

二、汽车空调制冷系统的分类

从前述的制冷原理我们已经知道,通过制冷循环可以将车内的热量转移到车外,根据目前车辆上采用的循环系统,汽车空调制冷系统一般分为两类:一类是膨胀阀式制冷循环系统,另一类是膨胀管式制冷循环系统,它们的区别是所用的节流膨胀装置的结构不同,储液干燥器的安装位置不同。

1 膨胀阀式制冷循环系统

膨胀阀式系统也叫传统空调系统,主要包括压缩机、冷凝器、储液干燥器、膨胀阀、蒸发器和管路等主要部件,见图4-1。

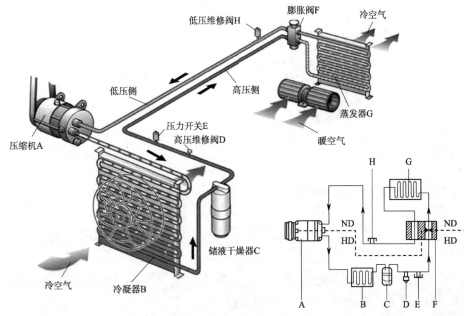

图4-1 膨胀阀式制冷循环系统
ND-高压;HD-低压

这种制冷循环系统的工作原理是压缩机将气体的制冷剂压力和温度同时提高,目的是使制冷剂比较容易液化放热。高压的气体制冷剂进入冷凝器,冷凝器风扇使空气通过冷凝器的缝隙带走制冷剂放出的热量并使其液化,液化后的制冷剂进入储液干燥器,滤掉其中的杂质、水分,同时储存适量的液态制冷剂以备制冷负荷发生变化时制冷剂不会断流,从储液干燥器出来的制冷剂流至膨胀阀,从膨胀阀中的节流孔喷出雾状制冷剂,雾状制冷剂进入蒸发器。由于制冷剂的压力急剧下降,便很快蒸发汽化,吸收热量,蒸发器外部的风扇使空气不断通过蒸发器的缝隙,使其温度下降,车内温度下降,蒸发器出来的气态制冷剂再进入压缩机重复上述过程。这种循环系统中的膨胀阀可以根据制冷负荷的大小调节制冷剂的流量。

2 膨胀管式制冷循环系统

膨胀管式制冷循环系统也叫循环离合器系统,主要包括压缩机、冷凝器、集液器、膨胀管、蒸发器和管路等主要部件,见图4-2。

从制冷的工作原理来看,与膨胀阀式的制冷循环系统无本质的差别,只不过将可调节流量的膨胀阀换成不可调节流量的膨胀管,使其结构更加简单。为了防止液态的制冷剂进入压缩机而造成压缩机的损坏,可将储液干燥器安装在蒸发器的出口,并根据其作用更名为集液器,同时进行气液分离,液体留在器内,气体进入压缩机,其他部分的工作过程与膨胀阀式的制冷循环相同。

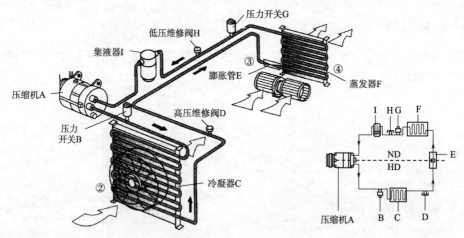

图 4-2　膨胀阀式制冷循环系统

所有的汽车空调系统,都是既要保证蒸发器不结冰,又要达到最高的制冷效率。

第二节　汽车空调制冷系统主要部件结构与原理

汽车空调制冷系统包括压缩机、冷凝器、储液干燥器(集液器)、膨胀阀(膨胀管)和蒸发器等主要部件。下面分别介绍主要部件的结构与原理。

一、压缩机

制冷压缩机是汽车空调制冷系统的"心脏",其作用是维持制冷剂在制冷系统中的循环,吸入来自蒸发器的低温、低压制冷剂蒸气,压缩制冷剂蒸气使其压力和温度升高,并将制冷剂蒸气送往冷凝器。压缩机和膨胀阀是制冷系统中低压和高压、低温和高温的分界线。

(一)汽车空调对配置制冷压缩机的要求

汽车空调制冷压缩机与一般用途的压缩机相比,在结构和性能上有下列特殊的要求:

(1)制冷能力强,具有良好的低速性能,以确保汽车在低速行驶和怠速时也有足够的制冷能力。

(2)节省动力,尤其是汽车在高速行驶时动力消耗不能过大;否则,不仅使经济性降低,还会影响汽车的动力性。

(3)对于轿车和轻型汽车来说,压缩机必须在发动机舱有限的空间内安装固定,因此,要求压缩机的体积和质量都要小。

(4)汽车在高温怠速下,发动机舱里的压缩机温度可达120℃;汽车行驶时颠簸振动也很大,要求压缩机在高温和颠簸振动的情况下能正常工作。

(5)要求压缩机启动、运转平稳,振动小,噪声低,工作可靠。

(二)汽车空调压缩机应用概况

目前,正式应用在汽车空调上的压缩机不少于30种,按其运动形式和主要零件形状可以分为往复活塞式和旋转式两种,具体分类如图4-3所示。

图4-3 空调压缩机分类

汽车空调制冷压缩机的结构、性能、特点及应用情况如下:

(1)曲轴连杆式压缩机是使用时间最早、最长的第一代产品。目前仍然应用在家用制冷装置和空调器上,中型曲轴连杆式压缩机仍在公共汽车和旅游客车上大量应用。

(2)摆盘式和斜盘式活塞压缩机是第二代产品。它的优点是没有连杆,主轴上惯性较小,结构紧凑,从1953年至今,汽车空调应用仍以它为主。

(3)径向活塞压缩机虽然20世纪70年代便已问世,但它在应用过程中,遇到了回转式压缩机的竞争,所以这种压缩机至今没有得到应有的重视。

以上这几种压缩机均属于往复活塞式压缩机。往复活塞式压缩机共同的特点是活塞做往复运动,所以,运动惯性力大,转速的提高受到了限制。这样在相同体积下与其他制冷机比较,其制冷量小,振动大,容积效率较低,特别是惯性力对转速的限制,是它们可能被旋转式压缩机取代的根本原因。

(4)旋叶式、滚动活塞式、三角转子式和螺杆式压缩机可以称为第三代产品。它们的共同特点是容积系数较高,都需要大量的黏度较高的冷冻油来润滑和密封,所以润滑系统较复杂。

(5)涡旋式压缩机为第四代。它的特点是基本具备了汽车对空调压缩机提出的要求和特性,是一种最有前途的压缩机。目前应用在轿车上的一些型号已全面地显示了它的优越性,但其在大型客车上的应用还有一段距离。

目前,大型汽车上的空调压缩机仍然采用曲轴连杆式。这是因为它可以按照需要的制冷量,配置多缸制冷压缩机,既便于生产,又便于维修;它的低速性能也比其他压缩机好,所以特别适用在大制冷量需求的汽车空调上使用。

旋叶式压缩机的结构很理想,但它的旋转叶片是滑移式的,所以磨损严重、寿命短、维修量大。另外由于转子旋转到气缸空间容积最大处时,叶片由于摩擦力和伸长量大,导致叶片振动,产生泄漏振纹以致折断,因此,它的速度、排气压力受到限制,制冷量也较低,所以还需进一步改进,才能得到广泛应用。

滚动活塞式压缩机具有很多优点。它完全克服了旋叶式的上述缺点,制造工业简单。滚动活塞式压缩机的最大缺点是:容积效率、制冷系数都会随着转速的增加而下降。这样压缩机在高速时,制冷效果不佳,能耗也增加,这点在汽车空调上显然不适合,对它进行改进很有必要。

三角转子压缩机由于有汪克尔式发动机几十年的研制经验,采用合理的密封结构,使气体的泄漏量大大减少,从而使它在低转速下仍有较高的制冷能力和容积效率。由于它允许采用较高的压缩比,所以制冷能力强,应该说这种压缩机在汽车空调上是有广阔前景的。但在高速运转情况下出现的系统润滑困难和磨损较大,以及相应的压缩机离合器的离合振动问题都还有待解决。

螺杆式压缩机的最大特点是工作可靠性最高、寿命最长,适合于应用在汽车空调上。但是在同样的制冷量情况下,它的质量最大,是绝热效率最低的压缩机。因为它依靠两个螺杆啮合的空间来吸气,由于啮合空间小,所以排量小,单位质量的制冷量就小。螺杆式压缩机还需要大量润滑油来润滑和密封螺杆的啮合面,带走大量热量,所以绝热效率最低,能量利用率低,即制冷系数比较低。吸气压力变化引起的附加功耗以及低速性能差也是它的致命弱点。所以螺杆式压缩机目前主要应用在大型客车的独立式空调系统上。

涡旋式压缩机性能优良,工作可靠,体积小,质量轻,适合于各种档次的轿车上,但应用在大型客车上,还有许多技术难题有待解决。

为了保护地球的有限资源,减少环境污染,各国对汽车的每 100km 耗油量都作出严格的限制。加装空调后,汽车油耗增加 7%~10%,因此,节能型汽车空调压缩机是今后的发展方向。显然,在高速下调节压缩机的制冷输出量,降低发动机的能量消耗,保证汽车具有优良的动力性和车内的舒适性,以及降低油耗是当今各类型压缩机开发研制的方向。

变容量压缩机便是根据上述要求提出来的。它可以根据发动机的转速、车内的温度,自动地调节压缩机输出的制冷量,达到压缩机能量的输出与车内热负荷的完美匹配,从而进一步提高汽车的舒适性和降低汽车的燃油消耗。

各类型压缩机都可根据自身的结构特点,通过简单的方法,达到变容量调节。曲轴连杆式、斜盘式、滚动活塞式等压缩机的能量调节都是突变性的、分级的,这无疑不利于车内空调环境的稳定,对发动机的稳定工况也有不利影响,节能效果也不太明显。

摆盘式、螺杆式、蜗旋式 3 种压缩机,输出的能量控制是无级变化的。它能根据发动机的转速、车内温度,自动地调节压缩机的制冷量。压缩机无级变化的能量控制节能效果十分显著,且能大大提高车内空调的舒适性,是车用制冷压缩机的发展方向。

(三)汽车空调压缩机结构原理

1 曲轴连杆式压缩机

曲轴连杆式压缩机是一种早期应用较为广泛的制冷压缩机,现在大、中型客车中仍然在使用。这种压缩机的结构与发动机相似,由曲轴连杆驱动活塞在气缸内不断地运动,改变了气缸的容积,从而在制冷系统中起到了压缩和输送制冷剂的作用。压缩机的工作,可分为压缩、排气、膨胀、吸气 4 个过程,如图 4-4 所示。

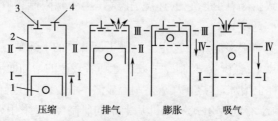

图 4-4　曲轴连杆式压缩机工作过程
1-活塞;2-气缸;3-吸气阀;4-排气阀

1）压缩过程

活塞在曲轴的带动下在气缸内运动,当活塞运行到缸内最低点(下止点Ⅰ—Ⅰ)时,气缸内充满了由蒸发器吸入的制冷剂气体。活塞再上行时,吸气阀被关闭,而排气阀因缸内压力降低而不能顶开。因此,活塞上行,缸内体积缩小,即气缸工作容积不断变化,密闭在缸内的制冷剂气体的压力和温度不断升高。当活塞向上移动到一定位置(Ⅱ—Ⅱ),即缸内气体压力略高于排气阀上部的压力时,排气阀便被打开,开始排气。制冷剂气体在气缸内从进气时的低压升高到排气压力的过程称为压缩过程。

2）排气过程

活塞继续向上运行,气缸内的制冷剂气体压力不再升高,而是不断地经过排气阀向排气管输出,直到活塞运动到最高位置(上止点Ⅲ—Ⅲ)时,排气过程结束。制冷剂气体从气缸向排气管输出的过程称为排气过程。

3）膨胀过程

当活塞运行到上止点位置时,由于压缩机的结构及工艺等原因,活塞顶部与气阀座之间存在一定的间隙,该间隙所形成的容积称为余隙容积。排气过程结束时,由于该间隙内有一定数量的高压气体,当活塞再下行时,排气阀已关闭,可逆气阀并不能马上打开,吸气管内的气体不能很快进入气缸,这是因为残留的高压气体还需在气缸容积增大后膨胀,使其压力下降到气缸内的压力稍低于吸气管道内的压力时,吸气阀才能打开。活塞从上止点向下移动到吸气阀打开的位置(Ⅳ—Ⅳ),称为膨胀过程。

4）吸气过程

活塞继续下行,吸气阀打开,低压制冷剂气体便不断地由蒸发器经吸气管和吸气阀进入气缸,直到活塞下行至下止点为止,这一过程称为吸气过程。

完成吸气过程后,活塞上行,重新开始了压缩过程,如此周而复始,循环不已,压缩机经过压缩、排气、膨胀、吸气4个过程,将蒸发器内的低压制冷剂气体吸入,使其压力升高后排入冷凝器,因此,压缩机起吸入、压缩和输送制冷剂的作用。

这种压缩机由于体积较大,目前已很少在小车上使用。

❷ 摆盘式压缩机

1）工作原理

摆盘式压缩机的工作原理如图4-5所示。

气缸以压缩机的轴线为中心,均匀分布,连杆连接活塞和摆盘,两端采用球形万向联轴器,使摆盘的摆动和活塞移动相协调而不发生干涉。摆盘中心用钢球作支承中心,并用以对固定的锥齿轮限制摆盘只能摇动

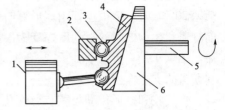

图4-5 摆盘式压缩机工作原理
1-活塞;2-压块;3-钢球;4-摇板;
5-主轴;6-楔形传动板

而不能转动。主轴和楔形的传动板连接在一起。压缩机工作时,主轴带动传动板一起旋转,由于楔形传动板的转动,迫使摆盘以钢球为中心,进行左右摇摆移动。摆盘和传动板之间的摩擦力,使摆盘具有转动的趋势,但是这种趋势被一对锥齿轮所限制,使得摆盘只能左右移动,并带动活塞在气缸内做往复运动。

该类压缩机与曲轴连杆式一样,均有进、排气阀片,工作循环也具有压缩、排气、膨胀、吸

气4个过程。当活塞向右运动时,该气缸处于膨胀、吸气过程,而摆盘另一端的活塞做反向的向左移动,使该气缸处于压缩、排气两个过程。主轴每转动一周,一个气缸便完成上述的压缩、排气、膨胀、吸气的一个循环。一般一个摆盘配有5个活塞,这样相应的5个气缸在主轴转动一周时,就有5次排气过程。

2) 主要结构

摆盘式压缩机的剖视图见图4-6。

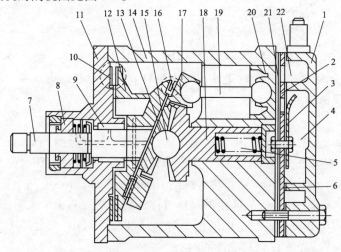

图4-6 摆盘式压缩机的剖视图

1-后缸盖;2-阀板;3-排气阀片;4-排气腔;5-弹簧;6-盖缸垫;7-主轴;8-轴封总成;9-滑动轴承;10-端面滚子轴承;11-前缸盖;12-楔形传动板;13-锥齿轮;14-缸体;15-钢球;16-摆盘圆柱滚子轴承;17-摆盘;18-锥齿轮;19-连杆;20-活塞;21-阀板垫;22-吸气腔

该压缩机的特点是将摆盘17和楔形传动板12的滑动配合面改为滚子轴承,楔形传动板12与前缸盖接触面亦改为滚子轴承,并将楔形传动板12掏空,大部分零件也改用铝合金材料。这样改进后压缩机结构更紧凑,重量更轻,寿命更长,而且价格低廉。SD–5型压缩机的主要构造为:主轴和5个气缸轴线平行,缸体14上均匀分布着5个轴向气缸,气缸内的活塞20和摆盘17被连杆用球形万向联轴器连接,过滚子轴承10和16,使楔形传动板12与前缸盖和摆盘之间的滑动摩擦变为滚动摩擦,减少了摩擦阻力和零件的磨损,延长了零件寿命。轴承9是一对滑动轴承,它和钢球15一起支承主轴和楔形传动板12的运动。钢球15起摆盘的支点作用。

吸气腔和楔形传动板腔有通气孔,使夹带润滑油的制冷剂蒸气先润滑所有的运动部件和油封后,再到气缸中压缩。

目前,摆盘式压缩机已得到广泛的应用,如许多汽车修理厂都采用三电公司的压缩机来替换原有的汽车空调压缩机。

3) 变容量摆盘式压缩机(图4-7)

与普通摆盘式压缩机相比,变容量摆盘式压缩机最大的改进是在后端盖上装了一个波纹管控制器和导向器。波纹管放在吸气腔内,受蒸气气压控制,通过波纹管的动作来控制排气腔和摆盘室、吸气腔和摆盘室之间的阀门通道。导向器根据摆盘室内压力的大小,自动调节摆盘倾斜角度的大小。摆盘倾角越大,活塞行程越长,排出的气体也越多;反之,摆盘倾角越小,活塞行程越短,排气量也越少。角度小时制冷量少,耗能也少。

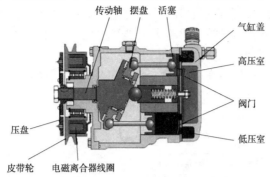

图 4-7 变容量摆盘式压缩机

当发动机转速降低时,由蒸发器出来的蒸气气压升高,使波纹管压缩。当压力大于 0.35MPa 时,控制阀开启低压通道,关闭高压通道,这时摆盘室的蒸气进入低压腔,使摆盘室内气压变小。活塞压缩时,两端的压差变大,导向器自动调节,以增大摆盘倾角来平衡活塞上增大的力矩。这样活塞行程变长,排气量增多,蒸发器压力也增高。最终,活塞两端的压差使压缩机满负荷输出压缩蒸气,制冷量最大。

当发动机高转速时,吸气腔的压力降低。当下降至 0.3MPa 时,控制阀打开高压通道,关闭低压通道,高压蒸气进入摆盘室,使活塞压缩时两端的压差变小,导向器自动调节减小摆盘倾角。这样活塞行程缩短,排气量减小,耗能降低。

由于变容量摆盘式可以在吸气压力 0.30～0.35MPa 连续无级调节其输气量,从而实现了空调在不同工况下压缩机的制冷量和功耗的合理匹配,极大限度地改善了汽车空调的舒适性,并降低了能耗。

3 斜盘式压缩机

斜盘式压缩机是一种轴向往复活塞式压缩机。目前,奥迪和大众等部分品牌车型上使用的 6SEU14 和 7SBU17 型压缩机就是斜盘式空调压缩机,如图 4-8 所示为上汽大众采用的斜盘式空调压缩机。斜盘式空调压缩机分为容积可变的和不可变的。对于工作容积是不可变的压缩机来说,它是通过电磁离合器来周期性地接通和关闭压缩机,从而满足制冷需求。

1) 工作原理

斜盘式和摆盘式压缩机同属于轴向往复活塞式压缩机,其结构见图 4-9。它们之间的不同是摆盘式的活塞运动属单向作用式,而斜盘式的活塞运动属双向作用式,所以有时又把它们分别称作单向斜盘式压缩机和双向斜盘式压缩机。

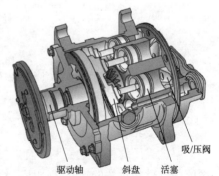

图 4-8 上汽大众采用的斜盘式空调压缩机

斜盘式压缩机的剖面图见图 4-10。斜盘式压缩机的工作原理为:当主轴 1 带动斜盘转动时,斜盘便驱动活塞 13 做轴向移动,由于活塞在前后布置的气缸中同时做轴向运动,这相当于两个活塞在做双向运动。即当前缸活塞向左移动时,排气阀片关闭,余隙容积的气体首先膨胀,在缸内压力略小于吸气腔压力时,吸气阀片打开,低压蒸气进入气缸开始吸气过程,一直到活塞向左移动到终点为止;当后缸活塞向左移动时,开始压缩过程,蒸气不断压缩,压力和温度不断上升,当压缩蒸气的压力略大于排气腔压力时,排气阀片打开,转到排气过程,一直到活塞移动到左边为止。这样斜盘每转动一周,前后两个活塞各自完成吸气、压缩、排气、膨胀过程,完成一个循环,相当于两个工作循环。这意味着如果缸体截面均布 5 个气缸和 5 个双向活塞时,当主轴旋转一周,相当于 10 个气缸工作。所以称这种 5 缸、5 个双向活塞布置的压缩机为斜盘式 10 缸压缩机。

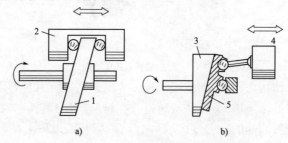

图 4-9 斜盘式与摆盘式压缩机原理与结构比较
a)斜盘式压缩机的活塞双向作用;b)摆盘式压缩机的活塞单向作用
1-回转斜盘;2-活塞;3-楔形传动板;4-活塞;5-摆盘

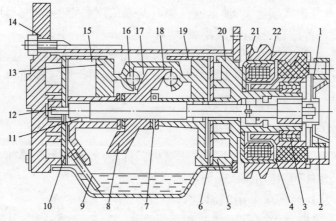

图 4-10 斜盘式压缩机剖视图
1-主轴;2-压板;3-带轮轴承;4-轴封;5-密封圈;6-前阀板;7-回油孔;8-斜盘;9-吸油管;10-后阀板;11-轴承;12-机油泵;13-活塞;14-后缸盖;15-气缸;16-钢球;17-钢球滑靴;18-前后活塞球套;19-前气缸;20-前气缸盖;21-带轮;22-电磁线圈

2) 主要结构

斜盘式压缩机的主要零件有缸体、前后缸盖、前后阀板、活塞。它的斜盘固定在主轴上,钢球用滑靴和活塞的连接架固定。钢球的作用是使斜盘的旋转运动经钢球转换为活塞的直线运动时,由滑动变为滚动。这样可减少摩擦阻力和磨损,延长滑板的使用寿命。如今斜盘和滑靴都以耐磨质轻的高硅铝合金材料替换了过去使用的铸铁材料,活塞也用硅铝合金,这样既减轻了压缩机运动机件的质量,又可提高压缩机的转速。

由于斜盘式压缩机的活塞双向作用,所以在它的两边都装有前、后阀总成,各总成上都装有吸气阀片和排气阀片,且前、后缸盖上有各自相通的吸气腔和排气腔,吸、排气缸用阀垫隔开。

其润滑方式有两种：一种是采用油泵强制润滑，它用于豪华型轿车和豪华小型客车，具有较大制冷量的压缩机。另一种设有油池，没有油泵，而是依靠润滑油和制冷剂一道循环，利用在吸气腔内因压力和温度下降而分离出的润滑油来润滑压缩机各组件，很显然这与摆盘式压缩机类似。

3) 变容量斜盘式压缩机

斜盘式压缩机实现容量变化的形式很多，但原理均相差不大，归根结底都是采用电磁三通阀来调节气缸内余隙容积大小，使排气量发生变化，从而达到调节制冷量大小的目的。如6缸斜盘式压缩机每缸均配置一个余隙容积调节阀 1，使用一个三通电磁阀 5 控制，其工作原理见图 4-11。也有用多个电磁阀控制 6 个缸的排气量的压缩机。

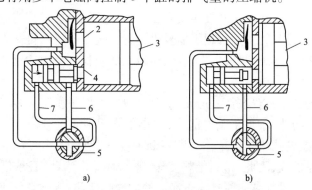

图 4-11 斜盘式压缩机变容量工作原理
a) 压缩机全负荷工作；b) 压缩机部分负荷工作
1-余隙容积调节阀；2-排气阀；3-活塞；4-阀口；5-三通电磁阀；6-回气管；7-工作管

正常负荷工作时，电磁阀与排气腔工作管接通，高压气体将余隙容积调节阀 1 向右推，直至将阀口堵住，此时压缩机为 100% 的负载，即以正常排气量工作。

当需要降低压缩机的排气量时，电磁阀 5 与回气管 6 和工作管 7 相通。当吸气时，原来左端的高压气体通过工作管 7、回气管 6 送到吸气气缸。在活塞压缩时，气体推动余隙容积调节阀左移，留下一个空间。当压缩完毕时，余隙容积调节阀 1 内的气体保留下来。当活塞 3 右移时，余隙容积调节阀内的高压气体首先膨胀，这样就减少了气缸的吸气量和排气量，相应功耗也就减少。至于每缸排气量的减少量，一般按设计余隙容积减小 75% 来设计，相应功耗可减小 50%。

由以上所述可以看出，斜盘式压缩机的容量是有级变化，这就远不及摆盘式压缩机输气的质量好，与此同时，采用单电磁阀控制多个气缸的方式也不合理，这会引起排气的波动太大，相应地引起制冷量的急剧变化。所以，最好采用多电磁阀来控制多个气缸，根据车内或车外温度来决定变容的缸数，但这样一来控制结构就变得复杂起来。因而，从变容的结构、耗能、空调舒适性来说，摆盘式的整体性能比其他往复式压缩机要好得多。

4) 斜盘式压缩机的特点

由于斜盘式压缩机无连杆结构，所以工作可靠，结构也很紧凑，体积小，质量轻，排气脉冲比曲轴连杆式小，且它是轴向卧式结构，所以能方便地直接安装在发动机机体上，而不需要另配机架，这些都是斜盘式压缩机的优点。但是它的装配要求高，因为滑靴和钢球、活塞架之间的装配是很精密的，必须采用选配，而安装时，前后缸盖、前后阀板、主轴、活塞等都是用6条螺栓紧固组装,这样不容易保证装配精度;另一方面,由于调整零配件较多,工作量大,技术要求高,这些都为工厂的加工装配提出了很高的要求,一般工厂很难办到,这是斜盘压缩机的不足之处。针对上述问题,近年来对斜盘式压缩机有了很多改进,如将前后缸体改为整体式缸体,使制造工艺和装配工艺都得到一定程度的简化。

④ 旋叶式压缩机

1)工作原理

旋转式压缩机和往复式压缩机都是依靠气缸容积的变化来达到制冷的目的的,但是旋转式压缩机工作容积的变化不同于往复式压缩机,它的工作容积变化除了周期性扩大和缩小外,其空间位置也随主轴转动不断发生变化。这类压缩机只要进气口的位置设置合理,完全可以不用进气阀片,排气阀片则可根据需要来设置。旋转式压缩机基本上无余隙容积,其工作过程一般只有进气、压缩、排气3个过程,所以它的容积效率比往复式压缩机高得多,可高达80%~95%。

旋转式压缩机的转子不存在往复运动带来的惯性,所以平衡问题容易解决。这样,旋转式压缩机可达到较高转速,增加了制冷能力,减小了体积和质量,这一点对汽车空调显得特别重要。但是,由于旋转式压缩机工作容积不断地变化,使得工作容积的密封面积较大,加上密封的地方大都是曲线,因此,密封结构复杂、密封性差。为此,必须借助润滑油来密封,而这又势必造成润滑机构复杂。而且由于润滑油的导热性差,造成空调机的换热性能不良,降低了它的制冷能力。

由于旋转式压缩机的特点,近十年来,它已广泛地应用在汽车空调上,正在逐步取代往复式压缩机。下面对其中的旋叶式压缩机进行介绍。

旋叶式压缩机又称刮片式压缩机,是旋转式压缩机的一种。它由旋叶式真空泵演变而来,它是旋转式压缩机中应用在汽车空调上最早的一种。

旋叶式压缩机的气缸有圆形和椭圆形两类。叶片有2片、3片、4片、5片等几种。其中,圆形气缸配置的叶片为2片、3片、4片3种,如图4-12所示。椭圆形气缸配置的叶片为4片、5片两种,如图4-13所示。

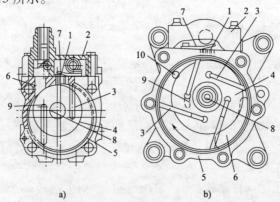

图4-12 圆形气缸的旋叶式压缩机剖视图
a)日本松下SO形两叶压缩机;b)美国纽克VR形4叶压缩机
1-排气孔;2-缸盖;3-叶片;4-转子;5-缸体;6-进气孔;7-排气阀片;8-主轴;9-进油孔;10-单向阀

在圆形气缸的旋叶式压缩机中,转子的主轴相对气缸的圆心有一偏心距,这使转子紧贴在气缸内表面的进气孔和排气孔之间,而在椭圆形气缸中,转子的主轴和椭圆的几何中心重合,转子紧贴椭圆两短轴上的内表面。这样转子的叶片和它们之间的接触将气缸分成几个空间,当主轴带动转子旋转一周时,这些空间的容积发生扩大—缩小—归零的循环变化。相应地制冷剂蒸气在这些空间内发生吸气—排气的循环。对于圆形气缸而言,双叶片式将空间分成两个空间,主轴每旋转一周,即有两次排气过程;三叶片则有3次排气过程。叶片越多,压缩机的排气脉冲越小,椭圆气缸压缩机也是如此。由于排气阀设计在接近接触线的位置,因此,旋叶式压缩机几乎不存在余隙容积。

由此可见,旋叶式压缩机由于不设吸气阀,容积效率特别高,转子可以高速运转,因此制冷能力强。

2) 主要结构

图4-14是旋叶式压缩机的轴向剖视图。

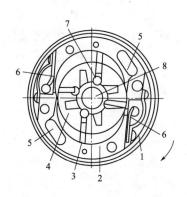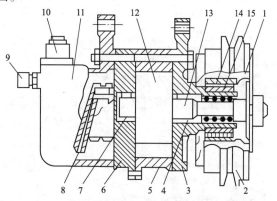

图4-13 椭圆形气缸的旋叶式压缩机
1-机壳;2-缸体;3-叶片(共4片);4-转子;
5-吸气腔;6-排气簧片;7-进油口;8-主轴

图4-14 旋叶式压缩机轴向剖视图
1-前板;2-带轮;3-前端盖;4-轴承;5-缸体;6-后缸盖;7-轴承;8-吸油管;9-排气口;10-进气口;11-后端盖;12-转子;13-主轴;14-带轮轴承;15-轴衬

旋叶式压缩机的主要零部件有缸体、转子、主轴、叶片、排气阀、后端盖、带有离合器的前端盖和主轴的油衬。后端盖6和前端盖3上有两个滚动轴承(4、7)支撑主轴转动,后端还有一个油气分离器。转子上开槽的中心不通过转子中心,而是斜置一个角度,以使叶片在转子的斜置槽中自由滑动。叶片之所以在斜置槽中,目的是尽量减小叶片沿转子槽运动时的阻力,以改善叶片在槽中自由滑动的状况。高压润滑油从槽的底面进入槽中,使叶片以浮动的形式接触缸体曲面而实现密封,这样既减小了密封弹簧的弹力,又提高了叶片的耐磨性;与此同时,离心力对无约束的叶片作用也能加强接触面密封的可靠性。

旋叶式压缩机后端的排气室内设有一个较大的空间,以用来分离油气,使制冷剂蒸气经分离后排出。油池里的润滑油在压差作用下,通过输油管压入转子的槽底,通过叶片和槽的间隙,进入气缸,润滑油同时还流到转子与前、后缸盖板的间隙中,对端面的轴承和油封进行润滑,另外还对主轴承进行润滑。润滑后的油随着制冷剂蒸气经压缩,再返回油气分离器。

3) 变容量旋叶式压缩机

图4-15为一种双叶片旋叶式压缩机,它可以根据发动机转速的高低,自动调节制冷量。

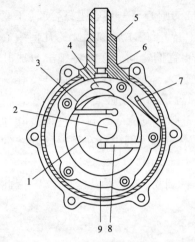

图4-15 变容量旋叶式压缩机
1-转子；2-主轴；3-变容量槽；4-吸气孔；5-进气管；6-O形圈；7-排气阀；8-叶片；9-缸体

这种压缩机的工作原理为：在气缸的吸气孔4中，有一变容量槽3，当叶片刮过吸气孔4时，进气过程本来应该结束，但由于气缸开有变容量槽3，因此，在气流惯性的作用下，继续通过变容量槽3进行充气，这样可以提高充气效率，又不影响下一气缸的进气过程。变容量槽和叶片8构成一个缺口，通过该缺口槽进入气缸的气体流量正比于缺口截面积和流入时间的乘积，即流量 = $K \times$ 面积 $\times$ 时间 $\times$ 叶片厚度，式中 K 为比例系数。低转速时，叶片刮过变容量槽3的时间长，充气量增大，制冷量大；高转速时，叶片刮过变容量槽3的时间短，气缸充气量相对减少，制冷量减少，能耗降低。在相同制冷量条件下，气缸容积可以减小30%，而质量降低20%，从整体来看，不但能进行制冷量自动调节，还可减少功耗，这是旋叶式压缩机得到广泛应用的原因。

4）旋叶式压缩机的主要特点

（1）结构简单，零部件少，无进气阀，容积效率高。

（2）体积小，质量轻，质量只有制冷量等同的往复式压缩机的50%~60%。

（3）能高速运转，压缩蒸气的温度低，且运转平稳，噪声小，起动转矩小。

（4）叶片的耐磨性差，端面密封性较差，这影响了这种压缩机的推广使用。

5 滚动活塞式压缩机

1）工作原理

滚动活塞式压缩机是一种新型的旋转式压缩机，现有单缸、双缸和变容量3种。该种压缩机由于体积小、工作可靠，广泛应用于汽车空调及其他空调和冰箱上。

滚动活塞式压缩机工作原理如图4-16所示，滚动活塞内部是中空的，并且和曲柄的配合有很大的间隙，在间隙里充满着润滑油。当曲轴旋转时，依靠摩擦力引起滚动活塞的转动，并在离心力作用下，使滚动活塞的内表面和曲柄外表面紧紧接触，造成滚动活塞的几何中心与曲轴中心不重合，即与气缸中心不重合。接触位置处在活塞中心和气缸中心连线的延长线与气缸交点上，且该接触线与固定在气缸上的刮片将气缸空间分成两部分。当曲柄旋转时，活塞不但作自身滚动，而且以气缸的中心为圆心，偏心距为半径的圆周上作回旋运动（不是旋转运动），这两种运动的合成，引起气缸两部分空间容积扩大、缩小的周期性变化。当进气腔的空间容积不断扩大时，制冷剂蒸气不断地从外面吸进，压缩机处于进气过程；而另一腔则容积不断缩小，蒸气不断压缩，处于压缩过程。当压力腔的蒸气压力略大于排气腔时，则排气阀打开，将压缩蒸气排出气缸外，处于排气过程。曲轴旋转一周，活塞与气缸的接触线也移动一周，这样压缩机的两个空间各自完成了进气、压缩、排气3个过程的工作循环，两个缸便完成了两个工作循环。由于滚动活塞式压缩机的吸气过程是连续的，所以不用设置进气阀，容积效率比较高。

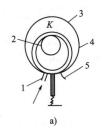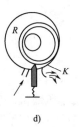

图 4-16　滚动活塞式压缩机工作原理

a) 吸气终止；b) 压缩；c) 左室吸入，右室压缩；d) 左室吸入，右室排空

1-吸气口；2-曲轴；3-气缸；4-滚动活塞；5-排气阀；6-滑片；7-弹簧；8-压缩腔；9-吸气腔

滚动活塞是在曲轴做旋转运动时，在活塞与曲轴的接触表面产生的摩擦力驱动下带动活塞转动的。由于摩擦面上形成有一层支承油膜，所以曲轴和转子内表面的摩擦力不大，活塞的转动速度比曲轴小得多。这样，活塞在气缸面上的运动呈一种滚动方式，它的刮片和滚动活塞的接触部分也是滚动的，所以滚动活塞式压缩机的摩擦功耗很小，使使用寿命延长，这一点与旋叶式的旋叶与气缸接触是滑动接触不同，所以滚动活塞式压缩机得到广泛的应用。

2) 主要结构

图 4-17 所示的是一种滚动活塞式压缩机的剖面图。主要零件为曲轴、转子、缸体、前后端盖和刮片。曲轴 11 由两端面上的滚动轴承 9 和 14 支承。平衡块 8 在曲轴尾端。弹簧 12 压迫刮片 24 紧贴旋转活塞 28 在缸体内滚动。不设吸气阀，排气阀采用圆柱形，由于圆柱形阀工艺性好，所以在气缸上安装和布置较方便。润滑采用压差输油的方式，即冷凝的润滑油在气缸内润滑旋转活塞与缸壁接触部位及刮片后，和制冷剂一起排到机体底部，底部装有不锈钢筛网，用来分离油气。分离后的油气，其中蒸气从排气口排除，润滑油留在机体底部。在排气高压作用下，通过吸油孔 29 油被送到主轴承、活塞内孔以及油封等处，而在底部的刮片和弹簧都浸在油中。

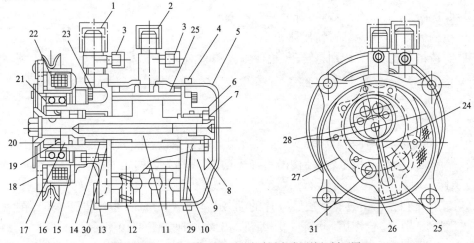

图 4-17　日本三菱 SA-430 滚动活塞式压缩机剖面图

1-进气口；2-排气口；3-检修备用阀；4-安装架；5-后盖套；6-滚动推力轴承；7-轴向止动螺栓；8-平衡块；9-滚动轴承；10-后端盖；11-曲轴；12-叶片弹簧；13-前盖套；14-滚动轴承；15-轴封总成；16-离合器带轮；17-O形圈；18-离合器压板；19-卡环；20-油封；21-卡环；22-离合器线圈；23-推力密封；24-刮片；25-缸体；26-阀限位器；27-油分离阀；28-旋转活塞；29-吸油孔；30-前端盖；31-排气阀

3)变容量滚动活塞式压缩机

图4-18为一双缸变容量滚动活塞式压缩机。在该种压缩机上,一根曲轴配有两个串联的滚动活塞和中间隔板,其他部分与单缸同。为平衡曲轴方便,两个曲柄位置错开180°,这样两个活塞也相互错开180°,这使排气连续进行,排气量可提高一倍,压缩机的体积也更紧凑。滚动活塞压缩机的变容量是停止其中一缸工作,让其制冷量减少一半。其原理是:从排气口引一条管道到后缸的卸载阀,当电磁阀关闭时,卸载阀在右边,打开后缸的吸气口,让其双缸全负荷工作。在车速很快时,蒸发器出口空气温度下降,接通电磁阀,让排气高压引入卸载阀,阀门移到左边,关闭后缸的吸气入口,让后缸处于空转状态,没有制冷剂输出。很显然,这是一种突变的方式,所以输出的冷空气量和温度波动很大。

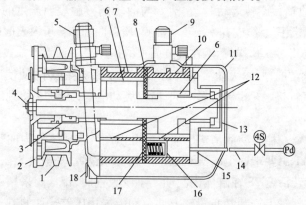

图4-18 双缸变容量滚动活塞式压缩机

1-带轮;2-离合器板;3-油封;4-曲轴;5-吸气口;6-滚动活塞;7-前缸体;8-隔板;9-排气口;10-后缸体;11-外壳套;12-吸气腔;13-挡油板;14-连接管;15-后缸盖;16-卸载阀;17-卸载弹簧;18-前缸盖

4)滚动活塞式压缩机的特点

(1)容积效率高。

(2)摩擦阻力小,制冷系数高,寿命长。

(3)结构紧凑,零件少,质量轻,体积小。

(4)制造精度要求高,特别是转子、缸体内径和曲柄的配合要求非常高,生产中须采用专用夹具。

6 涡旋式压缩机

涡旋式压缩机是一种新型压缩机,主要适用于汽车空调,它与往复式压缩机相比,具有效率高、噪声低、振动小、质量轻、结构简单等优点,是一种先进的压缩机。

1)工作原理

涡旋式压缩机主要由具有涡旋转叶片的动、定涡旋盘所组成,相互错开180°,在两个点上相互接触,相当于啮合作用。涡旋式压缩机的工作原理如图4-19所示。

图4-19a)是吸气结束时,一对涡旋圈形成了两对月牙形容积,最大的月牙形容积将开始压缩,动圈涡旋中心绕定圈涡旋中心继续回旋公转,原来最大的月牙形容积已压缩,如图4-19b)所示。动圈被曲轴带动而再作回旋运动,被压缩的容积缩小到如图4-19c)所示的最小压缩容积7(此容积根据内容积比值确定)。这一月牙形容积中的制冷剂蒸气即与设在涡

旋圈中心的排气口相通。在压缩的同时,动圈与定圈的外周又形成吸气容积,再回旋,再压缩,如此周而复始完成吸气、压缩、排气工作过程。

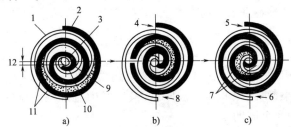

图 4-19 涡旋式压缩机的工作原理
a) 吸气结束;b) 压缩行程;c) 排气开始之前

1-固定圈;2-动圈;3-固定圈涡旋中心;4、5、6、8-制冷剂蒸气;7-最小压缩容积;9-排气口;10-动圈涡旋中心;
11-开始压缩容积(最大容积);12-回旋半径

2) 主要结构

图 4-20 为涡旋式压缩机结构简图。该压缩机主要由固定涡旋盘、动涡旋盘、机架、连接器和曲轴等组成。动涡旋盘 3 上的叶片采用渐开线,与其啮合的固定涡旋盘 2 上应是包络线,因此,动、静两个涡旋圈为一对渐开线曲线。

理论上,涡旋式压缩机涡旋圈的圈数越多,动作越平稳,效率越高。实际应用中,为了防止过压缩和受直径限制,一般汽车空调涡旋式压缩机涡旋圈选 2.5~3 圈。

涡旋式压缩机的回旋机构如图 4-21 所示,通过回旋机构产生回旋运动(而不是旋转运动)。当电磁离合器接通时,曲轴 1 转动,曲柄销驱动偏心套 3 作回旋运动,传动轴承 4 也作回旋,传动轴承上的动涡旋盘 5 也作回旋运动,即动盘涡旋中心绕固定涡旋盘回旋半径的圆作公转回旋。设置在偏心套上的平衡块 6 可以平衡动涡旋盘的回旋离心力。因此在运行期间,涡旋盘压缩室的径向密封不取决于离心力,而主要取决于偏心套的回旋力矩。该力矩是由作用于偏心套的气体压力的切向分力和作用在曲轴销的动盘回旋驱动力所构成的力偶产生的。两偏心力的轴向位置是错开的,为了保持压缩机的动平衡,曲轴和离合器设置了平衡块。

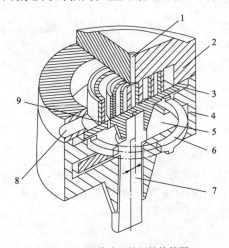

图 4-20 涡旋式压缩机结构简图
1-排出口;2-固定涡旋盘;3-动涡旋盘;4-机架;
5-背压腔;6-十字环;7-曲轴;8-吸入口;9-背压孔

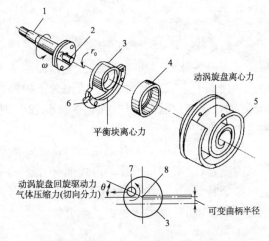

图 4-21 涡旋式压缩机的回旋机构
1-曲轴;2-曲柄销;3-偏心套;4-传动轴承;5-动涡旋盘;
6-平衡块;7-曲柄销中心;8-驱动点

动圈背面与前盖之间装有球形连接机构。球形连接机构有两个作用：一个是起回转止推的作用，承受气体的轴向压力；另一个是防止动圈自转并能消除轴向偏移。

动涡旋盘和固定涡旋盘在安装时存在着180°的相位角，从而使两涡旋盘相互啮合形成一系列的月牙形容积。动涡旋盘由一个偏心距很小的曲轴带动，使之绕固定涡旋盘的轴线运动。此外，在动涡旋盘背后利用一连接机构，用来保证动涡旋盘和固定涡旋盘之间的相对运动。在此运动过程中，制冷剂蒸气由涡旋盘的外边缘被吸入月牙形工作容积中，工作容积逐渐向中心移动并减小，使制冷剂蒸气被压缩，最后经中心部位的排气口轴向排出，从而完成吸气、压缩和排气的整个周期。

二、冷凝器

冷凝器是一个热交换器，其作用是将压缩机送来的高温、高压气态制冷剂进行冷却，使其冷凝为高压制冷剂液体。冷凝器的管片材料最早是全铜的，现在大部分是全铝的，少量有采用铜管铝片的（主要用于大客车空调器，美国少数轿车保留铜管铝片形式）。

汽车空调系统冷凝器均采用风冷式结构，由迂回的蛇形管构成，该管与薄金属片刚性连接在一起。这样就可获得较大的散热面积和更好的热传递效果。在接通空调装置后，冷凝器由散热器风扇来冷却，以保证制冷环路的正常工作。其冷凝原理是：让外界空气通过冷凝器的散热片，将高温的制冷剂蒸气的热量带走，使之成为液态冷剂。制冷剂蒸气所放出的热量，被周围空气带走，排到大气中，如图4-22所示。

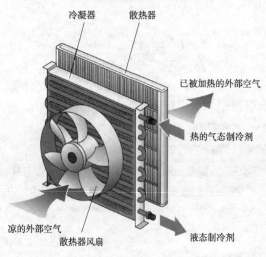

图4-22 冷凝器的工作原理

汽车空调系统冷凝器的结构形式主要有管片式、管带式和平行流式3种。冷凝器的结构从管片式向管带式发展，并主要向平行流动式（也是一种管带式结构）发展。层叠和平行流动式的内部结构又在不断发展，以利于进一步提高换热效率和减轻质量，平行流动式冷凝器从单元平行流动式发展成多元平行流动式。由于采取减薄管片厚度、增加管子内肋片、翅片开切口、改变翅片形状及开口角度等措施，加大了翅片散热面积，强化了气侧和液侧的热交换效率。上述发展，使冷凝器尺寸和质量大幅度降低。

目前，我国轿车上主要采用全铝管带式和平行流式冷凝器，大型客车上主要采用铜管铝片式冷凝器，中型客车上几种形式都有，以管带式为主。如奥迪A6、宝来、本田、别克、赛欧、上海帕萨特等车的空调均采用平行流动式冷凝器，一些经济型轿车也放弃管带式，改成平行流式冷凝器，如东风雪铁龙新爱丽舍等。

① 管片式

它是汽车空调早期采用的一种冷凝器，制造工艺简单，由铜质或铝质圆管套上散热片组成,如图4-23所示。片与管组装后,经胀管处理,使散热片与散热管紧密接触,使之成为冷凝器总成。这种冷凝器散热效果较差,一般用在大、中型客车的制冷装置上。

❷ 管带式

它是由多孔扁管弯成蛇管形,并在其中安置散热带后焊接而成,如图4-24所示。管带式冷凝器的散热效果比管片式冷凝器好一些(一般高15%左右),但工艺复杂,焊接难度大,且材料要求高。一般用在小型汽车的制冷装置上。

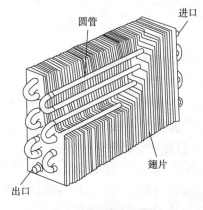

图4-23 管片式冷凝器

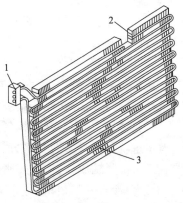

图4-24 管带式冷凝器
1-接头;2-铝制内肋扁管;3-波形翅片

❸ 平行流式

平行流式冷凝器结构图,它由圆筒集管、铝制内肋管、波形散热翅片及连接管组成。如图4-25所示,其传热效率可比管带式冷凝器提高约30%。它是专为R134a而研制的新结构冷凝器,该冷凝器管、片之间无需复杂的焊接工艺,加工性能好,节省材料,而且耐振性好。因此,目前广泛使用在汽车空调系统中。

对于轿车,冷凝器一般安装在发动机冷却系散热器之前,利用发动机冷却风扇吹来的新鲜空气和行驶中迎面吹来的空气进行冷却。对于一些大、中型客车和一些小型客车,冷凝器安装在车厢两侧、车厢后侧或车厢的顶部。当冷凝器远离发动机散热器时,在冷凝器旁边都必须安装辅助冷却风扇进行强制风冷,加速冷却。

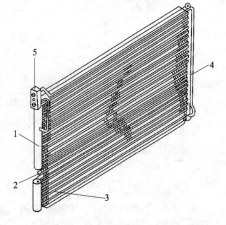

图4-25 平行流式冷凝器
1-圆筒集管;2-铝制内肋扁管;3-波形散热翅片;4-连接管;5-接头

在安装冷凝器时,需注意以下两点:

(1)在连接冷凝器的管接头时,要注意哪里是进口、哪里是出口。从压缩机输来的高压制冷剂蒸气,必须从冷凝器上端入口进入,再流动到下部管道,冷凝成液态的制冷剂再沿下方出口流出而进入储液干燥器,此顺序绝对不能接反;否则,会引起制冷系统压力升高、冷凝器胀裂的严重事故。

(2)在未装连接管接头之前,不要长时间打开管口的保护盖,以免潮气进入。

三 储液干燥器与集液器

1 储液干燥器

1)储液干燥器的作用

储液干燥器用于膨胀阀式的制冷系统,串联在冷凝器与膨胀阀之间的管路上,使从冷凝器中来的高压制冷剂液体经过滤、干燥后流向膨胀阀。在制冷系统中,它起到储液、干燥和过滤液态制冷剂的作用。

储液器的功能是储存液化后的高压液态制冷剂。根据制冷负荷的大小需要,随时供给蒸发器,同时还可补充制冷系统因微量渗漏的损失量。

干燥的目的是防止水分在制冷系统中造成堵塞。水分主要来自新添加的冷冻润滑油和制冷剂中所含的微量水分。根据结构形式不同,可以吸收 6~12g 水。吸水量取决于温度,温度越低,吸水量就越多。当这些水分、制冷剂混合物通过节膨胀阀时,由于压力和温度下降,水分便容易析出凝结成冰,造成膨胀阀堵塞的"冰堵"故障。制冷系统在制造维修时,由于没有处理干净会带入一些杂物,另外制冷剂和水混合后,对金属的强烈腐蚀作用也会产生一些杂质。上述杂质与制冷系统的制冷剂混在一起,在系统中循环便很容易使系统中的小孔堵塞,影响正常工作,同时也增加了压缩机的磨损,缩短了它的使用寿命,所以系统中一定要设置过滤器。

2)主要结构

储液干燥器结构如图 4-26 所示。其组成部分主要由引出管 1、干燥剂 2、过滤器 3、进口 4、易熔塞 5、视液镜 6、出口 7 等组成。从冷凝器来的液态制冷剂,从进口 4 进入,经过滤器 3 和干燥剂 2 除去水分和杂质后进入引出管 1,从出口 7 流向膨胀阀。

干燥剂是一种能从气体、液体或固体中除掉潮气的固体物质。一般常用的有硅胶及分子筛。分子筛是一种白色球状或条状吸附剂,对含水分低、流速大的液体或气体有极高的干燥能力。它不但使用寿命长,还可经再生处理后重新使用,缺点是价格较贵。

滤清材料可防止干燥剂被污染,也可避免其他固形物质随制冷剂在空调系统内循环。有些干燥剂前后各有一层滤清材料,制冷剂必须通过两层滤清材料和一层干燥剂,才能离开储液器。

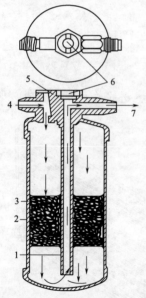

图 4-26 储液干燥器
1-引出管;2-干燥剂;3-过滤器;4-进口;5-易熔塞;6-视液镜;7-出口

易熔塞是一种保护装置,一般装在储液器头部,用螺塞拧入。螺塞中间是一种低熔点的铅锡合金,当制冷剂温度达到 95~105℃时,易熔合金熔化,制冷剂逸出,以避免系统中其他零件的损坏。

制冷剂数量及工作状态可利用储液干燥器玻璃观察窗口来进行检查。检查前,关闭所有车门,温度控制开关在最冷位置,鼓风机控制开关在最高位置,进气控制开关在内循环位置,打开空调(A/C)开关,发动机在 1500r/min 运转。视液镜检查制冷剂状态如图 4-27 所示。

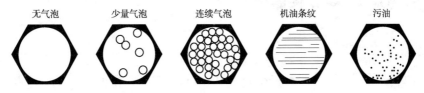

图 4-27 视液镜检查制冷剂状态

（1）清晰、无气泡。交替开、关空调,若开、关的瞬间制冷剂出现泡沫,然后变澄清,说明制冷剂适量;交替开、关空调,若观察不到任何现象,且出风口不冷,压缩机进出口没有温度差,说明制冷剂漏光;若出风口冷度不够,且关闭压缩机后无气泡、无流动现象,说明制冷剂过多。

（2）如果有气泡且气泡不断流过,说明制冷剂不足;如果泡沫很多,可能有空气。

（3）偶尔出现气泡,且时而伴随有膨胀阀结霜,说明系统中有水分;若无膨胀阀结霜现象,可能是制冷剂略少或有空气。

（4）有长串油纹,观察窗也有条纹状的油渍,说明冷冻油过多。

（5）若污浊,则表明冷冻油变质,应更换制冷剂和冷冻油。

为了保证系统安全工作,目前使用的储液干燥器上都安装了高、低压保护开关。

如果是立式储液干燥器,直立面的倾斜角不得大于 15℃,它的进口应和冷凝器的出口相连通。通常,储液干燥器进口处都标记 IN,或用箭头指示制冷剂流动方向。维修人员应当记住,制冷剂是从干燥器下部流入膨胀阀进口的,接反了储液干燥器会导致制冷量不足,安装时,干燥器是接入系统的最后一个部件。只要打开了制冷剂环路。就必须要更换制冷剂储液罐。制冷剂储液罐在安装前应尽可能地保在封闭状态,这样就可使得干燥器从周围空气中所吸收的水气尽可能少。

2 集液器

集液器用于膨胀管式的制冷系统,集液器和储液干燥器类似,但它装在系统的低压侧压缩机入口处。

集液器的主要功能是防止液态制冷剂液击压缩机。因为压缩机是容积式泵,设计上不允许压缩液体,集液器也用于储存过多的液态制冷剂,内含干燥剂,起储液干燥器的作用,结构见图 4-28。

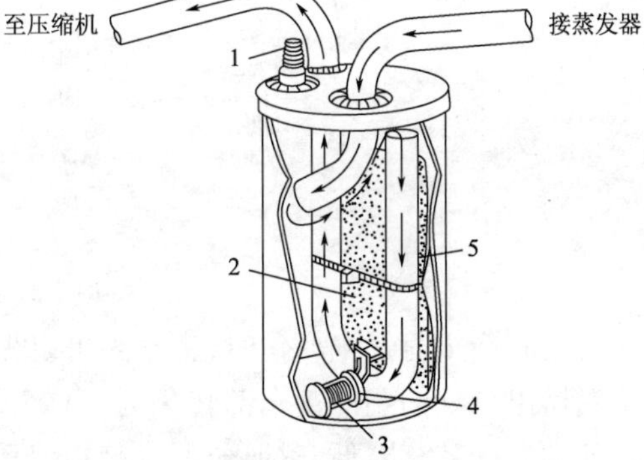

图 4-28 集液器
1-测试孔口;2-干燥剂;3-滤网;4-泄油孔;5-出气管

集液器也叫气液分离器,因为它装在系统的低压侧,使制冷剂气液分离,换句话说,它收集的是液态制冷剂。

制冷剂从集液器上部进入,液态制冷剂落入容器底部,气态制冷剂积存在上部,并经上部出气管进入压缩机。在容器底部,出气管回弯处装有带小孔的过滤器,允许少量积存在管弯处的冷冻油返回压缩机,但液体制冷剂不能通过,因而需要用特殊过滤材料。

集液器中干燥剂的组成和特性,和储液干燥器内完全一样。

四 膨胀阀和膨胀管

1 膨胀阀

膨胀阀也称节流阀,安装在蒸发器的入口处,其作用是将储液干燥器的高温、高压的液态制冷剂从膨胀阀的小孔喷出,使其降压,体积膨胀,转化为雾状制冷剂,在蒸发器中吸热变为气态制冷剂,同时还可根据制冷负荷的大小调节制冷剂的流量,确保蒸发器出口处的制冷剂全部转化为气体。

膨胀阀的结构形式有外平衡式膨胀阀、内平衡式膨胀阀和 H 形膨胀阀 3 种,下面分别予以介绍。

1)外平衡式膨胀阀

其结构见图 4-29。膨胀阀的入口接储液干燥器,出口接蒸发器。膨胀阀的上部有一个膜片,膜片上方通过一条细管接一个感温包。感温包安装在蒸发器出口的管路上,内部充满制冷剂气体,蒸发器出口处的温度发生变化时,感温包内的气体体积也会发生变化,进而产生压力变化,这个压力变化就作用于膜片的上方。膜片下方的腔室还有一根平衡管通蒸发器出口。阀的中部有一个阀门,阀门控制制冷剂的流量,阀门的下方有一个调整弹簧,弹簧的弹力试图使阀门关闭,弹簧的弹力通过阀门上方杆作用在膜片的下方。可以看出,膜片共受到 3 个力的作用,一个是感温包中制冷剂气体向下的压力,一个是弹簧向上的推力,还有一个是作用在膜片的下方蒸发器出口制冷剂的压力,阀的开度取决于这 3 个力综合作用的结果。

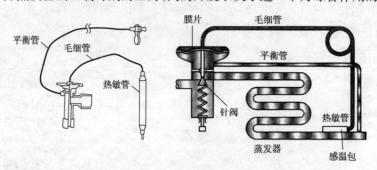

图 4-29 外平衡式膨胀阀

当制冷负荷发生变化时,膨胀阀可以根据制冷负荷的变化自动调节制冷剂的流量,确保蒸发器出口处的制冷剂全部转化为气体并有一定的过热度。当制冷负荷减小时,蒸发器出口处的温度就会降低,感温包的温度也会降低,其中的制冷剂气体便会收缩,使膨胀阀膜片上方的压力减小,阀门就会在弹簧和膜片下方气体压力的作用下向上移动,减小阀门的开度,从而减小制冷剂的流量。反之,制冷负荷增大时,阀门的开度会增大,制冷剂的流量增加。当制冷负荷与制冷剂的流量相适应时,阀门的开度保持不变,维持一定的制冷强度。大客车空调系统选用外平衡式膨胀阀。

2)内平衡式膨胀阀

其结构与外平衡式膨胀阀的结构大同小异,见图 4-30。不同之处在于内平衡式膨胀阀没有平衡管,膜片下方的气体压力直接来自于蒸发器的入口。内平衡式膨胀阀的工作过程与外平衡式膨胀阀的工作过程完全相同。

3) H形膨胀阀

如图4-31所示为大众采用的H形膨胀阀,采用内、外平衡式膨胀阀的制冷系统,其蒸发器的出口和入口不在一起,结构比较复杂。该阀也是安装在制冷剂循环管路的高压侧和低压侧之间(就在蒸发器的前面)。该膨胀阀采用热控制方式来控制,它的调节元件是热胀盖和球阀。

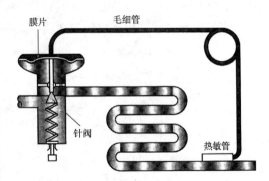

图4-30 内平衡式膨胀阀

热胀盖内膜片的一侧充满了一种专用气体,另一侧通过压力平衡孔与蒸发器出口(低压)相连。球阀通过一个推杆来操纵。低压一侧的温度就决定了专用气体的压力,也就决定了制冷剂的喷射量。

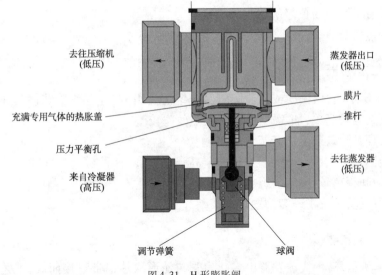

图4-31 H形膨胀阀

❷ 膨胀管

膨胀管,又叫节流阀,是用于许多轿车制冷系统的一种固定孔口的节流装置,有人称之为孔管,与膨胀阀的作用基本相同,只是将调节制冷剂流量的功能取消了,其结构见图4-32。它是一根细铜管,装在一根塑料套管内,塑料套管外环形槽内装有密封圈,膨胀管的节流孔径是固定的,入口和出口都有滤网,以防堵塞,直接安装在冷凝器出口和蒸发器进口之间。膨胀管不能维修,坏了只能更换。由于节流管没有运动部件,具有结构简单、成本低、可靠性高、节能等优点,因此美国、日本等国有许多高级轿车采用膨胀管式制冷循环。

五 蒸发器

蒸发器也是一个热交换器,其作用是将经过节流降压后的液态制冷剂在蒸发器内沸腾汽化,吸收蒸发器表面周围空气的热量而降温,风机再将冷风吹到车室内,达到降温的目的。蒸发器安装在驾驶室仪表台的后面,在蒸发器的下方还有接水盘和排水管。

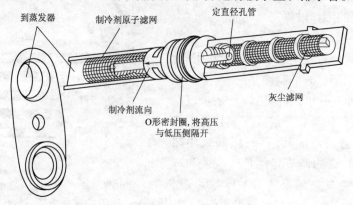

图4-32 膨胀管

汽车车厢内的空间小,对空调器尺寸有很大的限制,为此要求空调器(主要是蒸发器)具有制冷效率高、尺寸小、质量轻等特点。

汽车空调蒸发器有管片式、管带式、层叠式3种结构。

1 管片式蒸发器

如图4-33所示,它由铜质或铝质圆管套上铝翅片组成,经胀管工艺使铝翅片与圆管紧密相接触。其结构较简单,加工方便,但其换热效率较差。

翅片安装环翻片破裂是生产工艺的难题,安装贴合不紧或破裂,都会使换热性能变差。目前共熔合金固化工艺所指出的新型铝合金高强度翅片,这种材料内含有直径为2pm的颗粒合金,因颗粒间距离较小,阻碍颗粒的错位流动和塑性流动,所以材料强度得以提高,获得了优良的成型性能,解决了破裂问题。

2 管带式蒸发器

如图4-34所示,管带式蒸发器由多孔扁管与蛇形散热铝带焊接而成,工艺比管片式复杂,需采用双面复合铝材(表面覆盖一层0.02~0.09mm厚的焊药)及多孔扁管材料。这种蒸发器换热效率比管片式提高10%左右。

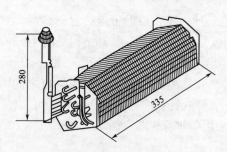

图4-33 管片式蒸发器(尺寸单位:mm)

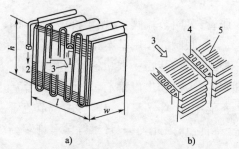

图4-34 管带式蒸发器
a)俯视图;b)俯视剖视图
1-制冷剂进口;2-制冷剂出口;3-空气流向;4-管带;5-散热片

③ 层叠式蒸发器

如图4-35所示,层叠式蒸发器由两片冲成复杂形状的铝板叠在一起组成制冷剂通道,每两片通道之间夹有蛇形散热铝带。这种蒸发器也需要双面复合铝材,且焊接要求高,因此,加工难度最大,但其换热效率也最高,结构也最紧凑。采用制冷剂R134a的汽车空调就应用这种层叠式蒸发器。

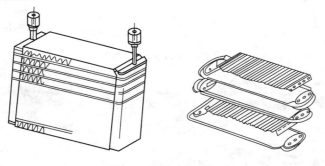

图4-35 层叠式蒸发器

六、制冷系统管路

汽车空调制冷系统管路连接制冷系统的压缩机、冷凝器、储液干燥器(集液器)、膨胀阀(管)蒸发器等主要系统部件,在管路上一般安装有高低压维修阀、制冷系统压力开关和压缩机进气减振器等元件,在有些车型上,为了防止空调工作时管路上产生振动和噪声,空调管上还安装有配重块,如图4-36所示。制冷系统管路可分为高压管与低压管,一般由铝制硬管和橡胶软管扣压而成,以保证密封和走向。从外形上看,高压管路比低压管路要细,这样减少可在压缩机工作时制冷压力在管路上的衰减。

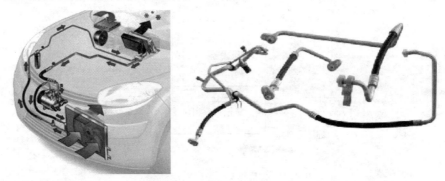

图4-36 汽车空调制冷系统管路

为了提高空调系统的制冷效果,减少压缩机的负载,降低油耗,上海交通大学与常州腾龙汽车零部件制造有限公司合作研发了一种新型的空调进出管路——IHX内部热交换器,也叫膨胀阀进出制冷管、回热器、同轴管。如图4-37所示,该型空调管路已使用在东风雪铁龙C4世嘉、东风标致3008、308、福特蒙迪欧致胜和吉利等部分车型上。

内部热交换器有三种主流结构:肋片式、滚压螺旋管式和扭转螺旋管式,如图4-38所示。

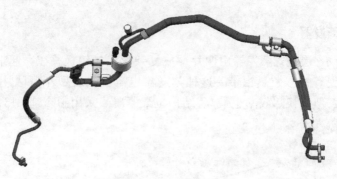

图 4-37 IHX 内部热交换器

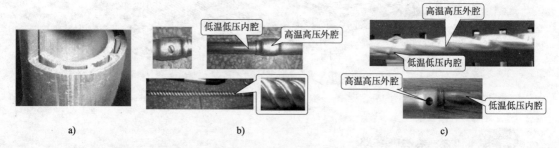

图 4-38 内部热交换器结构
a)肋力管;b)滚压螺旋管;c)扭转螺旋管

IHX 热交换器的工作原理是反向利用蒸发器出来的低压低温制冷剂气体,对高压管路中的中温高压制冷剂液体在膨胀前将其冷却,高压管路中的制冷剂获得了额外的冷却,提高了冷却的性能。工作原理如图 4-39 所示。

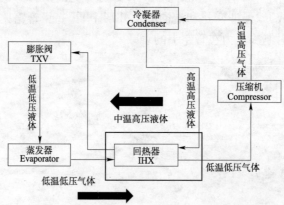

图 4-39 内部热交换器 IHX 工作原理

第五章　汽车空调的采暖与通风系统

第一节　采暖系统

一、采暖系统的功用

采暖系统也称暖风系统，在汽车空调系统中，采暖是重要的功能之一。汽车空调采暖系统的功用如下。

1 冬季取暖

在寒冷的冬季，汽车空调采暖系统可将车内空气或送入车内的外部新鲜空气加热，以提高车内空气温度。

2 调节车内温度与湿度

现代汽车空调系统的空调器已采用冷暖一体化的形式，利用空调制冷系统和采暖系统，通过冷热风的调和，可对车内的温度与湿度进行调节，以提高车内的舒适性。

3 车窗玻璃除霜

在冬季或春季，由于车内外温差较大，车窗玻璃会起雾和结霜，影响驾驶员的视线，不利于行车安全。这时，可通过采暖系统吹出热风来除霜、除雾。

二、采暖系统的类型

按热源不同，汽车空调采暖系统常见的可分为两种类型：余热式采暖系统与独立式采暖系统。

余热式采暖系统是利用发动机冷却液对车内空气进行加热。轿车的车内空间小，取暖需要的热量也少，所以一般都装用余热水暖式采暖系统。该系统的优点是设备简单、使用安全、运行经济，缺点是热量小，且采暖受发动机工况的影响。

独立式采暖系统是利用独立的热源对车内空气或送入车内的外部新鲜空气加热。独立热源通常是燃烧汽油、柴油或煤油等燃料的燃烧器。独立式采暖系统也可分水暖和气暖两种。大型客车常常采用独立式采暖系统。独立式采暖装置的优点是采暖不受发动机工况影响,发动机不工作时也可对车内供热。独立式采暖装置通常是利用空气或水作为传热介质,因此,其主要类型有空气加热采暖系统和水加热采暖系统。

三 余热水暖式采暖系统

(一)工作原理

余热水暖式取暖系统利用发动机循环的冷却液余热作为热源,将冷却液引入车室内的热交换器中,使鼓风机送来的车室内空气或外部空气与热交换器中的冷却液进行热交换,从而使之升温,鼓风机将加热后的空气送入车室内。

余热取暖式空调系统温度控制一般采用两种方式:循环水量控制与混合空气量控制。

1)循环水量控制

循环水量控制的水暖式采暖装置管路连接如图 5-1 所示,在发动机冷却液进口处装有水泵9,它是冷却液循环的动力。从发动机出来的冷却液经过节温器6,在温度达到60℃时节温器开启,让发动机冷却液流入采暖装置的加热器芯1。在节温器和加热器芯之间装有一个冷却液控制阀4用来控制热水的流动。冷却液的另一部分流到散热器散热。冷却液在加热器芯散热加热周围的空气,再由风扇13送到车内。散热后的冷却液经加热器出水管2又在水泵的吸力作用下重新流回到发动机的水腔内冷却发动机,完成一次供暖循环。

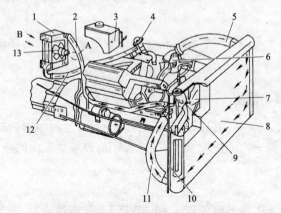

图 5-1 循环水量控制式水暖采暖装置

A-冷空气;B-暖风;1-加热器芯;2-加热器出水管;3-膨胀水管;4-冷却液控制阀;5-散热器进水管;6-节温器;7-风扇;8-散热器;9-水泵;10-散热器溢流管;11-散热器出水管;12-加热器进水管;13-风扇

2)混合空气量控制

混合空气量控制的水暖装置工作原理图如图 5-2 所示,加热器的连接与循环水量控制式水暖采暖系统相似,不同之处在于取消了冷却液控制阀,在发动机冷却液温度达到60℃时节温器开启,发动机的冷却液流入加热器,当发动机水泵运作时,一直有冷却液流过加热器,在加热器的前方,取暖系统安装有空气混合风门。当风门全关时,所有的空气不从加热器流过,此时吹出的风是自然风或经过蒸发器冷却的冷风;当风门全开时,所有的空气从加热器流过,此时吹出的风是热风,驾驶员可以通过空调面板上的温度控制旋钮调节所需的空气温度,实现温度的控制。

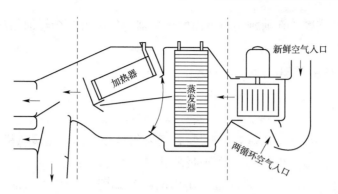

图 5-2 混合空气量控制是余热水暖装置

大众高尔夫轿车余热水暖式采暖系统通风管道风门布置如图 5-3 所示。通过调整风门,可使暖风口吹入车内的热空气吹向人体足部或胸部,以保证驾驶员和乘客感觉舒适。除霜风门向风窗玻璃吹送热空气,以防止风窗玻璃结霜或结雾。

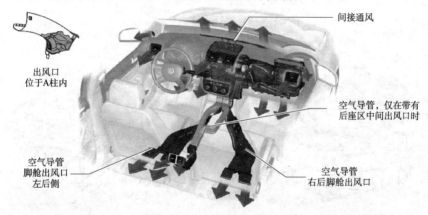

图 5-3 大众高尔夫轿车采暖系统通风管道风门布置

对于一些高级轿车,有手动除霜功能还有自动除霜功能。此功能能够防止车窗起雾,从而提高驾驶安全性。如图 5-4 所示为大众辉腾轿车带车窗起雾检测的自动除霜。

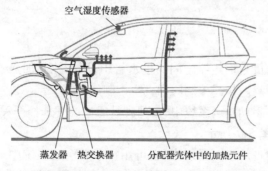

图 5-4 大众辉腾轿车的自动除霜

气候控制通过测量风窗玻璃温度、空气湿度以及测量湿度位置的相关内部温度来检测风窗玻璃是否起雾。这三个信号都由后视镜基座中的空气湿度传感器提供。如果车内空气中的水蒸气有可能冷凝在车窗上,空调压缩机的输出功率与鼓风机转速都会自动增加,而且除霜风门会进一步打开。随后,干燥的空气经过蒸发器与热交换器从打开的除霜通风口送到风窗玻璃与前侧车窗。在前排座椅下面的分配器壳体中有一个辅助加热元件,用以加热后部侧车窗的除霜通风口气流。

(二)采暖系统主要部件

1 暖风机总成

采暖系统的主要部件是加热器和鼓风机,两者组合成一体称为暖风机总成。余热水暖式采暖系统中装用的暖风机分两种:单独暖风机和整体空调器。

单独暖风机主要由加热器、鼓风机和外壳等组成,如图5-5所示。加热器的构造与蒸发器类似,也分管翅式和管带式两种,使用的材料有铜质和铝质。采暖系统工作时,冷却水自下而上流过加热器,这样可防止空气或蒸气存留在加热器内产生"气阻"。鼓风机实际就是一个风扇,它由电动机驱动。

整体空调器是将采暖系统加热器与制冷系统蒸发器装在一个壳体内,共用一台鼓风机,两者用阀门隔开,大众途锐汽车的整体空调器如图5-6所示。

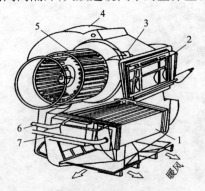

图5-5 单独式暖风机

1-加热器芯;2-调节风门;3-风扇电动机;4-壳体;
5-风扇叶轮;6-出水管;7-进水管

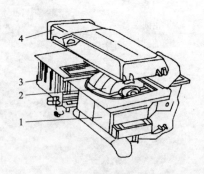

图5-6 整体空调器

1-加热器;2-鼓风机;3-蒸发器;4-进风口

2 热水阀

热水阀安装在发动机与加热器之间的进水管中,用来控制加热器的热水通道。根据控制方式不同,热水阀分两种:拉绳控制阀和真空控制阀。

拉绳控制阀应用在手动空调系统中,由驾驶员通过温度选择开关来拉动拉绳,使热水阀开启或关闭,其结构如图5-7所示。

真空控制阀可用在自动空调系统中,也可用在手动空调系统中。真空控制阀的结构如图5-8所示,主要由真空驱动器、活塞和阀体组成。真空驱动器的膜片左侧气室通大气,右侧气室为真空室,真空室装有膜片复位弹簧;需采暖时,将真空引至膜片右侧气室,在压差作用下,膜片克服弹簧力并带动活塞向右移动,热水阀开启;停止采暖时,释放膜片右侧气室真空,在复位弹簧作用下,膜片和活塞复位,热水阀关闭。真空源可由发动机进气管或真空罐提供。

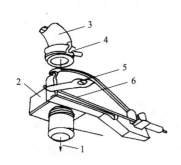
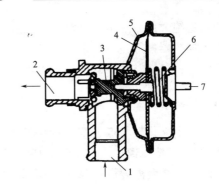

图5-7　拉绳控制阀

1-出水口；2-热水阀；3-进水管；4-管夹；5-支架；6-拉绳

图5-8　真空控制阀

1-进水口；2-出水口；3-活塞；4-膜片；5-通气孔；6-复位弹簧；7-真空接口

四　独立热源式加热系统

(一)独立式空气加热暖风系统

独立式空气加热暖风系统是通过空气加热器燃烧燃料，燃烧产生的高温气体通过热交换器，将冷空气加热后直接通过管路送到车厢内各风口供暖或出霜。其关键部件是空气加热器，图5-9是独立式空气加热器结构示意图。

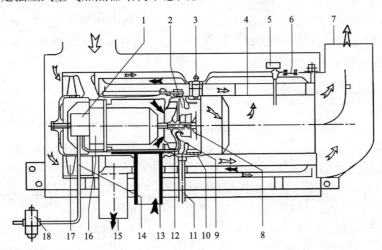

图5-9　空气加热器

1-油泵；2-雾化杯；3-点火塞；4-热交换器；5-热控件；6-热保险；7-热风出口；8-雾化杯盖；9-油泵出油管；10-导风盘；11-滴油管；12-小风轮；13-助燃进气管；14-进油管；15-排气管；16-电动机；17-大风扇；18-滤油电磁阀

这种空气加热器由燃烧室、热交换器、供给系统、控制系统4部分组成。当加热器中的直流电动机接通电源后，带动大风扇、油泵、雾化杯、小风轮高速旋转。燃烧用油从油箱吸出，经过滤油电磁阀、油管进入雾化杯被甩成雾状，与小风轮通过助燃风进口吸入的新鲜空气相混合形成可燃混合气。此混合气被点火塞(或高压电弧点火器)点燃，着火几秒钟后点火器断电，由已燃烧的火焰点燃不断输入的可燃混合气，使燃烧工况保持正常。燃烧产生的气体经热交换器内壁夹层环形通道从排气口排出。大风扇高速旋转所吸入的冷空气通过热交换器吸走绝大部分热量,变成热空气经管道及散热孔送入取暖区域。

空气加热器一般设有热量转换开关以获得强度不同的发热量,装有过热保护装置以保证使用安全;可另配油箱,对柴油车也可直接用车辆油箱。

1 燃烧室

燃烧室由雾化杯与点火塞(或者喷油嘴与高压电弧点火器)组成,雾化杯直接装在风扇电动机的轴上,依靠离心力和空气的切向力将油雾化、混合,在点火塞点火引燃下,在燃烧器上部燃烧。燃烧室温度可达800℃,所以要用耐热不锈钢制造。燃烧室结构简单,输油管内径较大,不易堵塞,便于燃烧劣质油,所以被广泛采用。

2 热交换器

热交换器是暖气装置的关键设备(图5-9),由三层腔室构成。中心是燃烧室,包围燃烧室的第一层空腔通过被加热的空气;在第一层空腔外的第二层空腔通过燃烧气体,然后引到排气腔;最外面的第三层空腔也是通过被加热的空气。燃烧热量通过金属隔板加热空气,加热后的空气先集中至暖气室,然后送到车内。

3 供给系统

供给系统是用来供给燃料、助燃空气和被加热空气的。油泵电动机、油泵、燃油电磁阀和油箱共同完成燃料供给任务,有的加热器靠提高油箱高度利用重力自动供油。电动机和风扇完成助燃空气和被加热空气的供给任务。助燃空气与被加热空气及油泵合用一个电动机,在电动机两端各带一只风扇。

4 控制系统

控制系统有手动控制和自动控制两种,用来控制各种电动机、电磁阀、点火器、过热保护器、定时继电器、感温器等的工作。比如,加热器的暖风出口温度超过设定值180℃时,过热保护器动作,使继电器自动切断油泵电磁阀的电源,油泵停止供油,加热器停止燃烧。当排气温度低于180℃,可重新起动油泵工作。有的空气加热器还有定时预热功能,在出车前控制加热器提前工作,达到预热目的。

由于燃烧室的温度很高,为了不使燃烧室被烧坏,停机时应先关油泵,停止燃烧,通风机仍继续运转以带走燃烧室中的热量,直到感温器指示内部温度已正常,才可关闭风机。

(二)独立式液体加热暖风系统

独立式液体加热暖风系统的工作原理与独立式空气加热暖风系统基本相同,热交换器工作介质不是空气而是水,用水泵代替了风扇。水可从专用水箱供水,也可用发动机的冷却液。其关键部件是独立燃烧式水加热器。水加热器的最大优点是提供的暖风比较湿润,人体感觉舒服,而且可预热发动机、润滑油和蓄电池等,便于冬季起动,等发动机起动后,再将被加热的水通向车厢内的水暖式散热器。

液体加热暖风系统主要由水加热器、循环泵、散热器和风窗除霜器等组成。散热器有并联和串联两种连接方式,如图5-10和图5-11所示。

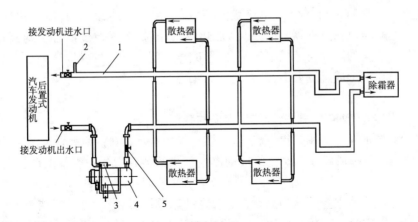

图 5-10 并联式液体加热暖风系统

1-水管；2-排气管（接膨胀水箱）；3-循环水泵；4-液体加热器；5-阀门

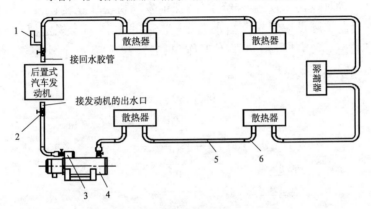

图 5-11 串联式液体加热暖风系统

1-排气管（接膨胀水箱）；2-阀门；3-循环水泵；4-液体加热器；5-水管；6-弯管接头

1 水加热器

水加热器的结构与空气加热器相近，其加热工质不是空气而是水，用水泵代替了风扇。加热器的基本结构由燃烧室、热交换器、供给系统和控制系统组成，图 5-12 是液体加热器的结构示意图。

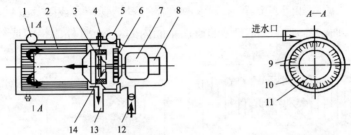

图 5-12 液体加热器

1-进水管；2-热交换器；3-燃烧室；4-电热塞；5-出水管；6-助燃风扇；7-电动机；8-油泵；9-热交换片；10-水套；11-燃烧筒；12-进气；13-排气；14-雾化杯

（1）燃烧室是燃料进行燃烧产生热量的装置，与空气加热器相同，由雾化杯与电热塞（或者喷油嘴与高压电弧点火器）组成。当加热器工作时，燃油通过油管送到雾化杯（或喷油嘴）。雾化杯雾化的燃油与助燃空气混合，形成可燃混合气。可燃混合气由电热塞（或高压电弧点火器）点燃形成燃烧火焰，已燃烧的火焰点燃不断输入的可燃混合气，使燃烧保持正常。

（2）热交换器是车厢空气与燃烧热量交换的装置。

（3）供给系统的主要作用是提供燃料、助燃空气和水。燃料供给装置由油泵、电动机、燃油电磁阀和油箱组成；风扇和电动机组成助燃空气供给装置；水泵、水泵电动机及其水管组成水供应系统。

（4）控制系统由水温控制器（恒温器）、水温过热保护器、定时器等组成，用来控制电动机、风扇、油泵、电磁阀、点火器的工作。如果水加热器与汽车发动机的冷却水管路相通，当发动机冷却水温度低于80℃时水加热器工作，而水温高于80℃后，恒温器会自动切断油泵的电源，停止供油，加热器中的水泵继续工作，保证发动机工作正常以及水加热器不因过热而损坏，同时继续向车厢供应暖气。当水温和燃烧室的温度高于规定值时，加热器停止工作。当夏天气温超过10℃时，加热器不工作，只启动风机吸进车外空气，起通风作用。图5-13为水加热器的控制原理图。

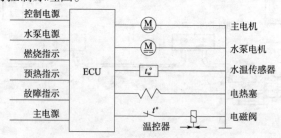

图5-13 水加热器控制原理图

新研制的水加热器与空气加热器一样，也增加了定时预热遥控装置，能在规定时间对发动机或车厢预热。

❷ 散热器和风窗除霜器

散热器用于向车厢内提供热空气，分为强制式散热器（散热器加鼓风机）和自然散热器。强制式散热器结构原理如图5-14所示。水散热器一般是管带式或管片式结构，管子内部流入已加热的热水，而管外则流过待加热的通往车厢内的空气，管外的铝带或铝翅片是为了增加其散热能力。

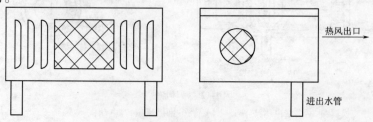

图5-14 强制式散热器

风窗除霜器用于除去风窗上的雾气和霜。

独立热源水暖式暖风装置的暖风主要采用内循环式,灰尘少,暖气比较柔和而不干燥,人体感觉较舒适,不像空气加热器那样高温干热。水加热器还可预热发动机、预热润滑油和蓄电池等。为了避免寒冷时水加热器被冻坏,应该使用防冻液。

(三)独立式电加热水暖系统

混合动力汽车在行驶时,发动机可能处于不工作状态,为了保证座舱内的舒适性,暖风系统的热量来源于电加热系统。纯电动汽车取消了内燃机,因此其取暖来源同混合动力汽车相同。需注意,无论混合动力汽车还是纯电动汽车,因为空调取暖的温度与电动机/动力电池的最佳工作温度区间不同,因此不能使用电动机或电池的余热作为热源使用在空调系统中。

电加热水暖系统采用空调驱动器驱动 PTC 加热器制热,PTC 加热器结构如图 5-15 所示。暖风系统有 PTC 元件、可用电加热的 PTC 加热器元件产生的热量传送至散热剂(冷却液)的鼓风机、散热剂液体回路、控制面板等组成。通过鼓风机吹出的空气将 PTC 散发出的热量送到车厢内或风窗玻璃,用以提高车厢内温度和除霜,如图 5-16 所示。

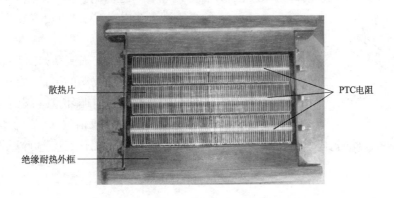

图 5-15 PTC 加热器

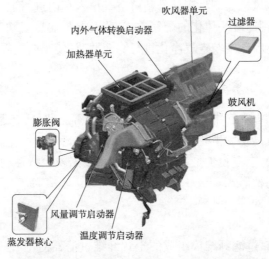

图 5-16 电加热水暖系统工作原理图

第二节 通风与空气净化系统

一、通风系统

将新鲜空气送进车内,取代污浊空气的过程,称为通风。通风的目的是使车内空气符合一定的卫生标准,以保证驾乘人员的健康和舒适。通风还可起到调节车内温度的作用。

汽车空调的通风方式有动压通风和强制通风两种。

1. 动压通风

动压通风也叫自然通风,它是利用汽车行驶时空气对车身表面所产生的压力为动力,按照车身表面压力分布规律,在车上适当的地方开设进风口和排风口,以实现车内的自然通风。进风口应设置在汽车前部的正压区,并且尽可能要离地面高一些,以免汽车行驶时扬起的尘土进入车内;排风口应设置在汽车车厢后部的负压区。

轿车通风时的空气流动如图5-17所示,进风口设置在车前风窗玻璃的下部,而且在进风口处还设有进气阀门和内循环空气阀门,用来控制新鲜空气的流量。一般情况下,在空调刚启动时,车内外温差较大,此时,应该关闭外循环气道,采用内循环方式工作,这样可以尽快降低车内温度。

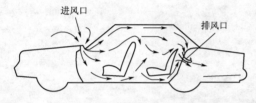

图5-17 轿车通风时的空气流动

2. 强制通风

强制通风是利用鼓风机强制将车外部新鲜空气送入车内进行通风换气。在轿车的通风系统中,由于空调器采用冷暖一体化的配气方式,蒸发器与加热器联合工作,因此,采用强制通风时,可对车内的温度、湿度及空气净化进行综合调节,使车内更舒适。

二、空气净化系统

空气净化主要是除去空气中的悬浮尘埃及车内烟雾。此外,在某些高级豪华轿车空调中还设有除臭和空气负离子发生装置。

汽车在公路上行驶,悬浮粉尘是其最大的污染。根据粉尘特性的不同,除尘净化可采取过滤除尘和静电除尘两种形式。

1. 过滤除尘

主要采用由无纺布、过滤纤维等组成的干式纤维过滤器对空气进行除尘。对于较大的尘埃,由于其惯性作用,来不及随气流转弯而碰在纤维孔壁上;对于微小颗粒,在围绕纵横交错的纤维表面运动时,与纤维摩擦产生静电作用,被纤维吸附在其表面。

汽车空调中,一般选用直径约为 10μm 的中孔聚氨酯泡沫塑料、化纤无纺布和各种人造纤维作过滤器。

② 静电除尘

静电除尘是指利用高压电极产生高压电场,对空气进行电离,使尘粒带电,然后在电场作用下产生定向运动,沉降在正负电极上,而实现对空气的除尘。

静电式净化器的工作原理如图 5-18 所示,它由电离部、集尘部、活性炭吸附器 3 部分组成。电离部和集尘部可作成一体,也可分开,它是静电式净化器的主要组成部分,总称为电过滤器。电过滤器和负离子发生器由高压发生器供给高压电。在电离部的电极之间施加高达 5kV 的高电压,使粉尘电离并带上负电;带负电的粉尘在电场力作用下,向由正极板构成的集尘部移动。在集尘部,由于正极板外加的高压正电,将带负电的粉尘吸附。除去粉尘后的空气再用活性炭吸附,除去臭味及有害气体,净化后的空气被送至车内。有些净化器还设有负离子发生器,改善车厢内空气品质,以利于人体健康。

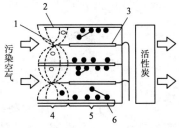

图 5-18 静电净化器工作原理
1-放电线;2-正电极(搭铁电极);3-负电极;4-电离部;5-集尘部;6-粉尘

集尘部上积灰达到一定量时,可进行清洗、除尘或更换。

③ 净化烟雾

对于自动空调系统的汽车,有些车辆在空调器内部设置了烟雾浓度传感器。当接通点火开关且空调器处于 AUTO 方式时,烟雾浓度传感器开始检测烟雾,将信号发送给空调控制单元,空调 ECU 使后送风机在有烟雾时自动低速运转,没有烟雾时自动停止,总能保持车内空气清新。

烟雾浓度传感器的结构及原理如图 5-19 所示,由发光元件、光敏元件及信号处理电路等部分组成,通过细缝的空气可以自由地流动,发光元件间歇地发出红外线,在没有烟雾的情况下,红外线射不到光敏元件上,电路不工作,但当烟雾等进入传感器内部时,烟雾粒子对间歇的红外光进行漫反射,就有红外光射到光敏元件上,这时空调 ECU 判断出车内有烟雾,就会使鼓风机旋转。

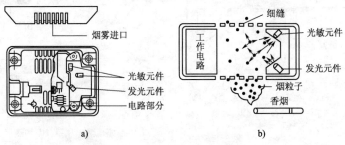

图 5-19 烟雾浓度传感器的结构
a)传感器的结构;b)传感器的工作原理

第三节　汽车空调配气系统

一、汽车空调的配气方式

汽车空调系统不仅能将新鲜空气引入车厢内，而且能将冷气、热风及新鲜空气有机地进行混合调节，形成冷暖适宜的气流并吹入车厢。配气系统常见的配气方式有以下几种。

1. 空气混合式

空气混合式空调配气系统的组成及工作过程如图 5-20 所示。空气经过蒸发器后即变为冷空气，而冷空气经过加热器后又变为热气，最后由出风口吹出的空气是由冷空气和热空气混合而成。风门 9 的作用就是将经过蒸发器的冷空气分成两部分，一部分冷空气经过加热器后变为热空气；另一部分冷空气没经过加热器，仍为冷空气。改变风门 9 的位置可以改变冷空气与热空气的比例，即通过改变风门 9 的位置来调节车内空气的温度。图 5-20 中所示为所有的冷气都经过加热器，此时，空调器吹出的空气是最热空气。随着风门 9 顺时针转动，经过加热器的冷空气将逐渐减少，也就是热空气越来越少，吹向车内的混合气体的温度逐渐降低。

空气混合式空调配气系统空气通路如下：

外界空气＋车内空气→经进风门进入风机 2→进入蒸发器 3→由混风门 9 调节进入加热器的空气量→经加热器 4 的空气和没经过加热器 4 的空气混合后→经配风门 5 分配→从出风口 6、7、8 吹入车厢。

2. 全热式（再热式）

全热式空调器的组成及工作原理如图 5-21 所示。

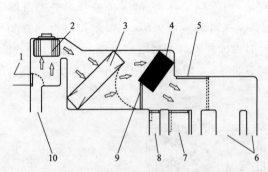

图 5-20　空气混合式空调器工作原理图
1-外界空气入口；2-风机；3-蒸发器；4-加热器；5、9-风门；6、7、8-出风口；10-车内空气入口

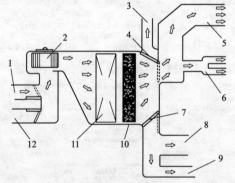

图 5-21　全热式空调器工作原理
1-外界空气入口；2-风机；3-除霜风口；4-风门；5-中心出风口；6-侧出风口；7-风门；8-前座位热出风口；9-后座位热出风口；10-加热器；11-蒸发器；12-车内空气入口

全热式空调配气系统空气通路如下：

外界空气+车内空气→经进风门进入风机2→进入蒸发器→进加热器→经配风门4分配→从除霜出风口3、中心出风口5、侧出风口6、前座位出风口8、后座位出风口9吹入车厢。

在夏季时,可单独使用蒸发器进行降温,冬季可单独使用加热器进行采暖,春秋雨季时,蒸发器与加热器同时使用,可除湿加热。

二、汽车空调的气流组织形式

汽车空调的气流组织过程分3个阶段:空气进气阶段、空气混合阶段及空气分配阶段。其形式如图5-22所示。

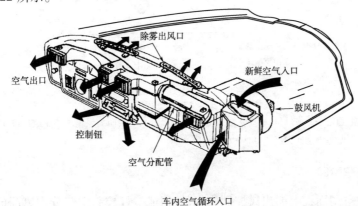

图5-22 汽车空调气流组织形式

1 空气进气阶段

汽车空调工作时,空气进气阶段气流的组织形式有两种:一种是外界新鲜空气进入空调器进行空气调节工作,称为外循环;另一种是车内空气进入空调器进行空气调节工作,称为内循环,如图5-23所示。进气形式的选择由新鲜/再循环空气风门控制,如图5-24所示。新鲜/再循环空气风门用于控制新鲜空气和室内空气的循环比例。例如,当夏季室外空气温度较高时,应该尽量开小风门,使压缩机运行时间减少;同理当冬季室外温度较低时,也应该尽量开小风门,以保持车内温度。当汽车车内空气品质下降时,应该开大风门,使更多的新鲜空气进入车内。

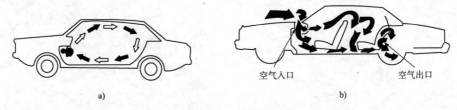

图5-23 汽车空调进气组织形式示意图
a)内循环;b)外循环

2 空气混合阶段

如图5-24所示,汽车空调工作时,空气混合段主要是由混合风门来控制空调器的工作温度的,混合风门通过调节冷空气与热空气的比例来控制空调器出口空气的温度,进而控制车内温度。当混合风门处于全开状态时,冷空气全部经过加热器,空调器出口为热空气,此时空调器为车内进行采暖;当混合风门处于关闭位置状态时,冷空气不经过加热器,空调器出口空气温度最低,此时空调器为最大制冷状态。这样只要混合风门处于全开或全闭之间的不同位置,得到不同温度和湿度的空气。

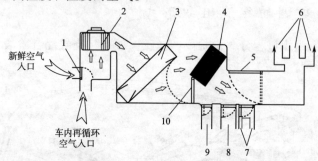

图5-24 汽车空调进气组织原理图

1-新鲜/再循环空气风门;2-鼓风机;3-蒸发器;4-加热器;5-风门;6-吹向前风窗玻璃出风口;7-吹向侧窗出风口;8-吹向面部出风口;9-吹向脚出风口;10-混合风门

③ 空气分配阶段

驾驶员通过空调面板上的出风控制旋钮、按钮或拨杆控制空气分配风门的位置,使得空气分别吹向面部、脚部、侧面和风窗玻璃等方向。主要包括中央出风口、侧出风口、前风窗玻璃除雾出风口、脚下出风口等。这些出风口出风并不独立,在选择某个出风位置挡位时,同时可能其他出风口也有少量空气流出。

第六章　汽车空调的控制系统

为了保证汽车空调系统正常，维持车内所要求的温度，充分发挥空调装置的最大功率，就必须对汽车空调系统的工作状态进行必要的控制。控制内容包括温度控制、压力控制、蒸发器控制、压缩机控制以及在恶劣条件下的系统保护和增进车辆动力性能的控制等。本章将对汽车空调系统常用的控制元器件、电控气动的汽车空调系统、全自动的汽车空调系统以及微机控制的汽车空调系统作较为详细的阐述。

第一节　汽车空调系统常用控制元器件

一、电磁离合器

电磁离合器安装在压缩机前端面，成为压缩机总成的一部分，其作用是控制发动机与压缩机的动力传递。空调制冷系统工作时，使发动机能驱动压缩机运转，制冷系统停止运行时，切断发动机到压缩机的动力传递。为了使空调系统的开、停不影响发动机的工作，压缩机的主轴不是与发动机曲轴直接相连，而是通过电磁离合器把动力传递给压缩机。电磁离合器是发动机和压缩机之间的一个动力传递机构，受空调开关、温度控制器、空调放大器、压力开关等控制，在需要时接通或切断发动机与压缩机之间的动力传递。另外，当压缩机过载时，它还能起到一定的保护作用。因此，通过控制电磁离合器的结合与分离，就可接通与断开压缩机。

电磁离合器由皮带轮、电磁线圈、压力板等主要部件组成。离合器有两种形式：一种是旋转线圈式，电磁线圈与皮带轮一起转动；另一种是固定线圈式，电磁线圈不转动，只有皮带轮转动。后者应用较广泛，固定线圈式电磁离合器的工作原理图见6-1。弹簧片的毂固定在压缩机驱动轴上。皮带轮装在压缩机壳体上的轴输出端，并可转动。电磁线圈与压缩机壳体刚性连接在一起。弹簧片和皮带轮之间有一个间隙"A"。

当空调开关接通时，电流通过电磁离合器的电磁线圈，电磁线圈产生电磁吸力，这时间隙"A"就不存在了，使压缩机的压力板与皮带轮结合在一起，将发动机的动力通过皮带轮传递到压力板，带动压缩机运转。当断开空调开关时，电磁线圈的吸力消失，压力板与皮带轮分离，此时皮带轮通过轴承在压缩机的壳体上空转，压缩机停止运转。

电磁离合器并非空调压缩机必需的组件，目前市场上有一种无电磁离合器的空调压缩机，与所有变排量的压缩机一样,它通过电磁阀可以关闭压力通道,从而更改振动盘的角度控制压缩排量。不带离合器的压缩机的原理是永久性让压缩机旋转。当没有制冷要求时,振动盘几乎与压缩机的轴垂直,这时排量最小,为最大排量的5%;随着制冷负荷的增大,振动盘也随之倾角变大,压缩排量增大。其中,振动盘的倾角是通过外部控制阀控制的,如图6-2所示。

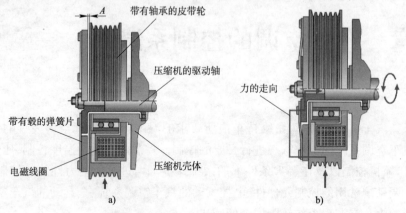

图6-1 压缩机电磁离合器
a)离合器分离示意图;b)离合器接合示意图

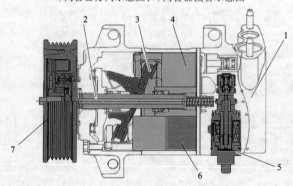

图6-2 无电磁离合器的空调压缩机
1-压缩机;2-压缩机轴;3-振动板;4-活塞;5-外部控制阀;6-气缸;7-皮带轮

启用空调时,外部控制阀5可以根据乘客所要求的温度调节空调压缩机内的压力。进气压力和空调压缩机1主体内部的压力差起到改变振动板3角度,进而改变活塞4行程的作用。活塞行程越长,压缩的液流量就越大,因此回路中的制冷剂的流量增加也会相应地增加冷气产生量。

关闭空调后,空调压缩机主体内部的压力发生改变,使振动板3返回与空调压缩机轴2垂直的位置。

不带离合器的压缩机的优点是一直在旋转,里面有润滑油,可以避免密封圈干燥。

二 压力开关

压力开关是空调系统的重要元件,分为高压开关和低压开关两种。它们的作用是保证系统在压力异常的情况下,启动相应的保护电路,或者切断压缩机电磁离合器线圈,防止损坏系统部件。对于带有节流阀的制冷剂环路来说,压力开关安装位置如图6-3所示。

① 高压开关

高压开关一般安装在制冷系统高压管路上或储液干燥器上，是用来防止制冷系统在异常的高压下工作，保护冷凝器和高压管路不会爆裂、压缩机的排气阀不会折断以及压缩机其他零件和离合器不损坏。一般来说，对于带有节流阀的制冷剂环路，高压开关在制冷剂环路内压力超过约 3.0MPa 时会切断压缩机。当冷凝器被污垢等杂物阻挡冷却风道时，由于制冷剂无法冷却，压力便会升高；当制冷系统制冷剂量过多时，或者系统管路发生堵塞等其他原因时，系统压力也会增高。发生这种情况时，高压开关通常有两种保护方式：

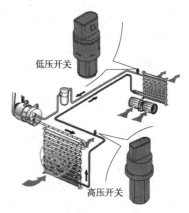

图6-3 压力开关安装位置

一是接通冷凝器风扇高速挡电路，自动提高风扇转速，以便较快地降低冷凝器的温度和压力；二是切断压缩机电磁离合器电路，使压缩机停止运行。

高压开关有触点常闭型和触点常开型两种类型，其结构如图6-4所示。常开型高压开关串联在冷凝器风扇电路中，膜片2上方通高压侧制冷剂，下方作用有一弹簧5。正常情况下，制冷剂压力低于弹簧压力，触点断开，冷凝器风扇低速运转；当制冷剂压力异常升高时，制冷剂压力大于弹簧压力，触点闭合，冷凝器风扇高速运转，加强冷却。常闭型高压开关的触点串联在压缩机电磁离合器电路中，压力导入口则直接或通过毛细管连接在高压管路上。正常情况下，制冷剂压力低于弹簧压力，触点闭合，压缩机运转；当制冷系统压力异常升高时，制冷剂压力大于弹簧压力，触点断开，压缩机停止运转；当制冷剂压力下降到正常值时，触点闭合压缩机恢复运转。

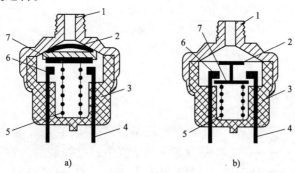

图6-4 高压开关
a) 常开型高压开关；b) 常闭型高压开关
1-接头；2-膜片；3-外壳；4-接线柱；5-弹簧；6-固定触点；7-活动触点

② 低压开关

当制冷系统的制冷剂不足或泄漏时，冷冻润滑油也有可能随着泄漏，系统的润滑便会不足，压缩机继续运行，将导致严重损坏。低压开关的功能就是感测制冷系统高压侧的制冷剂压力是否正常。一般来说，对于带有节流阀的制冷剂环路，低压开关在制冷剂环路内压力低于约 0.17MPa 时，就切断空调压缩机。低压开关的结构如图6-5所示。它通常用螺纹接头直接安装在系统管路高压侧。当制冷剂压力正常时，动触点接通压缩机电磁离合器电路；当压缩机排出的制冷剂压力过低时,低压开关会自动切断电磁离合器电路,压缩机停止运行,以保护压缩机不会损坏。

低压开关还有一个功能,是在环境温度较低时,会自动切断离合器电路,使压缩机在低温下自动停止运行,这样可减少动力消耗,达到节能的目的。作用的原理如下:当环境温度过低时,冷凝温度低,相应的压缩机排出的制冷剂的温度和压力也低。

3 高、低压组合开关

目前空调系统中的压力开关通常都是把高、低压开关组合成一体,同时具有低压开关和高压开关的功能,安装在管路上,或安装在储液干燥器上,这样既可减轻重量和接口,又可减少制冷剂泄漏的可能性。

压力组合开关一般是三功能组合开关,既能保证冷却空气流量,又可以保证压力状态。当压力达到2.4~3.2MPa时,该开关通过空调控制单元来关闭电磁离合器。当压力过低时(0.2MPa),该开关通过空调控制单元来关闭电磁离。当压力达到1.6MPa时,将风扇切换到更高一挡工作,以便达到更好的冷凝效果,大众汽车的组合压力开关外形如图6-6所示。

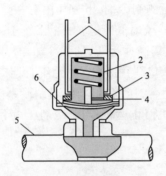

图6-5 低压开关　　　　　　　图6-6 组合压力开关
1-导线;2-弹簧;3-动触点;
4-支座;5-压力导入管;6-膜片

三、温度控制器

温度控制器又称作恒温器、温度开关、热敏开关等,是汽车空调系统中温度控制的一种开关元件,其作用是检测蒸发器表面的温度,通过控制压缩机的通断来控制蒸发器表面的温度,从而调节车内温度,防止蒸发器表面因温度过低而结霜。常用的温度控制器有波纹管式和热敏电阻式两种。

1 波纹管式温度控制器

波纹管式温度控制器又称压力式温度控制器、机械式温度控制器,主要作用是控制蒸发器表面温度不低于0℃,防止蒸发器表面结霜而影响系统工作。波纹管式温度控制器结构如图6-7所示,主要由感温系统、调温装置

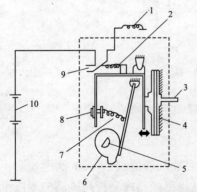

图6-7 波纹管式温度控制器结构与工作原理
1-离合器电磁线圈;2-弹簧;3-毛细管;4-波纹管;5-转轴;6-调节凸轮;7-调节弹簧;8-调节螺钉;9-触点开关;10-蓄电池

和触点开闭机构组成。

感温系统是由毛细管3和波纹管4组成的一个密封腔,内部充满感温介质,毛细管3插入蒸发器表面的翅片上,检测蒸发器出风口方向的表面温度。当蒸发器表面温度发生变化时,波纹管4中感温介质的温度和压力也发生变化,使波纹管伸长或缩短,进一步控制触点开闭机构。调温装置由调节凸轮6、转轴5、调节螺钉8、调节弹簧7等组成,其功能是调节温度控制器的工作点,进而调节蒸发器表面温度。触点开闭机构由触点开关9、弹簧2、杠杆等组成,其功能是根据感温系统的动作,通过触点的开闭来接通或断开电磁离合器的电路。

波纹管式温度控制器的工作过程是:当蒸发器表面温度高于设定值时,波纹管伸长,触点开关闭合,压缩机运转,蒸发器表面温度下降;当蒸发器表面温度低于设定值时,在弹簧的作用下,触点开关断开,压缩机停转,蒸发器表面温度上升,直到触点开关再次闭合,压缩机运转。此过程不断循环,蒸发器表面温度维持在设定值附近。调节凸轮位置和调节弹簧的预紧力,可以改变蒸发器表面温度。

❷ 电子式温度控制器

目前汽车空调中广泛采用电子式温度控制器,大多采用热敏电阻来实现。其控制电路如图6-8所示,主要由热敏电阻5、温度调整电阻4组成的温度检测电路、VT_1、VT_2组成的信号放大电路和VT_3、VT_4组成的电子开关电路组成。热敏电阻5是具有负温度系数的热敏电阻,通过小插片插在蒸发器出风口方向的翅片上,检测蒸发器表面温度。

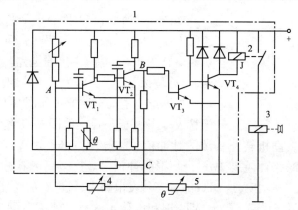

图6-8 电子式温度控制器
1-电子式温度控制器;2-继电器;3-压缩机离合器;4-温度调整电阻;5-热敏电阻

当温度调整电阻4设定后,B点的电位取决于热敏电阻5的大小。当车内温度高于设定温度时,热敏电阻5阻值变小,B点电位降低,三极管VT_3截止,VT_4导通,继电器2线圈通电,触点闭合,接通压缩机电磁离合器电路,压缩机运转,温度下降;当温度低于设定温度时,热敏电阻5阻值增大,B点电位升高,三极管VT_3导通,VT_4截止,继电器2线圈通断电,触点断开,切断压缩机电磁离合器电路,压缩机停转,温度上升。此过程不断循环,蒸发器表面温度维持在设定值附近。

调节温度调整电阻4可改变A点电位,进而改变蒸发器表面设定温度。当温度调整电阻阻值减小时,A点电位降低,三极管VT_1截止,VT_2导通,B点电位降低,VT_3截止,VT_4导通,压缩机运转设定温度降低;反之温度调整电阻阻值增大时,设定温度升高。

目前电子式温度控制器都采用了专用集成电路模块,其电路大大简化,安装调试更加简便,可靠性提高,但其基本工作原理是相同的。

四、怠速控制装置

在车流量较大的道路上行驶,汽车发动机经常处于怠速运转状态,发动机的输出功率低,如果此时开启空调的制冷系统,可能会造成发动机的过热或熄火,影响汽车的低速和怠速性能。所以,为了保证汽车的怠速稳定性能,必须增加怠速稳定装置。怠速稳定有两种方式:一种是开启空调时,只要发动机怠速低于规定转速,用怠速切断器切断压缩机电磁离合器电源,以稳定发动机怠速性能,防止发动机因负荷过大而导致熄火,这一方式为一部分丰田汽车所采用;另一种是在开启空调的同时,利用怠速提升装置自动提高发动机怠速,增加发动机输出功率来保证压缩机继续工作,这一方式为大多数汽车所采用。下面分别介绍怠速切断器和怠速提升装置。

1. 怠速切断器

怠速切断器又叫怠速继电器,其功能是当发动机处于怠速工况时,自动切断电磁离合器电路,停止发动机驱动压缩机来稳定发动机怠速工况的装置。这种装置是利用点火线圈的脉冲数作为转速控制信号输入到怠速继电器的电路中,怠速控制信号一般都来自点火线圈的低压端。

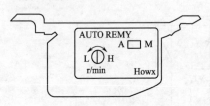

图 6-9 怠速继电器外形

如图 6-9 所示,它上面有一个怠速设定按钮,预选转速由人工控制,一般调整在 700~750r/min 时,便能自动切断电路,950r/min 时再接通电路。如果不用怠速继电器,将挡位拨至 M 处,即为人工控制。

怠速继电器的电路原理如图 6-10 所示。工作时,三极管 VT_1 的基极与点火线圈初级绕组的负极接通,故能在点火线圈上得到和发动机转速一致的脉冲信号。脉冲信号经过 VT_1 放大、二极管 VD_2、VD_3 整流和 C_1、C_3 的滤波后,便变成一个矩形脉冲信号。这个矩形脉冲信号与发动机转速一致,该信号输入到由 VT_2 和 VT_3 组成的稳态触发电路中,该电路的功能是在外加信号触发下,稳态触发电路在晶体管 VT_1 截止,VT_2 饱和的稳定状态迅速翻转到 VT_1 饱和、VT_2 截止的另一个稳定状态。通过调节 RP 的电阻值,使 VT_2 基极电压在发动机 700r/min 时正好小于 0(VT_2 截止的条件是:对于 NPN 管,VB<0;对于 PNP 管,VB>0),则 VT_2 截止,VT_3 饱和,VT_4 截止,VT_4 集电极将无电流经过继电器的电磁线圈,继电器触点断开,将压缩机离合器电路切断,压缩机停止运行。当发动机的转速大于 750r/min 时,触发器中 VT_1 的基极电压由于脉冲信号的增强处于 VB>0 的某一触发器的翻转电压,则 VT_1 导通,VT_2 截止,触发器输入信号到 VT_4 的基极,放大后使继电器的电磁线圈有电流通过,从而产生磁场,触点开关闭合,使离合器的电路接通,压缩机运行。

开关 S 为工作方式选择,分手动和自动。接到 OFF 位置,则继电器直接通电源,处于接合状态,只要空调器一接上电流,压缩机就处于运行状态,它不再受怠速控制器制约。在怠速时,只有用手动闭合电源开关来停止压缩机运行。当然怠速继电器还可以采用其他晶体管开关线路来组成各种各样的电路。

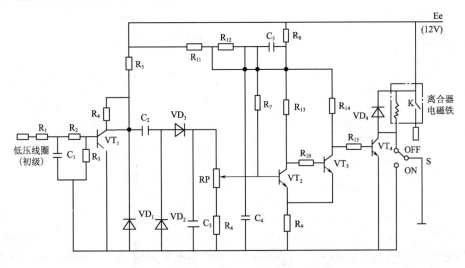

图6-10 怠速继电器电路

② 怠速提升装置

为了保证在怠速工况下能正常使用空调制冷系统,现代汽车都采用在怠速时加大节气开度的方法来提高发动机的转速,使发动机在怠速时带动制冷压缩机仍能维持正常运转。

目前使用的怠速提高装置有两种不同的结构形式。一种是节气门位置控制器,用在化油器供油系统的发动机上;另一种是微机控制怠速系统,用在电控燃油喷射系统中。

1) 节气门位置控制器

节气门位置控制器的组成及控制过程如图6-11所示。发动机怠速运转,不使用空调制冷时,真空转换阀的线圈中无电流通过,接通真空通路,真空驱动器的膜片上移,通过连杆带动限位器处于图6-11a)位置,此时,节气门可关闭到发动机正常怠速运转的位置。

使用空调制冷时,空调开关A/C接通真空转换阀线圈电路,切断真空通路,大气压力便作用于真空驱动器膜片上方,在弹簧力作用下推动膜片下移,通过连杆带动限位器处于图6-11b)位置,当节气门向关闭方向转动时,由于节气门控制板被限位器限位,使节气门不能全闭而开度加大,从而达到提高发动机转速的目的。这种怠速提高装置曾经广泛应用于化油器轿车的空调系统中。

2) 微机控制怠速系统

微机控制怠速系统包括步进电机控制怠速系统和节气门直动式怠速控制系统。微机控制怠速系统的组成如图6-12所示。这是目前普遍采用的由步进电动机带动的怠速控制结构。由图6-12可以看出,空调工作信号是发动机ECU(电子控制单元)的重要传感器信号之一,当空调制冷系统启动,ECU接收该信号后,驱动由步进电动机带动的怠速控制阀门,将旁通气道开度加大,增加怠速时的进气量,使发动机转速增加,制冷压缩机正常工作。这种怠速提高装置可以根据发动机负荷变化的状况,精确地控制发动机根据空调压缩机等其他负载稳定地工作。

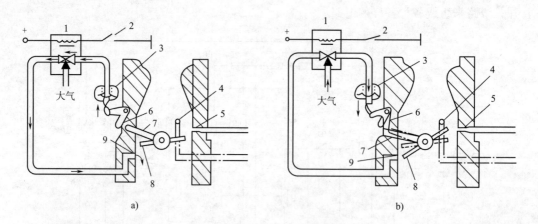

图 6-11 节气门位置控制器工作图
a) 空调制冷系统不工作; b) 空调制冷系统工作

1-真空转换阀; 2-空调开关; 3-真空驱动器; 4-怠速喷油孔; 5-主喷油孔; 6-限位器; 7-节气门控制杆; 8-节气门; 9-真空孔

目前普遍采用的是节气门直动式怠速控制方式。节气门直动式怠速控制方式取消了旁通气道和怠速控制阀,在怠速时由电机直接驱动节气门开启一个角度(2°~5°),实现怠速的稳定,此时的节气门体统称为节流阀体或节气门控制组件。气门直动式怠速控制方式如图 6-13 所示。

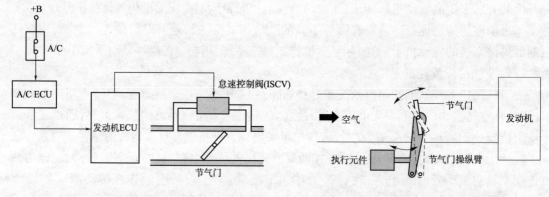

图 6-12 微机控制怠速系统　　　　图 6-13 节气门直动式怠速控制方式

五 加速切断装置

在现代轿车上,设有加速切断器。设置加速切断器的目的是:在汽车加速或超车时暂时切断压缩机离合器电源,使发动机全部功率用于满足车辆加速需要,同时可防止压缩机超速损坏。要实现加速切断,一是利用和节气门杠杆连接的机械开关;二是利用能感应进气管真空度的真空开关(此类开关和压缩机离合器的电路串联);三是一些电喷车利用节气门位置传感器的信号和曲轴位置传感器信号感知发动机处于加速状态,由发动机电脑完成空调电路切断。

① 机械式加速切断装置

机械式加速切断装置如图 6-14 所示，这种机械式断开器的开关是由加速踏板通过连杆或钢索来操纵的，当加速踏板踩到其行程的 90% 时，加速踏板碰到切断器的控制簧片，切断器将电磁离合器电源切断，压缩机停止运行，这样便卸除了压缩机的动力负荷，使发动机有足够的动力输出，实现顺利超车。当切断器断开时，压缩机的转速被限制在最高极限转速范围内，从而保护了压缩机零件免受损坏。

② 真空式加速切断装置

这种真空式加速切断装置由发动机进气歧管真空度控制，当汽车处于均速行驶或加速较慢时，进气歧管真空度较低，开关闭合，空调正常工作；当汽车急加速或怠速行驶时，进气歧管真空度较大，开关断开，空调停止工作。

③ 微机控制式加速切断装置

有些高级轿车上不设置专门的加速切断装置，但同样具有加速切断功能。如日产风度轿车，这种车的空调加速切断是由车身计算机控制完成的。加速时，车身计算机控制由节气门位置传感器和曲轴位置传感器采集节气门开度和发动机转速信号，当感知出急加速状态时，车身计算机控制停止压缩机继电器的工作几秒钟以实现加速切断，其原理如图 6-15 所示。

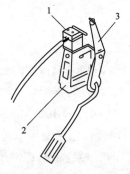
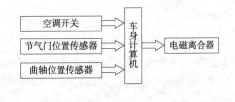

图 6-14 机械式加速切断装置　　　　图 6-15 微机控制加速切断装置
1-加速切断装置；2-加速踏板托架；3-加速踏板总成

六 其他元器件

① 过热限热器

过热限热器主要应用在斜板式压缩机上，当制冷系统温度过高时，过热限热器受热反应，切断离合器电路，压缩机停止运转，防止压缩机受到损坏。

过热限热器主要由过热开关和熔断器两部分组成，其结构如图 6-16 所示。过热开关一般装在压缩机后缸盖紧靠吸气腔的位置，是一个温度传感开关，由温度感应熔丝和绕线式电阻加热器组成。其构造如图 6-17 所示，系统压力正常时，此开关保持常开，而当制冷系统的制冷剂泄漏或某些原因使压缩机过热时,该开关受热动作,即开关闭合。

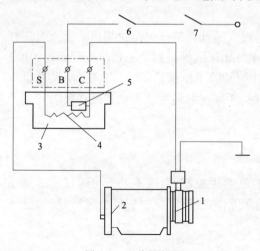

图6-16 过热限热器
1-离合器的电磁线圈;2-过热开关;3-熔断器;4-电热丝;5-低熔点金属丝;6-空调开关;7-点火开关

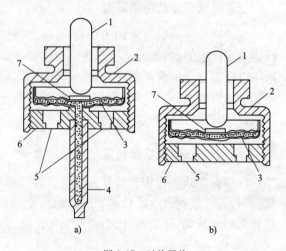

图6-17 过热开关
a)早期结构;b)新结构
1-接线端子;2-外罩;3-膜片;4-热敏管;5-基座开口;6-膜片安装基座;7-导电触点

熔断器有3个接头,S接过热开关、B接外电源、C接离合器。当压缩机出现过热状态时,过热开关闭合,电流接通过热限热器上的电热丝,烧断了低熔点金属丝,电磁离合器电源被切断,压缩机停止工作。

② 冷却液过热开关和冷凝器过热开关

冷却液过热开关也称水温开关,其作用是检测发动机冷却液温度,控制压缩机离合器,防止在发动机过热的情况下使用空调。水温开关一般为双金属片结构,安装在发动机散热器或者冷却液管路上。当发动机冷却液温度超过规定值(如奥迪100为120℃)时,触点断开,直接切断(或者触点闭合通过空调放大器切断)电磁离合器电路使压缩机停止工作;而当发动机冷却液下降至某一规定值(如奥迪100为106℃)时,触点动作,自动恢复压缩机的正常工作。

冷凝器过热开关安装在冷凝器上,检测冷凝器的过热度,控制冷却风扇。当其温度过高时,接通冷凝器风扇电动机,加强冷却,使系统正常工作。桑塔纳轿车的冷凝器的过热开关有两个,当冷凝器温度为95℃时,风扇低速运转;当温度为105℃时,风扇高速运转,以增强冷却效果。

③ 环境温度开关

部分车辆在控制电路中设有环境温度开关,环境温度开关是串联在压缩机电磁离合器电路中的一只保护开关,或者直接串联在空调放大器电路中。当环境温度低于规定值时,环境温度开关断开,切断压缩机电磁离合器的电路,使空调的制冷系统不能工作。环境温度高于规定值时,制冷系统才能进入工作状态。国产上海桑塔纳轿车空调系统便装有这种保护开关。

4 高压卸压阀

如果制冷剂的压力升的太高,将造成系统的损坏。因此,在典型的空调系统中,有一个装在压缩机或高压管路上由弹簧控制的卸压阀,其结构如图6-18所示。按不同系统和厂家,此阀的压力调整值有所不同。对大众汽车而言,当该阀在压力达到约3.8MPa时打开,压力下降后(3.0~3.5MPa)时,该阀就关闭了。当压力正常时,高压卸压阀保持常闭;当压力过高超出调整值时,卸压阀打开,释放制冷剂,直到压力降低到调定值为止,此时在弹簧作用下,阀又自动关闭,以保证制冷系统正常工作。

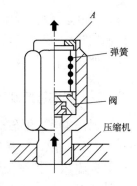

图6-18 高压卸压阀

5 汽车空调继电器

汽车空调控制系统中的鼓风机、电磁离合器等的电流,如果都由电源开关直接控制,则由于电流过大,触点有烧蚀的可能。若从蓄电池直接供电,则又会使蓄电池大量放电。为了防止以上现象的发生,在电路中使用继电器,即用小电流通过电磁线圈控制较大电流。

第二节 汽车空调系统控制电路

汽车空调系统种类繁多,电路形式多样,分析电路时应按一定的规律进行。空调系统电路可以分成鼓风机控制、冷凝器风扇控制、温度控制(压缩机控制)、通风系统控制和保护电路等几部分。

一、鼓风机控制电路

要使车内有一个舒适的环境,除了要控制送风温度外,还应根据环境变化和乘员的不同需要,控制鼓风机的转速,以控制送风速度。鼓风机转速的控制方式有以下4种形式。

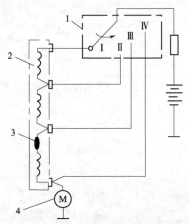

图6-19 鼓风机开关和调速电阻控制的鼓风机电路
1-鼓风机开关;2-调速电阻;3-限温开关;4-鼓风机

1 鼓风机开关和调速电阻控制

这种控制方式由鼓风机开关和调速电阻两部分组成,调速电阻一般装在空调蒸发器组件上,利用气流进行冷却,鼓风机开关一般装在控制面板内,设置不同挡位,供调速用。在设置时,鼓风机开关既可以控制电源正极又可以控制鼓风机搭铁电路。调节鼓风机开关,改变调速电阻接入方式,改变鼓风机电路中的电流以调节鼓风机转速。

鼓风机的控制挡位一般有2速、3速、4速、5速4种,最常见的是4速,如图6-19所示。

鼓风机开关1处于Ⅰ位时,鼓风机电路中串

入 3 个电阻,风机低速运转;鼓风机开关处于Ⅱ位时,鼓风机电路中串入 2 个电阻,鼓风机中低速运转;鼓风机开关处于Ⅲ位时,鼓风机电路中串入 1 个电阻,鼓风机中高速运转;鼓风机开关处于Ⅳ位时,鼓风机电路中不串入任何电阻,鼓风机以最高速运转。

2 晶体管控制方式

现代中、高档轿车为实现风速的自动控制,鼓风机的转速一般由大功率晶体管控制,如图 6-20 所示,空调电脑 3 根据车内温度传感器信号、车外温度传感器信号和其他信号计算并输出一控制信号给大功率晶体管 5 的基极,大功率晶体管根据基极电流的不同控制鼓风机使其产生不同的转速。空调处于制冷状态时,如果车内温度比所选定的温度高很多,鼓风机将高速运转;如果车内温度降低,鼓风机将低速运转。空调处于取暖状态时,如果车内温度比所选定的温度低很多,鼓风机将高速运转;如果车内温度上升,鼓风机将低速运转。

3 晶体管与调速电阻控制

鼓风机控制开关有自动(AUTO)模式和人工模式两种,如图 6-21 所示,当鼓风机转速控制开关设定在 AUTO 挡时,鼓风机的转速由空调电脑根据车内温度传感器、车外温度传感器和其他传感器的信号通过晶体管进行控制。当鼓风机开关离开 AUTO 挡,按人工模式调节鼓风机开关时,鼓风机的转速由鼓风机开关和调速电阻进行控制,执行人工设定功能。

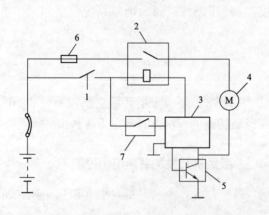

图 6-20 晶体管控制的鼓风机电路
1-点火开关;2-加热器电器;3-空调电脑;4-鼓风机;
5-大功率晶体管;6-熔丝;7-鼓风机开关

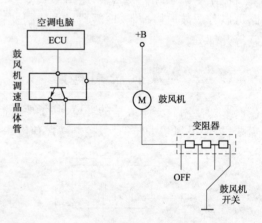

图 6-21 晶体管与调速电阻控制的鼓风机电路

4 LIN 线控制

LIN 线控制鼓风机转速在自动空调上使用的越来越多。图 6-22 所示为上汽大众凌渡全自动空调鼓风机控制电路。空调控制单元通过 LIN 线发送所希望的鼓风机转速等级,鼓风机控制单元读取 LIN 线信息,然后通过 PWM 信号相应地控制鼓风机的转速。

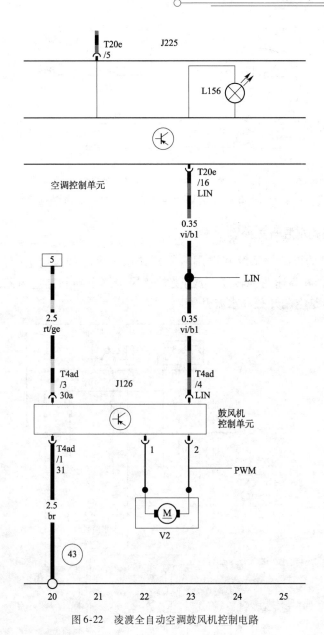

图 6-22 凌渡全自动空调鼓风机控制电路

二、冷凝器风扇控制电路

冷凝器风扇控制电路通常由 A/C 开关、冷却液温度开关、制冷剂温度开关、制冷剂压力开关、继电器等元件组成。车型不同,则配置风扇的数量不同,控制线路设计方面差异也很大,但其控制方式则大同小异。下面分析一些较典型的冷凝器风扇电路。

1 空调开关直接控制

这种控制电路比较简单,如图 6-23 所示,空调开关 4 置于 ON 位时,压缩机电磁离合器通电,同时冷凝器风扇继电器 2 线圈也通电,继电器触点闭合,冷凝器风扇高速运转。

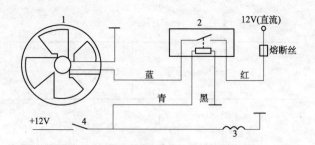

图6-23 空调开关直接控制的冷凝器风扇电路
1-冷凝器风扇;2-冷凝器风扇继电器;3-压缩机离合器;4-空调开关

② 空调开关和水温开关控制

有些汽车的发动机冷却系统和空调冷凝器共用一个冷却风扇进行散热,如图6-24所示,这种风扇有低速和高速两种转速,分别受常速风扇继电器和高速风扇继电器控制,控制冷凝器风扇的信号是空调开关和水温开关。

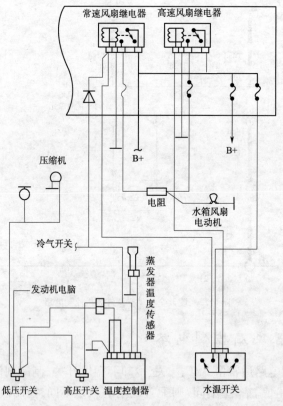

图6-24 空调开关和水温开关控制的冷凝器风扇电路

当空调开关接通时,常速风扇继电器通电,触点闭合,电流经调速电阻进入冷凝器风扇电动机,风扇低速运转;当冷却系统水温达到89~92℃时,常速风扇继电器通电,冷凝器风扇低速运转;当发动机水温升至97~101℃时,高速风扇继电器通电,风扇高速运转,以加强散热。

③ 制冷剂压力开关与水温开关联合控制

目前很多轿车采用制冷剂压力开关和水温开关组合的方式对冷却风扇进行控制。丰田 LS-400 冷却风扇控制系统的电路如图 6-25 所示,该控制系统中有两个并排的冷却风扇,控制冷却风扇的信号是水温开关和高压开关。水温开关和高压开关处于不同状态,则冷却风扇继电器形成不同组合,从而控制冷却风扇使其不运转、低速运转或高速运转。

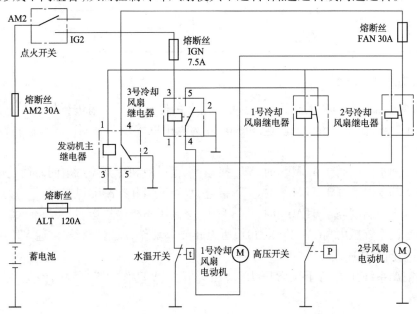

图 6-25　丰田 LS-400 冷却风扇控制电路

1）空调不工作时

不开空调的情况下,发动机水温开关控制冷却风扇。

（1）发动机冷却水温低于 83℃时,水温开关处于常闭状态,3 号冷却风扇继电器和 2 号冷却风扇继电器通电,3 号冷却风扇继电器 4 与 5 接通,2 号冷却风扇继电器常闭触点打开。同时,由于空调不工作,高压开关处于常闭状态,1 号冷却风扇继电器通电,其常闭触点打开。两个冷却风扇电动机断电,均不工作,使发动机尽快暖机。

（2）发动机水温高于 93℃时,水温开关打开,2 号和 3 号继电器断电。虽然高压开关使 1 号继电器通电,其常闭触点打开,但并不影响冷却风扇的工作。12V 电压加至 1 号冷却风扇电动机和 2 号冷却风扇电动机,两冷却风扇高速运转,以满足发动机冷却系统散热需要。

2）空调工作时

使用空调时,空调开关和发动机水温开关联合控制冷却风扇。

（1）开空调,高压侧压力大于 13.5kPa,且水温低于 83℃时,水温开关处于常闭状态,高压开关打开,2 号继电器和 3 号继电器通电,1 号继电器断电,继电器将两冷却风扇电动机串联在一起,两冷却风扇低速运转,以满足冷凝器散热需要。

（2）开空调,高压侧压力高于 13.5kPa,且水温高于 93℃时,高压开关和水温开关都打开,1、2、3 号继电器均断电,12V 电压加至两冷却风扇电动机,两冷却风扇高速运转。

高压开关和水温开关的特性见表6-1。

高压开关和水温开关的特性   表6-1

压缩机	发动机冷却水温度	水温开关	空调高压侧压力	压力开关	冷却风扇继电器			冷却风扇
					1	2	3	
OFF	<83℃	ON	<10kPa	ON	OFF	OFF	ON	停止
	>93℃	OFF				ON	OFF	高速运转
ON	<83℃	ON	>13.5kPa	OFF	ON	OFF	ON	低速运转
	>93℃	OFF				ON	OFF	高速运转

4 风扇控制器控制

除采用继电器控制风扇的转速外,还可采用专用控制器对风扇进行控制。它根据空调信号和水温信号联合控制风扇的转速。图6-26为本田里程轿车空调冷却风扇控制原理图,其控制过程如下:

(1)当冷却水温度高于$TEMP_1$时,VT_1接通,水箱风扇和冷凝器风扇同时低速运转。

(2)当冷却水温度高于$TEMP_2$时,VT_2接通,水箱风扇和冷凝器风扇同时高速运转。

(3)当冷却水温度高于$TEMP_3$时,VT_3截止,空调压缩机停止运转。

(4)当空调系统压力高于一定压力时,压力开关B动作,风扇控制器接通VT_2,水箱风扇和冷凝器风扇同时高速运转。

(5)当空调系统压力高于正常压力时,压力开关A动作,VT_3截止,空调压缩机停止运转。

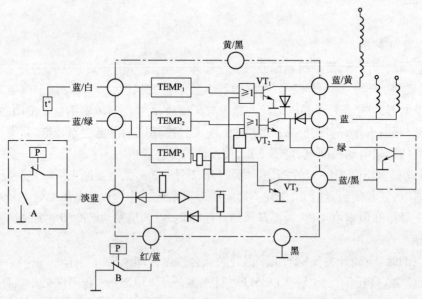

图6-26 本田里程轿车冷却风扇控制电路

5 微机控制

如图6-27所示,大多数高级轿车都采用这种布置和控制方式,空调电脑、水温开关和压力开关通过主、辅风扇继电器控制主、辅风扇电动机,使两个散热风扇实现3种不同的运转工况。

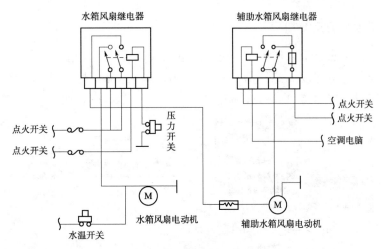

图 6-27 微机控制冷却风扇电路

工作情况如下:

(1)空调开关接通,但制冷剂压力未达到 1.81MPa 时,空调电脑接通辅助风扇继电器,辅助风扇运转。

(2)当制冷剂压力达到 1.81MPa 时,压力开关动作,主、辅风扇继电器接通,主、辅风扇同时运转。

(3)当发动机水温高于 98℃ 时,水温开关动作,接通主风扇继电器,主风扇高速运转。

丰田公司在部分 1UZ-FE 和 ME-FE 发动机上采用了电控液压电动机冷却风扇系统,用于凌志400、凌志300、佳美3.0L 等车型。与一般的电控风扇系统有很大差异,如图 6-28 所示,在此系统中,风扇电脑通过电磁阀控制作用在液压电动机上的油液压力,这样就可以根据发动机工况和空调状态而自动控制冷却风扇的转速。

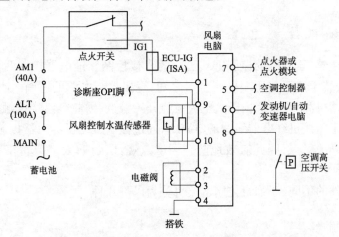

图 6-28 电控液力冷却风扇电路

其工作原理是:液力泵单独设计与动力转向泵组合为一体,由传动带驱动,建立一定油压,受电脑控制,电磁阀调节从液力泵到液压电动机的油量,该电动机直接驱动风扇,已通过液压电动机的压力油回到液力泵。

6 发动机控制单元控制

大众公司在部分车型上采用了发动机控制单元管理散热器风扇,如图6-29所示。发动机控制单元根据冷却液温度传感器信号和制冷剂压力传感器信号,向风扇控制单元发送脉宽调制信号,风扇控制单元根据脉宽调制信号的大小控制风扇的转速。

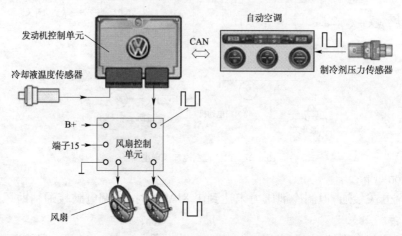

图6-29 发动机控制单元管理散热器风扇

其工作原理:发动机控制单元通过脉宽调制信号启动风扇控制单元。如果发动机控制单元没有收到来自空调控制单元的CAN信息,在100%脉宽调制时启动风扇,以应对紧急情况。当点火开关打开时,风扇控制单元收到一个10%脉宽调制信号。但是,在10%脉宽调制时不会启动风扇,此基础信号发送给风扇控制单元,用于确认是否有信号连接至发动机控制单元。如果10%不存在,风扇控制单会应急运行风扇至100%。当冷却液温度传感器和制冷剂压力传感器有故障时,大约100%脉宽调制信号发送给风扇控制单元。

三 压缩机控制电路

根据有无继电器,压缩机的控制方式可分为直接控制和继电器控制两种类型。直接控制方式中,开关安装于电源与压缩机离合器之间,直接控制电源的通断。当开关闭合时,大电流经开关至压缩机离合器,但由于大电流流经开关触点,因此容易烧蚀触点。继电器控制方式中开关安装于压缩机继电器线圈的电路中,通过控制压缩机继电器控制压缩机离合器。由于小电流流经开关触点,因此有效地防止了触点烧蚀,目前大多数轿车采用继电器控制方式。

根据控制元件的不同,压缩机控制电路可分为以下几种。

1 开关控制

如图6-30所示,压缩机工作条件是空调开关1(A/C)、环境温度开关2、温度控制器开关3、压力开关4闭合,此时压缩机继电器5通电,压缩机电磁离合器6通电,压缩机运转。

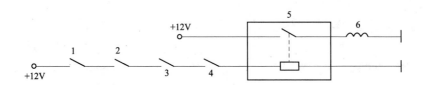

图 6-30　开关控制压缩机

1-空调开关；2-环境温度开关；3-温度控制器开关；4-压力开关；5-压缩机继电器；6-压缩机电磁离合器

② 空调控制器控制

如图 6-31 所示，空调控制器根据各种开关和传感器信号控制压缩机的运转。

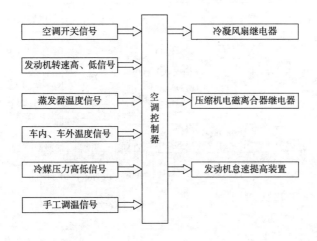

图 6-31　空调控制器控制压缩机

③ 微机控制

对于自动空调系统，压缩机一般是由空调电脑根据传感器信号进行自动控制的，大众汽车自动空调压缩机转速控制如图 6-32 所示。

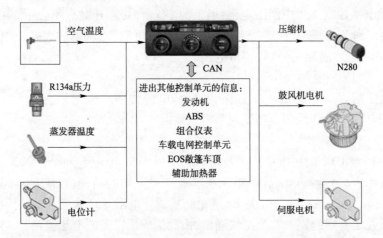

图 6-32　微机控制压缩机

四 典型轿车空调控制电路实例

1 桑塔纳3000轿车空调电路

图6-33所示为桑塔纳3000型轿车的空调系统电子控制电路,它由电源电路、鼓风机控制电路、进气门电磁阀控制电路、散热器风扇控制电路、空调电磁离合器控制电路以及空调保护电路等组成。桑塔纳3000轿车空调系统的工作受发动机控制,发动机必须能正常工作,发动机ECU(J220)的T80/8端输出高电平时,压缩机切断继电器J26才能吸合,制冷系统才能工作。

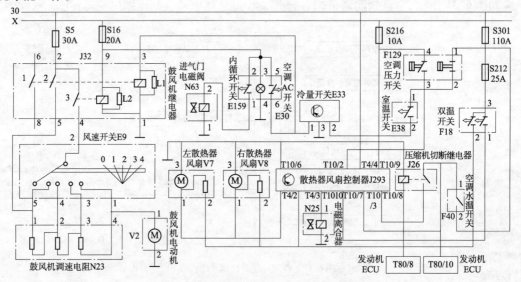

图6-33 上海桑塔纳3000轿车空调系统控制电路

其工作过程如下:

1)电源电路

空调系统由30号线和X号线供电,30号线为常带电,与蓄电池正极连接,X号线受点火开关及中间继电器控制。当中间继电器线圈得电吸合,其常开触点闭合后,30号线上的蓄电池电压就会加到X号线上,使连接在X号线上的鼓风机、空调电磁离合器以及散热器风扇控制部分(除风扇水温控制外)等均得电。

2)进气电磁阀控制电路

进气门电磁阀N63线圈的电流通路为:X号电源线→空调熔断器S16→内循环开关E159→进气门电磁阀N63线圈→搭铁→蓄电池负极。

3)鼓风机控制电路

①鼓风机电动机V2的供电受控于鼓风机继电器J32,当闭合点火开关,X号线通电,鼓风机继电器吸合,V2才会得电工作。鼓风机共有4种不同的转速,以满足不同送风量的要求。转速的变换是由鼓风机风速开关E9通过切换调速电阻N23来实现的。

当点火开关处于ON位置时,X号线通电,由此形成了以下的电流通路:X号电源线→熔断器S16→鼓风机继电器J32内的线圈L2→搭铁→蓄电池负极。

当将鼓风机的风速开关置于1、2、3、4挡时,就形成了以下的电流通路:蓄电池正极→30号线→熔断器S5→继电器J32内的线圈L2的已闭合常开触点3→风速开关E9的2端。此时,E9若在1~4位,则鼓风机电动机v2均会得电工作,可从1位到4位,使鼓风机以依次升高的4种不同转速进行转动,实现对通风量的控制。当E9处于0位时,鼓风机将停止工作。

②当E9在0位。接通空调A/C开关E30时,鼓风机继电器J32吸合,以保证在启动空调系统时,鼓风机与空调系统同步工作。其电流通路如下:X号电源线→熔断器S16→空调A/C开关E30→鼓风机继电器J32内的线圈L1→搭铁→蓄电池负极。

上述这一电流通路使J32内继电器常开触点2得电闭合,从而又形成了以下电流通路:蓄池正极→30号线→熔断器S5→继电器J32内的线圈L1的已闭合常开触点2→鼓风机调速电阻N23→鼓风机V2→搭铁→蓄电池负极。

4)空调电磁离合器控制电路

空调电磁离合器的状态除了受X号线、空调A/C开关E30、冷量开关E33、室温开关E38、空调水温开关F40以及制冷液管路空调压力开关F129的控制外。还受散热器风扇控制器J293和发动机ECU的控制。如果不满足上述任意一单元所设定的条件时,空调电磁离合器的供电都将被切断,从而压缩机停止工作。

开启空调后,12V电压从X号线经熔断器S16、空调A/C开关E30、冷量开关E33、室温开关E38、空调压力开关F129(低压开关)、空调水温开关F40后分成3路:第1路到发动机控制单元ECU的T80/10端,作为空调的请求信号;第2路到散热风扇控制器J293的T10/3端,作为散热器风扇低速挡工作信号;第3路经过空调压缩机切断继电器J26触点加至散热风扇控制器J293的T10/8端,作为电磁离合器的工作信号。

当发动机ECU(J220)的T80/10端收到空调请求信号时,发动机ECU的T80/8端输出高电压,压缩机切断继电器J26电流通路使继电器吸合。

当散热风扇控制器J293的T10/8端为高电平时,风扇控制器的T10/10端输出12V电压控制空调电磁离合器吸合,空调工作。

5)散热器风扇控制电路

散热器风扇除了受冷却水温度和发动机舱温度的控制外。还受空调系统工作状态的控制。

①散热器风扇低速运转。

当发动机运转时,如果接通冷量开关E33,散热器风扇控制器J293的T10/3端为高电平时,风扇控制器的T4/3端输出12V电压控制左、右散热器风扇V7、V8低速运转。当发动机冷却液温度达到95℃时,双温开关F18内的低温触点(右边)闭合,12V电源电压经触点接通风扇电动机的低速挡,左、右散热器风扇V7、V8低速运转。

②散热器风扇高速运转。

当发动机冷却液温度达到102℃时,双温开关F18内的高温触点(左边)闭合,12V电压经闭合的触点到散热器风扇控制器J293的T10/7端。风扇控制器的T/2输出12V电压控制左、右散热器风扇V7、V8高速转动。

6)高低压及其他保护电路

当空调管路压力高于1.45MPa时,空调压力开关F129中的1.45MPa压力开关(左边)闭合,散热器风扇控制器J293的T10/2端为高电平,其T4/3端输出12V电压控制散热器风扇高速运转,冷却强度加强,使空调系统的冷凝器迅速散热,用于降低制冷系统中的压力。

当空调制冷剂泄露后,如果管路静态压力低于0.2MPa,空调压力开关F129内的压力开关(左边)则断开,散热风扇控制器J293的T10/3端失电,空调停止工作,以防止空调压缩机在润滑不良的情况下运转而损坏。当管路压力高于3.2MPa时,压力开关也断开,空调不工作,以保护空调管路和压缩机。同理,当发动机冷却液温度高于119℃时,空调水温开关F40断开,空调也将停止工作。空调压缩机切断继电器J26由发动机ECU的T80/8端控制。它有双向作用:一是控制全负荷时切断空调;二是空调工作时,控制发动机的怠速提升。

当发动机ECU有故障或处于急加速工况时,发动机ECU的T80/8端输出低电平,使压缩机切断继电器J26停止工作,散热风扇控制器J293的T10/8端为低电平,从而压缩机停止工作。

❷ 东风雪铁龙C5轿车自动空调系统电路

如图6-34所示,C5轿车自动空调系统电路主要由空调压缩机、座舱温度传感器、蒸发器温度传感器、日照传感器、空气质量传感器、车外温度传感器、步进电机、鼓风机调速模块和鼓风机、空调ECU和冷却风扇模块等组成。其控制电路原理如下。

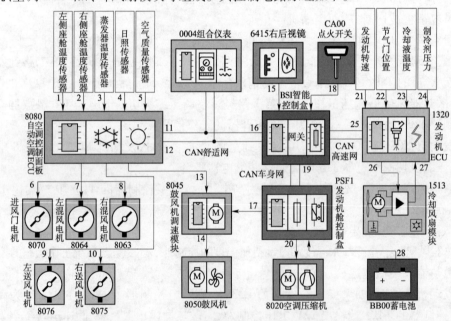

图6-34 雪铁龙C轿车空调系统电路

1-左侧座舱温度信息;2-右侧座舱温度信息;3-蒸发器温度信息;4-日照强度信息;5-控制质量信息;6-进风门位置控制信息;7、8-左右混风门位置控制信息;9、10-左右送风门位置控制信息;11-CAN-H;12-CAN-L;13-鼓风机调速指令信息;14-鼓风机转速控制信息;15-车外温度信息;16-冷却液温度显示信息;17-鼓风机调速模块供电;18-点火开关位置信息;19-CAN车身网网络信息;20-压缩机吸合控制命令;21-发动机转速信息;22-节气门位置信息;23-冷却液温度信息;24-制冷压力信息;25-CAN动力网网络信息;26-冷却风扇转速控制信息;27-冷却风扇转速反馈信息;28-蓄电池供电信息

(1)蓄电池通过导线为发动机舱控制盒供电,发动机舱控制盒通过导线为智能控制盒供电。

(2)接通点火开关点火挡,点火开关将点火信号通过导线传送到智能控制盒,智能控制盒收到点火信号后,唤醒CAN高速网、CAN车身网、CAN舒适网等车载网络进入工作状态。

（3）全车网络工作后,智能控制盒一方面通过网线分别为组合仪表和自动空调 ECU 供电,另一方面通过 CAN 车身网线通知发动机舱控制盒为电控单元和用电器供电。发动机舱控制盒收到智能控制盒的指令后,再根据自动空调 ECU 的信号,控制内部继电器 R6 和 R7 工作,通过导线鼓风机调速模块和空调压缩机供电。

（4）各电控单元得到供电后,立即控制各电控系统的传感器、执行器进入工作状态,配合自动空调 ECU 完成各项控制功能。

（5）对空调压缩机的控制。发动机启动运行后,如按下空调启动键 A/C,自动空调 ECU 将空调启动请求信号,通过 CAN 舒适网传递给发动机 ECU。发动机 ECU 收到空调启动请求信号后,主要通过发动机转速传感器、电子节气门内的节气门位置传感器检测发动机的转速和发动机负荷,并根据检测结果将允许或禁止空调压缩机工作的信号,通过 CAN 高速网传递给智能控制盒,智能控制盒则通过 CAN 车身网将此信号传递给发动机舱控制盒。发动机舱控制盒则根据此信号,通过导线控制空调压缩机离合器线圈的通电或断电。

（6）对鼓风机的控制。车内乘员通过按键把增加或减小鼓风机转速的请求传递给自动空调 ECU,空调 ECU 通过导线→鼓风机调速模块→鼓风机,对鼓风机的转速进行调整。

（7）对冷却风扇的控制。在空调压缩机运行工作中,发动机 ECU 通过制冷剂压力传感器和发动机冷却液温度传感器检测制冷剂压力和冷却液温度,当制冷剂压力达到12bar 或冷却液温度达到97℃时,发动机 ECU 通过导线控制冷却风扇低速旋转以降温降压;当制冷剂压力达到17bar 或冷却液温度达到101℃时,发动机 ECU 通过导线1,控制冷却风扇高速旋转以加大降温降压的强度。

（8）对左区和右区温度的控制。车内乘员通过左区和右区温度节旋钮把左区（如28℃）和右区（如18℃）的温度控制请求传递给自动空调 ECU,左、右座舱温度传感器将左、右座舱的温度也传递给自动空调 ECU。空调 ECU 则根据车内乘员的温度控制请求和左、右座舱温度传感器检测的信号,控制左、右混风电机,将空调蒸发器产生的冷气和暖风水箱产生的热气混合尽快制成满足乘员温度要求的空气,然后由左、右送风电机将这些空气从左、右出风口吹出。

（9）对空调压缩机排量的控制。在空调制冷系统的工作过程中,如左、右乘客的温度控制要求与左、右座舱温度传感器检测的温度,二者差值较大或较小时,自动空调 ECU 将通过 CAN 线通知发动机舱控制盒,发动机舱控制盒通过导线控制变排量电磁阀加大或减小空调压缩机的制冷排量,使空调制冷系统的实际温度以车内乘员的温度控制要求为中心缓慢变化,提高空调制冷系统的舒适性。

（10）对空气质量的控制。在空调制冷系统的工作过程中,日照传感器和空气质量传感器不断检测车内日照状况和车外空气的质量。自动空调 ECU 根据日照传感器检测的信号,对左区和右区的混风和送风等空调控制参数进行修正,无论太阳光从车前哪个方向照射到车内时,都使车内左区和右区空调的舒适度相同。当空气质量传感器检测到车外空气中 NO_x 和 CO 的浓度超标时,自动空调 ECU 将通过进风门电机关闭进风门,防止超标的不良空气进入到车内。

（11）空调系统的保护功能。

①低温保护:在空调压缩机的工作过程中,装在右后视镜内的车外温度传感器不断检测车外的温度,装在蒸发器上的蒸发器温度传感器不断检测蒸发器的温度;当车外温度低于

5℃时发动机舱控制盒将禁止压缩机吸合工作;当蒸发器温度低于2℃时,发动机舱控制盒将切断压缩机的供电,防止压缩机继续制冷工作时造成蒸发器结冰。

②高温保护:在空调压缩机的工作过程中,如发动机冷却液的温度大于112℃时,发动机舱控制盒将切断压缩机的供电,以防止发动机因热负荷过重而损坏。

③低压和高压保护:在空调压缩机的工作过程中,当制冷剂压力低于2.5bar❶时,发动机舱控制盒将切断压缩机的供电,防止压缩机因缺少制冷剂而缺少润滑油润滑损坏;当制冷剂压力高于24bar时,发动机舱控制盒将切断压缩机的供电,防止压缩机继续工作时产生的高压破坏制冷系统的管路和密封。

第三节 手动调节的汽车空调系统

目前,还有一部分轿车采用手动调节的汽车空调系统。该系统是由驾驶员操作控制面板上的各种功能键完成温度控制、风量的混合配送。

一、控制面板

控制面板安装在驾驶室里,由驾驶员操纵,对于不同类型的汽车空调,人工控制面板的控制键和形式有所不同,但它们的功能键和控制内容基本相同,如图6-35所示。

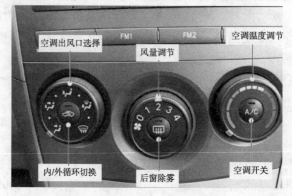

图6-35 人工控制面板

手动空调控制面板的各开关的功能如下:

(1)出风模式旋钮开关:选择出口气流的模式。
(2)内外循环控制开关:控制车厢内空气的内外循环。
(3)风量调节旋钮开关:控制鼓风机的开和关,并控制鼓风机转速。
(4)后窗除霜控制开关:用于后风窗玻璃除霜。
(5)空调温度调节旋钮开关:用于调节出风口气流的温度。
(6)空调开关:起动发动机,按下空调开关,发送空调制冷启用命令。

二、真空系统执行元件

汽车空调系统的各风门动作是通过真空执行元件来控制的,采用的执行元件有真空罐

---

❶ 1bar = 10^5 Pa。

和真空驱动器。

1 真空罐

真空罐的作用是向系统提供稳定的真空压力和储存真空,真空源一般来自发动机进气歧管。发动机工况变化时,真空度绝对压力会在101Pa～33.7kPa 变化,会影响真空系统的调控工作,一般要进行调节。

真空罐的结构如图 6-36 所示,由真空室和真空保持器组成。真空室是一个金属罐,内装一个真空保持器,其工作原理如下。

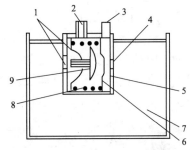

图 6-36 真空罐的结构

1-气孔;2-发动机歧管接口;3-真空出口;4-气孔;5-真空保持器;6-膜片;7-真空罐;8-弹簧;9-空心膜阀

真空罐内有一个空心膜阀和膜片,将其分成 3 个腔。中腔与发动机进气管相连,左右腔分别与真空室和真空执行系统相连。当发动机真空度大于真空罐时,将空心膜阀膨胀右移,接通真空室,使其真空度提高;同时,膜片克服弹力左移,使真空室与真空执行系统的气口打开,形成通路。当发动机真空度小于真空罐时,空心膜阀外面压力将其压扁,关闭与真空室的通路,同时膜片右移,关闭气口,保持罐内真空度。

2 真空驱动器

真空驱动器的功能是根据真空度的变化进行机械操作,控制风门和阀门,其实质是一个膜盒,根据结构主要分为单膜片、双膜片和伺服驱动器 3 类。

1) 单膜片式真空驱动器

外形与内部结构如图 6-37 所示,主要由弹性膜片、弹簧、与膜片固定的连杆组成,真空接口通过胶管引进真空气源,连杆 5 连接风门。连杆只有两个位置,当接通真空源时,膜片克服弹力将连杆上拉;当切断真空源时,弹簧推动膜片使连杆复位。这类真空驱动器通常用来控制全开或全闭的风门。

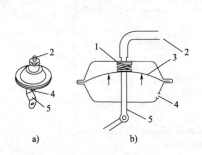

图 6-37 单膜片式真空驱动器
a) 外形;b) 内部结构
1-复位弹簧;2-真空接口;3-膜片;4-气孔;5-连杆

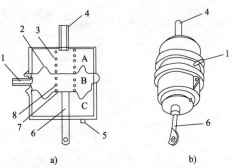

图 6-38 双膜片式真空驱动器
a) 内部结构;b) 外形
1-B 室真空接口;2-A 室膜片;3-A 室弹簧;4-A 室真空接口;5-连杆;6-气孔;7-B 室膜片;8-B 室弹簧

2)双膜片式真空驱动器

双膜片式真空驱动器的内部结构和外形如图6-38所示。它由两个膜片、两组复位弹簧、与一个膜片固定的连杆组成,连杆有3个位置。当A室仅有真空作用时,A室膜片2带动连杆5只提到一半位置。若A、B两室同时有真空作用时,连杆5才被提到极限位置。若A、B两室均无真空作用,连杆5处于最下端。所以采用双膜片式真空驱动器可以同时控制风门的3个位置:全开、全闭合半开,也可以同时控制两个风门,一个开一个关,或者两个同时半开。

伺服驱动器主要用于全自动的汽车空调上,结构与单膜片真空驱动器类似,它的连杆位置可根据真空度不同处于全伸长和全收缩之间的任何一个位置上。这方面内容在后面章节介绍。

三 真空控制系统

图6-39所示为BJ2021型汽车空调真空控制系统工作原理图。在该系统中,各风道由风门控制,风门由空调方式选择开关操纵真空开关,并通过真空驱动器来控制。除控制除霜风门的真空驱动器采用双膜片式以外,控制其他风门的真空驱动器均采用单膜片式。真空控制开关22设置在控制面板的后面,由空调方式选择开关驱动。真空控制开关22由滑块和底座组成。底座上有真空接口,接口⑪、②同时通向真空罐,接口⑩、①仅彼此相通,接口③、④均通向真空驱动器控制除霜风门,接口⑥通真空驱动器控制地板风门,接口⑦通真空驱动器控制循环风门;接口⑨通热水阀控制其真空度。滑块上设有通气道,被真空控制开关驱动时,调整各接口与真空源之间的联系。

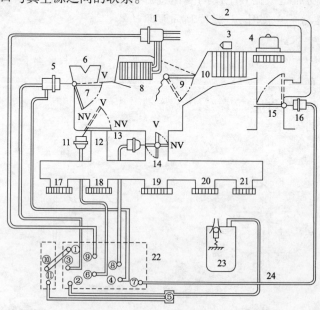

图6-39 BJ2021型汽车空调真空控制系统工作原理图

1-热水阀;2-外界通风口;3-感温包;4-风机;5-真空驱动器;6-除霜风门;7-除霜风门;8-加热器;9-温度门;10-蒸发器;11-真空驱动器;12-地板风门;13-真空驱动器;14-仪表面板;15-循环风门;16-真空驱动器;17-左可调风口;18-左下可调风口;19-左中可调风口;20-右中可调风口;21-右可调风口;22-真空控制开关;23-真空罐;24-真空管路;NV-真空驱动器不通真空风门位置;V-真空驱动器通真空风门位置

温度门由温度选择开关通过一根钢丝控制。当开关置于温度最低点时,加热器被封闭,空气流仅能穿过蒸发器送到各风门。随着开关向高温方向拨动,温度门逐渐打开,通过蒸发器的空气部分地通过加热器加热再送到各风门。当开关置于温度最高点时,温度门全开,所有穿过蒸发器的空气均通过加热器加热再送到各风门。

第四节　电控气动的汽车空调系统

电控气动的汽车空调系统的全称为电子控制的真空回路操纵汽车空调系统,是20世纪70年代开始使用的汽车空调系统,目前仍然广泛应用在许多中、高级轿车上,如日本的部分皇冠、世纪,德国的奔驰380等轿车。美国通用汽车公司是最早使用电控气动汽车空调系统的,其汽车空调系统最具有代表性,所以下面介绍通用汽车公司的电控气动汽车空调系统。

一、控制面板

只要驾驶员输入某一个温度值和设定空调的功能,不管车内外的温度如何变化,电控气动汽车空调系统都会为达到设定温度而自动工作。

图6-40所示是通用汽车公司电控气动汽车空调的控制面板。控制面板左侧是温度选择键,中间是空调功能选择键,这些功能键的控制形式与手动调节的略有不同。

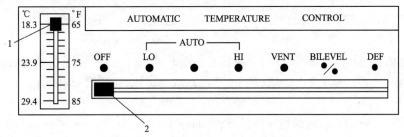

图6-40　电控气动汽车空调控制面板
1-温度选择键;2-功能选择键

① 温度选择键

温度选择键可以在18.3~29.4℃(60~85°F)任意选择,只要选定一个温度以及功能键,空调器为达到这个设定温度而自动地工作。从经济角度考虑,夏天制冷时,应选择略高一些的温度,而冬天采暖时,可以选择低一点的温度。

② 空调功能选择键

功能选择键可处在7个不同的位置,控制空调系统的工作。

1) OFF(停止)

功能键处在此位置时,若不接通点火开关,空调系统不工作;若接通点火开关,压缩机也不工作,但当车内温度高于26.7℃(80°F)时,空调器的风扇会自动地低速运转吹入微风;当车内温度低于26.7℃(80°F)且发动机冷却液温度高于82℃时,空调器的风扇也会自动吹入自然风。

2）LO—AUTO（低速—自动）

功能键置于此位置时，风扇低速运行。当发动机冷却液温度高于82℃，车内温度低于设定温度时，空气先经蒸发器再经加热器送出暖风。若车内温度高于设定温度时，空气经蒸发器冷却后不通过或部分通过加热器。冷空气从中风口吹出，而加热空气从下风口吹出，形成"头冷脚暖"的环境。

3）AUTO（自动）

功能键置于此位置时，空调器的工作情况与 LO—AUTO 位置相同，只是风机不限于低速运行，而是根据车内的温度自动选择转速。若车内温度比设定温度高出较多，需要快速降温时，鼓风机会自动进入高速运行，将蒸发器冷却后的冷空气尽快送到车内，同时促使蒸发器最大限度制冷；若车内温度与设定温度相差不多，鼓风机自动降低其转速。

4）HI—AUTO（高速—自动）

功能键置于此位置时，空调器的工作情况与功能键处于 LO—AUTO 和 AUTO 位置时相同，只是风机在高速运转。如果车内温度达到设定温度，鼓风机会自动降低转速。但在此位置时，热水阀不开，加热器不工作，从各风口吹出的是冷空气。

5）VENT（通风）

功能键置于此位置时，是自然通风。风机低速运行，把车外的空气吸入后，经中风口吹进车内。此时，取暖、制冷系统不工作，吹进来的空气是未经加热或冷却的自然风。若车内温度高，风机高速运转；温度低，风机自动转入低速运转。

6）BI—LEVEL（双向）

功能键置于此位置时，鼓风机可以在任意一个转速工作，自动控制系统能按照设定温度和车内温度分别从中风口吹出冷风，从上、下风口吹出暖风，用于暖脚和除霜。

7）DEF（除霜）

功能键置于此位置时，鼓风机高速运转，大部分暖风从上风口吹出，小部分从下风口吹出。

根据面板控制功能可以知道，电控气动空调与手动空调控制主要区别是当驾驶员设定了温度和功能选择键后，汽车空调能够在预定的温度内自动控制温度和风量。目前根据温度调配和送风量配送控制系统精确程度不同又可分为半自动和全自动电控系统两种类型，下面将分别介绍。

二 半自动电控气动空调控制

如图6-41所示为半自动空调的工作原理图。半自动空调内部控制系统主要由真空自动控制系统和放大器控制系统两部分组成。

其基本工作过程是：当人工选定空调的功能选择键并设定温度后，放大器8根据设定，将温度电阻信号、车外温度电阻信号、车内温度电阻信号全部输入到放大器，放大器即产生一个电流信号，输入到真空换能器4，真空控制系统将电流信号通过真空换能器转变成相应真空度大小的信号，输送到真空伺服驱动器7上。真空伺服器根据真空度信号大小使控制杆14伸长或缩短，与其相连接的温度门控制曲柄10、鼓风机调速板11和反馈电位计9有一个相对应的位置，控制温度门控制曲柄10的位置和鼓风机转速，从而输送一定温度和一定风量的空气。

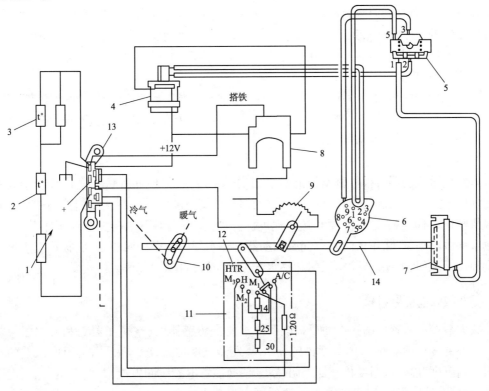

图6-41 电控气动半自动空调系统的工作原理
1-温度选择键;2-车内温度传感器;3-传感器;4-真空换能器;5-真空保持器;6-真空选择器;7-主控真空伺服驱动器;8-放大器;9-反馈电位计;10-温度门控制曲柄;11-鼓风机调速板;12-加热器;13-功能选择器;14-控制杆

1 真空控制系统

由图6-41可见,电控气动半自动空调控制系统的真空控制系统主要由真空罐、真空控制器、真空驱动器、真空换能器、真空保持器和真空伺服驱动器等组成。半自动空调与手动空调不同的是增加了真空换能器、真空保持器和真空伺服驱动器。

1) 真空换能器

真空换能器是一种将电能转换为真空控制信号的装置,其结构如图6-42所示。在换能器的支架上,有一个双通针阀5,其一端控制真空源的通路,另一端控制铁芯7上的大气阀门6,铁芯的下端通大气,外部有一个电磁线圈10,电流大小由空调控制器控制。由于橡胶膜片8的密封作用,外面的大气只能通过大气阀门和真空系统相通。其工作原理是:当流过电磁线圈的电流越大,其磁场强度就越强,克服弹簧力使铁芯向下位移量也就越大,针阀和铁芯上的双通针阀口开度随之增大,外

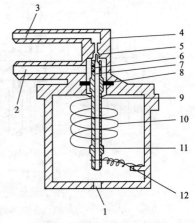

图6-42 真空换能器
1-大气孔;2-接真空保持器;3-接真空源;4-外壳;5-双通针阀;6-大气阀门;7-铁芯;8-橡胶膜片;9、11-接放大器;10-电磁线圈;12-弹簧

部空气泄入量增多,真空伺服驱动器的真空度减小,收缩量也就越小;反之,当放大器输出信号电流减小,电磁线圈磁场就减弱,弹簧推动铁芯向上,双通针阀口开度减小,直至关闭大气与真空系统的通路,此时,系统的真空度增大,真空伺服驱动器收缩量相应增大。由此可见,换能器将空调控制器的电信号变化转变成了真空伺服驱动器控制杆的收缩量变化。

2)真空保持器

真空保持器的结构如图 6-43 所示。其工作原理是当发动机进气歧管处真空度下降时,真空保持器能切断发动机的真空源,同时,膜片也将真空换能器和伺服真空驱动器之间的真空气路切断,保持系统原来的工作状态。

3)真空伺服驱动器

真空伺服驱动器可根据真空换能器输出的真空度大小,使连杆位于全伸长和全收缩之间的任何位置。该系统的主控真空伺服驱动器根据真空度信号控制温度门控制曲柄位置和鼓风机转速,自动调节送风温度和送风速度。除此之外,还有下风门真空伺服驱动器、上风门真空伺服驱动器、除霜风门真空伺服驱动器和热水开关真空伺服驱动器,根据真空度信号分别控制下风门、上风门、除霜风门和热水开关的位置,自动调节送风模式。

❷ 放大器控制系统

放大器控制系统如图 6-44 所示,该系统主要由传感器、真空换能器 3 和放大器 4 等组成。车外温度传感器 6、车内温度传感器 7、蒸发器温度传感器 8 都采用负温度系数的热敏电阻。当温度升高时,温度传感器电阻减小,使换能器电磁线圈电流增大;反之,当温度下降时,温度传感器电阻增大,使换能器电磁线圈电流减小。真空换能器根据电磁线圈电流的变化产生不同的真空度,控制真空伺服驱动器产生相应动作,控制送风温度和送气量,保持温度恒定。

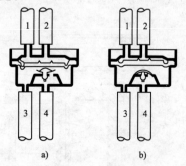

图 6-43 真空保持器
a) 在正常发动机真空下;b) 发动机真空下降时
1-去真空伺服驱动器;2-来自真空换能器;3-来自发动机真空;4-去真空选择器

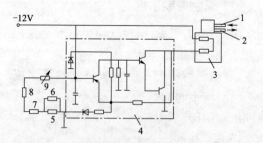

图 6-44 放大器控制系统
1-接真空源;2-接真空保持器;3-真空换能器;4-放大器;5-阳光辐射传感器;6-车外温度传感器;7-车内温度传感器;8-蒸发器温度传感器;9-设定温度电阻

三 全自动电控气动空调控制

全自动电控气动空调系统的工作原理如图 6-45 所示。该系统用电桥 1、比较计算器 2 和电磁阀 8 及 9 取代了半自动电控气动空调系统的放大器和真空换能器。电桥由车外温度传感器7、车内温度传感器5、阳光辐射传感器6和调温键电阻4等组成,它和计算比较器OP_1、OP_2组成一个控制系统,分别控制升温真空电磁阀8和降温真空电磁阀9,将电信号转变成真空信号,调节真空伺服驱动器13,带动控制杆对温度门开度、鼓风机转速和热水阀开闭进行综合控制,达到控制温度恒定的目的。

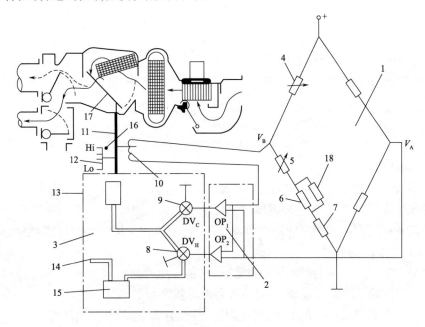

图6-45 电控气动全自动空调系统的工作原理

1-电桥;2-比较计算器;3-真空控制器;4-调温键电阻;5-车内温度传感器;6-阳光辐射传感器;7-车外温度传感器;8-升温真空电磁阀;9-降温真空电磁阀;10-反馈电位计;11-控制杆;12-鼓风机调速开关;13-真空伺服驱动器;14-接发动机进气歧管;15-真空罐;16-热水阀开关;17-温度门;18-风道温度传感器

当车内温度高于设定温度时,传感器总电阻小于调温键电阻,降温真空电磁阀DV_C通电工作,使管路与大气相通;升温真空电磁阀DV_H截止,切断管路与真空罐的通路,从而使真空伺服驱动器的真空度减少;膜片在大气压作用下,使控制杆向上移动,控制温度门使经过加热器的空气通道减小,同时使鼓风机转速上升,空调混合气温度下降。车内温度与设定温度相差越大,温度门在控制杆的作用下使经过加热器的空气通道开度越小,鼓风机转速越大,加快车内降温。

随着车内温度的下降,车内温度传感器电阻增大,传感器总电阻与调温键电阻差值减小,当车内温度等于设定温度时,DV_C断电,关闭大气通道,温度门开度不变,鼓风机保持中、低速运行,使车内温度恒定。

当车内温度继续下降,车内温度低于设定温度时,传感器总电阻大于调温键电阻,降温真空电磁阀DV_C断电,关闭大气通路,升温真空电磁阀DV_H通电,打开真空管路,从而使真空伺服驱动器的真空度增大;膜片带动控制杆向下移动,控制温度门使经过加热器的空气通道开大,空调混合气温度上升,直至车内温度等于设定温度时,温度门开度不变。

当车外温度、太阳辐射和其他因素变化使车内温度变化时,两个真空电磁阀就不断工作,使真空伺服驱动器不断调节温度门的位置,保证车内温度在设定温度范围内。

第五节 微机控制的自动空调系统

一、概述

微机控制自动空调系统,不仅能按照乘员的需要送出温度和湿度最适宜的空气,而且可以根据需要自动调节风速、风量,还极大地简化了驾驶员的操作,主要用在高级轿车上。

微机控制汽车空调系统一般具有如下几种功能。

(1) 空调控制。包括温度自动控制、风量控制、运转方式的自动控制、换气量控制等,满足车内对空调舒适性的要求。

(2) 节能控制。即压缩机运转工况的控制、换气量的最佳控制以及随温度变化的换气切换、增大转入经济运行、根据车内外温度自动切断压缩机电源等的控制。

(3) 故障诊断储存。空调系统发生故障,ECU 将故障部位用代码的形式存储起来,在需要修理时能指示故障的部位。

(4) 故障、安全报警。包括制冷剂不足报警、制冷压力高压或低压报警、离合器打滑报警、各种控制器件的故障判断报警,并对故障判断等报警直到修复为止。

(5) 显示。包括显示设定的温度、控制温度、控制方式、运转方式的状况。

二、微机控制自动空调系统的组成与工作原理

1. 微机控制自动空调系统的组成

如图 6-46 所示,微机控制的自动空调系统是由电子控制系统、配气系统和控制面板 3 部分组成。其中配气系统已在前面介绍过,电子控制系统主要由传感器、ECU 和执行器组成,ECU 可以接受和计算各种传感器输入的信号,根据环境的变化输出控制信号,控制各执行器的动作。传感器信号主要有 3 种:一是驾驶员控制面板设定的温度信号和功能选择信号;二是车内温度传感器、车外环境温度传感器、阳光辐射传感器等各种传感器输入的信号;三是各风门的位置反馈信号。执行器信号有 3 种:一是驱动各种风门的伺服电动机或真空驱动器输送的信号;二是控制鼓风机转速的电压调节信号;三是控制压缩机开停的压缩机信号。现代微机自动空调的执行器已不再使用真空电磁阀和真空电动机操纵各个风门,而是通过电脑控制各个部件上的伺服电动机。即通过触摸按钮向电脑输入各种信号,电脑通过计算、分析、比较,发出指令,控制伺服电动机动作,打开所需的风门,按照输入的设定温度,控制温度门的位置。伺服电动机比真空阀和真空电动机的工作可靠性高,控制机构简单。

新帕萨特自动空调控制面板如图 6-47 所示,由温度控制开关和各功能选择键组成,当按下(AUTO)自动控制开关,微机控制空调系统根据设定温度和功能自动选择运行方

式,以达到所需要的温度。当然,也可根据汽车使用的复杂情况,用手动控制键取代自动调节。

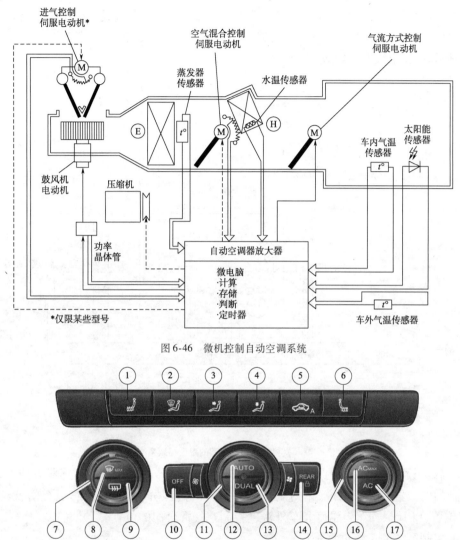

图 6-46 微机控制自动空调系统

图 6-47 新帕萨特自动空调控制面板

①-驾驶员加热按钮;②-气流吹向上方按钮;③-气流吹向上身按钮;④-气流吹向脚步空间按钮;⑤-空气内循环模式按钮;⑥-前排成员侧座椅加热按钮;⑦-驾驶员侧温度调节开关;⑧-风窗玻璃除霜按钮;⑨-后风窗加热按钮;⑩-打开或关闭自动空调;⑪-鼓风机挡位调节开关;⑫-自动调节气流温度、鼓风机转速和空气流向;⑬-双区控制功能按钮;⑭-后排控制台锁定按钮;⑮-前排乘员侧温度调节开关;⑯-强劲制冷按钮;⑰-打开或关闭制冷装置按钮

新帕萨特自动空调控制面板各开关的功能如下:

2 微机控制自动空调系统工作原理

微机控制自动空调系统主要包括温度控制、鼓风机转速控制、气流方式控制、进气模式控制、压缩机控制等项目。下面将分别介绍其工作原理。

1)温度控制

温度控制的目的是为了使车内空气温度达到车内人员设定温度的要求,并保持稳定。如图 6-48 所示,微机控制自动空调系统的温度控制系统,其基本组成包括车内温度传感器、车外温度传感器、阳光辐射传感器、蒸发器温度传感器、水温传感器、设定温度电阻器、自动空调控制 ECU 和空气混合伺服电动机等。

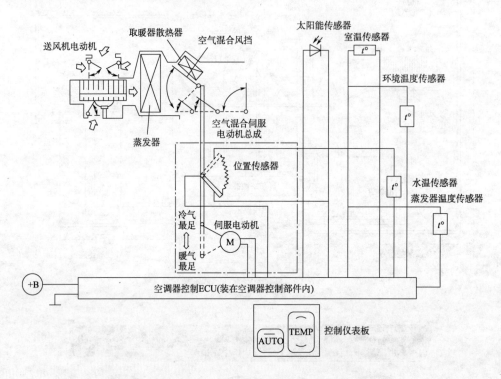

图 6-48 微机控制自动空调的温度控制系统

ECU 根据设定温度和车内温度传感器、车外温度传感器和阳光辐射传感器等信号,自动调节混合门的位置。一般来说,车内温度越高、车外温度越高、阳光越强,混合门就越接近"全冷"位置,ECU 根据车内温度和车外温度控制空气混合门的位置。

温度控制系统的工作过程是:

(1)ECU 根据传感器(即车内温度传感器、车外温度传感器、阳光辐射传感器和设定温度)信号按下列公式计算出鼓风机的空气温度 T_{AO} 值:

$$T_{AO} = A \cdot T_{SET} - B \cdot T_R - C \cdot T_{AN} - D \cdot T_S + E \tag{6-1}$$

式中: T_{SET}——设定温度;

T_R——车内温度;

T_{AN}——车外温度;

T_S——太阳辐射强度;

A、B、C、D、E——常数。

特殊的是,当温度控制开关或控制杆置于 MAX COOL(最大冷风)或 MAX WARM(最大暖风)位置时,ECU 采用某一固定值,不按上述公式计算。

(2) ECU 再将计算所得的 T_{AO} 值与蒸发器温度信号 T_E 进行比较,通过空气混合风门伺服电动机控制空气混合风门位置。

图 6-49 为空气混合风门伺服电动机的工作过程,主要目的是控制鼓风机空气温度。

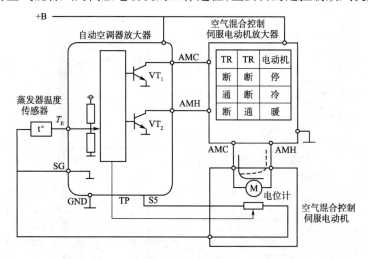

图 6-49 空气混合风门伺服电动机的控制电路

① 当 T_{AO} 和 T_E 近似相等时,ECU 控制使 VT_1 和 VT_2 截止,伺服电动机断电停止,空气混合风门保持在当时的位置。

② 当 T_{AO} 小于 T_E 时,ECU 控制使 VT_1 导通、VT_2 截止,伺服电动机转至 COOL 侧,带动空气混合风门移至 COOL 侧,降低鼓风机空气温度。同时空气混合风门伺服电动机内的电位计检测空气混合风门实际移动速度和位置,当空气混合风门实际位置达到 ECU 计算出的理论位置时,ECU 使 VT_1 截止,伺服电动机停转。

③ 当 T_{AO} 大于 T_E 时,ECU 控制使 VT_1 截止、VT_2 导通,伺服电动机转至 WARM 侧,带动空气混合风门移至 WARM 侧,提高鼓风机空气温度。同时空气混合风门伺服电动机内的电位计检测空气混合风门实际移动速度和位置,当空气混合风门实际位置达到 ECU 计算出的理论位置时,ECU 使 VT_2 截止,伺服电动机停转。

2) 鼓风机转速控制

鼓风机转速控制的目的是为了调节降温或升温速度,稳定车内温度。如图 6-50 所示,鼓风机转速控制系统主要由水温传感器、蒸发器传感器、鼓风机电阻器、功率晶体管、ECU、鼓风机电动机和控制面板等组成。其中功率晶体管的作用是根据 ECU 的 BLW 端子输出的鼓风机驱动信号,改变流至鼓风机电动机的电流,从而改变鼓风机的转速。

(1) 自动控制。

当控制面板上 AUTO(自动) 开关接通时,ECU 根据 T_{AO} 值自动控制鼓风机转速,如图 6-51 所示,随冷却液温度的升高,鼓风机工作电压逐渐增大,转速增大,风力增强。

① 低速运转。

鼓风机低速运转时,ECU 使 VT_1 导通,暖风装置继电器通电闭合,电流方向:蓄电池→暖气装置继电器→鼓风机电动机→鼓风机电阻器→搭铁,鼓风机低速运转。同时控制面板 AUTO(自动)指示灯和 Lo(低速)指示灯均亮。

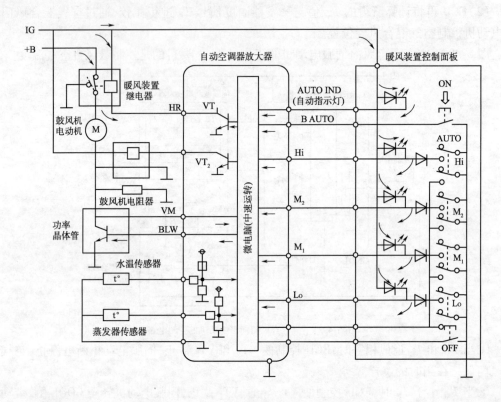

图 6-50　鼓风机转速控制系统的控制电路

② 中速运转。

鼓风机中速运转时，ECU 使 VT_1 导通，使暖风装置继电器通电闭合，ECU 根据计算出的 T_{AO} 值，从 BLW 端子输出信号至功率晶体管，电流方向：蓄电池→暖气装置继电器→鼓风机电动机→鼓风机电阻器和功率晶体管→搭铁，鼓风机中速运转。同时 ECU 从与功率晶体管相连的 VM 端子接收反馈信号，检测鼓风机实际转速，依此修正鼓风机驱动信号。此时控制面板 AUTO（自动）指示灯亮，Lo（低）、M_1（中1）、M_2（中2）、Hi（高）指示灯根据鼓风机转速高低点亮。

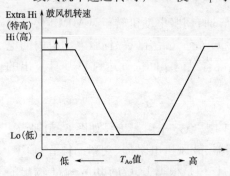

图 6-51　鼓风机自动控制

③ 特高速运转。

鼓风机特高速度运转时，ECU 使 VT_1、VT_2 导通，使暖风装置继电器和鼓风机继电器闭合。电流方向：蓄电池→暖风装置继电器→鼓风机电动机→鼓风机风扇继电器→搭铁，鼓风机特高速度运转，同时控制面板 AUTO（自动）和 Hi（高速）指示灯亮。

（2）预热控制。

冬天，车辆长时间停放后，若马上打开鼓风机，此时吹出的是冷空气而不是想要的暖风，因此，鼓风机要在水温升高时，才能逐步转向正常工作。鼓风机预热控制的控制规律如图 6-52 所示。

鼓风机预热控制时,控制面板 AUTO(自动)开关接通,且气流方式设为 FOOT 或 BI－LEVEL,ECU 通过水温传感器检测发动机冷却液的温度,当其不低于30℃时,控制鼓风机电动机开始运转,有些车型不低于40℃时,鼓风机电动机才开始运转。

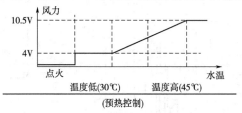

图 6-52　鼓风机预热控制的控制规律

(3)时滞控制。

该控制功能仅用于降温,以防止在炎热阳光下久停的汽车起动空调器后,放出热空气。当发动机起动时,压缩机已工作,控制面板 AUTO(自动)开关接通,且气流方式设为 FACE 或 BI－LEVEL,ECU 对鼓风机的时滞控制如下:

①当蒸发器传感器检测到冷风装置温度高于30℃时,在压缩机接通时,ECU 控制鼓风机电动机保持运转 4s,使冷风装置内的空气冷却降温。在这以后的 5s,ECU 使鼓风机低速运转,使冷风装置已冷却的空气送至乘客舱,如图 6-53 所示。

②当蒸发器传感器检测到蒸发器温度低于30℃时,ECU 控制鼓风机低速运转 5s,如图 6-54 所示。

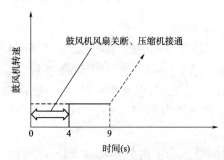
图 6-53　时滞控制(蒸发器温度高于30℃)

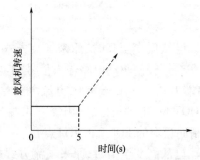
图 6-54　时滞控制(蒸发器温度低于30℃)

(4)鼓风机起动控制。

鼓风机在起动时,工作电流会比稳定工作时大很多,为了防止烧坏鼓风机控制模组,不论鼓风机目标转速多少,在鼓风机起动时均应为低速运转,然后才逐步升高,直至目标转速。当鼓风机起动,ECU 控制暖风装置继电器闭合时,电流流过鼓风电动机和电阻器,电动机低速运转 2s 后,ECU 通过 BLW 端子向功率晶体管输出驱动信号,从而防止功率晶体管被起动电流损坏。

(5)手动控制。

ECU 根据控制面板手动开关的操纵信号,将鼓风机驱动信号送至功率晶体管,相应地控制鼓风机的转速。

3)气流方式控制

气流方式控制的目的是调节送风方向,提高舒适性。气流方式控制系统主要由传感器、

ECU、气流方式控制伺服电动机和控制面板等组成。ECU 根据 T_{AO} 值控制气流方式，控制电路见图6-55。

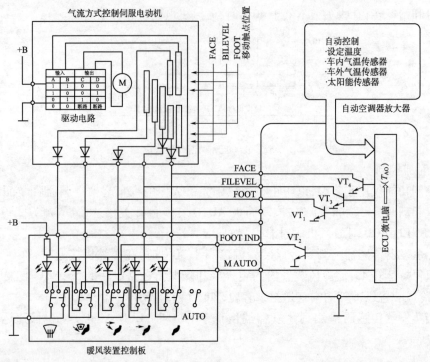

图6-55 气流方式控制电路

当 T_{AO} 已从低变至高时，原来气流方式控制伺服电动机内的移动触点位于 FACE 位置。ECU 使 VT_1 导通，使驱动电路输入信号端 B 端通过 VT_1 搭铁为 0，A 端断路为 1。此时驱动电路输出端 D 端为 1，C 端为 0，电流由 D 端输出，C 端流回，电动机旋转，内部触点由 FACE 位移到 FOOT 位，电动机停转，出气方式由 FACE 方式转为 FOOT 方式。同时 ECU 使 VT_2 导通，使控制面板上的 FOOT 指示灯点亮。

当 T_{AO} 已从高变至中时，原来气流方式控制伺服电动机内的移动触点位于 FOOT 位置。ECU 使 VT_3 导通，使驱动电路输入信号端 A 端通过 VT_3 搭铁为 0，B 端断路为 1。此时驱动电路输出端 C 端为 1，D 端为 0，电流由 C 端输出，D 端流回，电动机旋转，内部触点由 FOOT 位移到 BILEVEL 位，电动机停转，出气方式由 FOOT 方式转为 BILEVEL 方式。同时 ECU 控制控制面板上的 BILEVEL 指示灯点亮。

当 T_{AO} 已从中变至低时，原来气流方式控制伺服电动机内的移动触点位于 BILEVEL 位置。ECU 接通 VT_4，使驱动电路输入信号端 A 端通过 VT_4 搭铁为 0，B 端断路为 1。此时驱动电路输出端 C 端为 1，D 端为 0，电流由 C 端输出，D 端流回，电动机旋转，内部触点由 BI-LEVEL 位移到 FACE 位，电动机停转，出气方式由 BILEVEL 方式转为 FACE 方式。同时 ECU 控制控制面板上的 FACE 指示灯点亮。

4）进气模式控制

进气模式控制的目的是调节进入车内的新鲜空气量，使车内空气温度和质量达到最佳。ECU 根据 T_{AO} 值确定进气模式选择 RECIRC（车内循环）位移至 FRESH（车外新鲜空气),控制电路如图 6-56 所示。当 ECU 根据 T_{AO} 值接通 FRS 晶体管时,触点 B 搭铁,电流方向为:蓄电池→点火开关→端子①→电动机→触点 B→端子③→FRS 晶体管→搭铁,电动机旋转,带动风门由 RECIRC(车内循环)位移至 FRESH(车外新鲜空气)位。

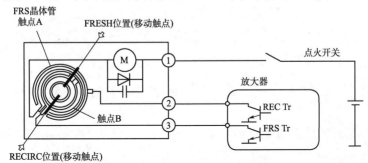

图 6-56　进气模式控制电路

该控制系统还有一种新鲜空气强制进气控制功能,当手动按下 DEF 开关时,将进气方式强制转变为 FRESH 方式,以清除风窗玻璃上的雾气。除此之外,进气模式控制还可改变新鲜空气与循环空气的混合比例。

5)压缩机控制

(1)基本控制。ECU 根据车内温度、车外温度、蒸发器温度和设定温度等参数,自动控制压缩机的通断,调节蒸发器表面温度,并防止蒸发器表面结冰。

(2)低温保护。当车外环境温度低于某值(如 3℃ 或 8℃)时,压缩机停止工作,防止压缩机的损耗。

(3)高速控制。当发动机转速超过某转速时,压缩机停止工作,防止因压缩机转速过高而造成损坏。

(4)加速切断。当发动机处于急加速工况时,为了保证发动机足够的动力,压缩机暂时停止工作。

(5)高温控制。当发动机水温超过某值(如 109℃)时,压缩机停止工作,防止发动机水温进一步上升。

(6)打滑保护。当压缩机卡死导致皮带打滑时,压缩机停止工作,防止皮带负荷过大而断裂,进而影响水泵、发电机等的工作。

(7)低速控制。当发动机转速低于某转速(如 600r/min)时,压缩机停止工作,防止发动机失速。

(8)低压保护。当制冷系统压力低于某定值时,压缩机停止工作,防止压缩机在系统制冷剂不足条件下工作,造成压缩机损坏。

(9)高压保护。当系统压力超过某值时,压缩机停止工作,防止空调系统瘫痪。

(10)可变排量压缩机的控制。可变排量压缩机有全容量(100%)运转、半容量(50%)运转和压缩机停止 3 种工作模式。ECU 根据空调系统冷气负荷的大小,控制压缩机的排量变化,以减少能量的浪费。可变排量压缩机的控制系统主要有两种类型:一种是根据冷却液温度进行控制;另一种是根据蒸发器表面温度进行控制。

根据冷却液温度进行控制的方法是:当发动机冷却液温度过高时,ECU 根据冷却液温度传感器信号,控制压缩机按半容量模式运转,防止发动机过热;反之,当发动机冷却液低于某一值时,ECU控制压缩机按全容量模式运转,满足制冷需要。

根据蒸发器表面温度进行控制的方法是:当蒸发器温度大于某一值(40℃)时,ECU控制压缩机按全容量模式运转,降低蒸发器温度;当蒸发器表面温度低于某一值(40℃)时,ECU控制压缩机按半容量模式运转,以降低能耗;当蒸发器温度低于3℃时,ECU控制压缩机停止运转,防止损坏压缩机。

三、微机控制自动空调系统主要部件结构与原理

1. 微机控制的自动空调常用传感器

1) 车内温度传感器

车内温度传感器一般安装在仪表板后面,安装位置如图6-57所示,其作用是检测车内空气温度,ECU根据此信号控制出风口空气温度、鼓风机转速、气流方式、进气模式等。空调制冷时,车内温度越高,混合门越向"冷"的方向移动,出风口的温度就越低,鼓风机的转速就越高,以快速降温;进气门就处于内循环位置,以加快降温。

由于车内温度传感器安装位置较封闭,为了准确及时地测量车内平均温度,必须采用强制通风装置将车内空气强制导向车内温度传感器。按强制导向气流方式不同,车内温度传感器可分为吸气器型车内温度传感器和电动机型车内温度传感器,两种传感器的结构如图6-58和图6-59所示。

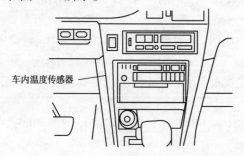

图6-57 车内温度传感器安装位置

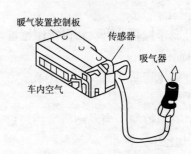

图6-58 吸气器型车内温度传感器

电动机型车内温度传感器的强制通风装置是由电动机带动一个小风扇,风扇旋转产生吸力,使车内空气流过传感器。电动机一般由空调电脑来控制,在空调系统工作或点火开关打开时,电动机就运转。

吸气器型车内温度传感器是用一根抽风管连接车内温度传感器与空调管道,连接处空调管道上有一喉管。鼓风机工作时,空气快速流过喉管,产生负压,将车内空气吸入,流过车内温度传感器,其工作原理如图6-60所示。

2) 车外温度传感器

车外温度传感器一般安装在前保险杠内或水箱之前,如图6-61所示。其作用是检测车外环境温度,ECU根据此信号控制出风口空气温度、鼓风机转速、气流方式、进气模式等。

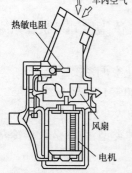

图6-59 电动机型车内温度传感器

空调制冷时,车外温度越高,混合门就向"冷"的方向移动,出风口温度降低,鼓风机的转速就越高,以加快降温;进气门就处于内循环位置,加快降温。

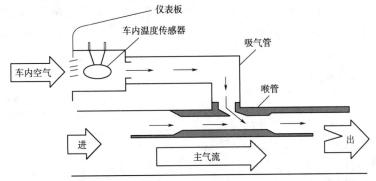

图6-60 吸气器型车内温度传感器工作原理

车外温度传感器极容易受到环境(水箱温度,前面车辆的排气等)影响,可用两种方法消除这种环境影响,一种是将车外温度传感器包在一个塑料树脂壳内,避免环境温度突然变化的影响,使其能准确地检测到车外的平均气温;另一种是在空调ECU内部设置防假输入电路,不同车型的防假输入电路是不同的。

车外温度传感器是一个负温度系数的热敏电阻,若传感器失效,则关闭制冷功能并采用一个固定的值10℃代替外界温度,控制电路如图6-62所示。

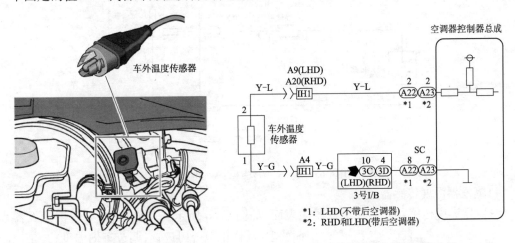

图6-61 车外温度传感器的安装位置　　图6-62 车外温度传感器的控制电路

3)阳光辐射传感器

阳光辐射传感器安装在仪表台上面,靠近前风窗玻璃的底部,如图6-63所示。其作用是检测日照的强度与方向,修正混合门的位置与鼓风机的转速。当阳光增强时,混合门移向"冷"侧,鼓风机转速提高;反之,当阳光减弱时,混合门移向"热"侧,鼓风机转速降低。

一般来说,双区自动空调的阳光辐射传感器壳体中含有两个光电二极管与一个光学元件。该光学元件分为两

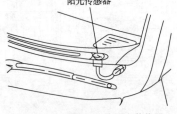

图6-63 阳光辐射传感器安装位置

个腔室,每个各含一个光电二极管,如图6-64所示。例如,如果阳光从左侧照射到传感器上,光学元件本身的特性会将射线集中到左侧光电二极管上。从而,这个光电二极管上产生的电流会明显地大于另一个光电二极管。若阳光从右侧照射,那么该侧的光电二极管就具有更高的电流。这样,空调控制单元就可以判定车内的哪一侧受太阳影响而升温。

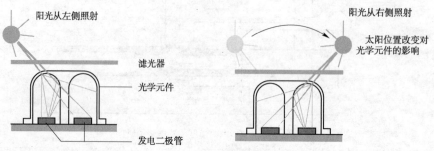

图6-64　阳光辐射传感器的工作原理

阳光辐射传感器的控制电路如图6-65所示,一般可以使用万用表或利用自诊断系统进行检测。如果一个光电二极管失效,则使用另一个二极管的值。若两个光电二极管都失效,则使用固定的替代值。

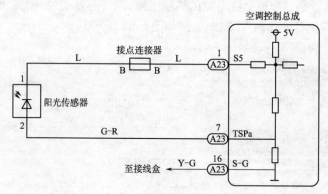

图6-65　阳光辐射传感器的控制电路

4)蒸发器温度传感器

蒸发器温度传感器安装在蒸发器的表面,如图6-66所示。其作用,一是检测蒸发器表面的温度,修正混合门位置,调节车内温度;二是控制压缩机,防止蒸发器表面结冰。有些车型有两个蒸发器温度传感器,一个用来修正混合门位置,一个用来防止蒸发器表面结冰。

蒸发器温度传感器是一个负温度系数的热敏电阻,控制电路如图6-67所示。若没有该传感器的信号,控制单元就无法知道蒸发器后的空气温度有多高,这样空调压缩机的自适应控制就无法进行。在此情况下,压缩机的功率输出将会降低到不允许蒸发器结冰的温度,或电磁离合器断开,空调制冷不再工作。

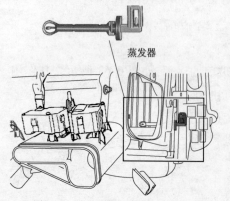

图6-66　蒸发器温度传感器安装位置

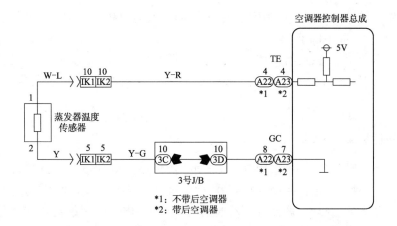

图6-67 蒸发器温度传感器的控制电路

5)水温传感器

水温传感器安装在暖风装置里面,如图6-68所示。其作用是检测暖风装置加热芯的温度,修正混合门位置,控制压缩机和鼓风机。有些车型采用发动机冷却液温度传感器代替。

水温传感器的控制电路如图6-69所示。

6)空调压缩机转速传感器

空调压缩机转速传感器安装在压缩机壳体上,如图6-70所示。其作用是检测压缩机的转速送到空调电脑或空调控制器,再与发动机转速进行比较,判断压缩机皮带是否打滑或断裂。当压缩机皮带打滑或断裂时,空调电脑或空调控制器控制压缩机停转,防止损坏压缩机。

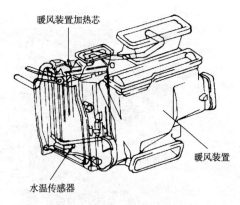

图6-68 水温传感器安装位置

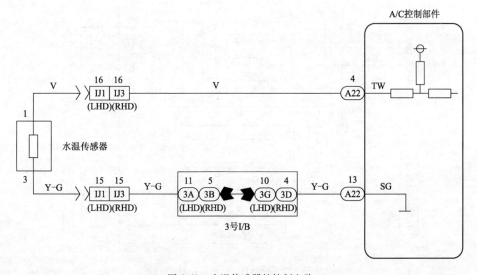

图6-69 水温传感器的控制电路

空调压缩机转速传感器一般为磁电式,其电阻一般为100~1000Ω,压缩机运转时,其输出交流信号电压,一般不低于5V。

除以上几种传感器外,还有一些输入信号,包括发动机冷却液温度、发动机转速、车速以及空调系统压力等,是先送到发动机控制模块(PCM),再由PCM模块经数据线传送到空调电脑。

❷ 电子控制单元 ECU

控制器分为两种类型:一种采用 IC(集成电路)控制的自动空调器,称为放大器控制型自动空调器;另一种采用微机控制的空调器,称为微机控制型自动空调器。这些控制器也经常被称为系统放大器、自动空调器放大器或空调器 ECU(电子控制单元)。空调控制单元一般安装在组合仪表后靠近驾驶员侧脚部空间或空调面板后方,有些空调器 ECU 还与空调控制面板集成在一起,其外形如图 6-71 所示。

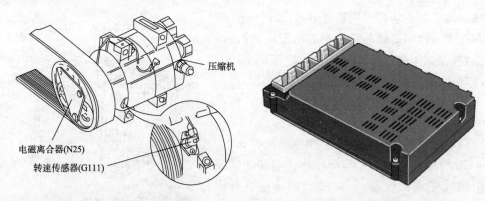

图 6-70　空调压缩机转速传感器　　　　图 6-71　空调控制单元外形

图 6-72 所示的是微机控制型自动空调器控制器的基本组成,其控制原理如下。

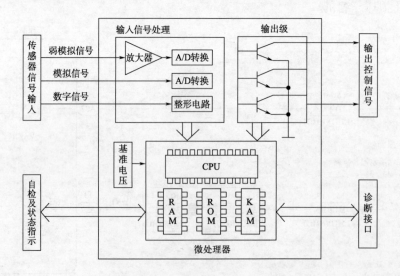

图 6-72　微机控制自动空调器控制器组成

传感器包括光传感器、温度传感器、转速传感器、压力传感器等,向微处理器提供信号的输入;驾驶员的一些操作,如空调的启动、温度及送风运行方式的选择等,也经过操作控制面板轻触开关传送给微处理器。输入的信号中有状态指示的开关量数字信号,也有连续变化的用于调节、控制的模拟信号。对于模拟信号则通常由微处理器内部进行模数(A/D)转换后采用。

自检及状态指示,是系统工作的初始化过程,当系统正常时,一般由仪表板或信息中心的状态显示屏或者指示灯来告诉驾驶员可以操作。

输出控制信号实际有两种:对于需要较大电流的元件,如电磁阀、风机等,由输出信号去驱使驱动单元(模块)间接控制;对于小电动机、继电器、阀门的启闭等,则由微处理器直接输出驱动。

诊断接口是为空调系统出现故障时检修之用,通常还与整车微机系统经 CCD 总线互连使传感器信号和空调系统工作状态信号与全车微机共享,防止重复设置传感器和数据冲突。

空调控制单元模块与普通单片机结构基本相同,但根据汽车空调使用的特点,除了装有 ROM、RAM 外,还设置了可保持存储器 KAM,其工作原理与 EPROM 相似。例如:微处理器能从 KAM 读取信息,也能把信息写入 KAM 中,或者擦除 KAM 中的信息。然而,当点火开关断开时,KAM 仍能保持信息,但当微机与蓄电池电源断开时,KAM 存储器中的信息有可能被擦除。这种 KAM 存储器在微处理器中,具有利用自适应控制可使其适应输入或输出的微小缺陷的能力,具有积累经验并自学习的能力。例如:温度传感器向它输入的电压在 0.45～0.6V 变化,如果一个用旧了的温度传感器给它送入了一个 0.3V 的信号,微处理器就把这个信号解释为器件损坏症候,并把变更了的标定存储在 KAM 中。于是,微处理器在计算过程中就开始参照这个新的标定。这样,空调系统就能保持正常的性能。假如传感器的输出信号不稳定,或者超出正常范围,微机就不接受这种信号。当然,系统的自适应能力需要在下列情况出现时,有一小段学习时间,即断开蓄电池引线之后,更换或者断开空调系统的某个元件之后,装在新车上时,一般有 5min 左右的学习时间。

控制器的工作,通常按以下 4 步进行:

(1)输入:传送来自输入装置的电压信号。输入装置可以是传感器或是由驾驶员操纵的开关。

(2)处理:微处理器采集输入信息并将它与程序指令比较。逻辑电路把输入信号处理成输出指令。

(3)存储:程序指令存储在电子存储器中。某些动态信号也存储在其中以便于再处理。

(4)输出:微处理器处理完传感器输入信号,并核查其程序指令后,向各个输出装置发出控制指令,这其中也包括仪表板显示和向总线提供的共享数据。

3 微机控制的自动空调执行器

汽车空调自动控制系统的执行器,主要是对鼓风机电动机、压缩机、风门伺服电动机等动作部件的控制,大众汽车的空调系统的执行元件安装位置如图 6-73 所示。鼓风机电动机与压缩机的控制已在前面介绍过,因而仅对各风门伺服电动机的控制作一介绍。

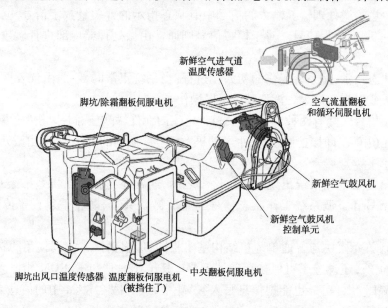

图 6-73　大众汽车执行器的安装位置

1) 混合门伺服电动机

混合门安装在进气风道中,如图 6-74 所示为上海别克汽车的风道平面图。混合门的开度决定了进入车内的冷气和热气的比例,从而决定送风温度,调节车内空气温度。混合门的位置差一点,车内空气温度就相差很多。

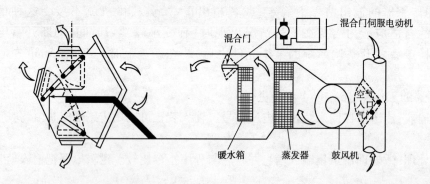

图 6-74　上海别克汽车的风道平面图

混合门按驱动方式不同可分 4 种:直流电动机驱动型、步进电动机驱动型、内含微芯片的伺服电动机驱动型和真空伺服电动机驱动型。

(1) 直流电动机驱动型。

本型号主要用在早期的福特、丰田、三菱、日产等车型上,其控制电路如图 6-75 所示。其中混合门位置传感器位于直流电动机内部。ECU 控制电动机动作,电动机带动混合门移动,同时也带动位置传感器的触点移动。传感器将混合门位置信号反馈给 ECU,ECU 确定混合门位置,调整电动机的运转。

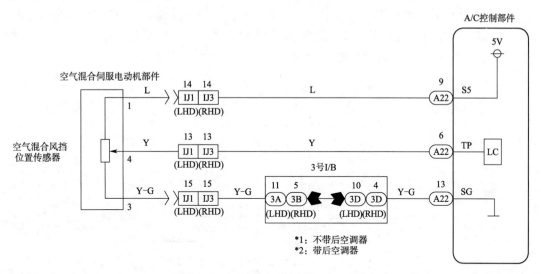

图6-75 直流电动机驱动型混合门的控制电路

(2)步进电动机驱动型。

本型号主要用在宝马、凌志等车型上,其控制电路见图6-76。由于步进电动机具有自定位的功能,因此无混合门位置传感器。

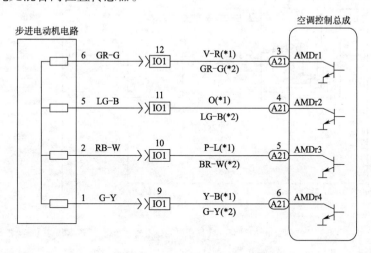

图6-76 步进电动机驱动型混合门的控制电路

(3)内含微芯片的伺服电动机驱动型。

内含微芯片的伺服电动机与空调电脑连接方式有两种:

①伺服电动机通过数据线与空调电脑相连,其控制电路如图6-77所示。本型号普遍用在新款车型上,如风度、新款奔驰等。

②伺服电动机不通过数据线与空调电脑通信,其控制电路如图6-78所示。本型号主要用在通用车型上。

2）气流方式模式门伺服电动机

气流方式模式门的作用是调节出风口出风方式。气流方式模式门有吹脸、双层、吹脚3种，可以组成吹脸、双层、吹脚、吹脚/除雾、除雾5种出风类型。在手动挡时可控制实现5种出风类型，在自动挡时电脑控制模式门实现吹脸、双层、吹脚3种类型。

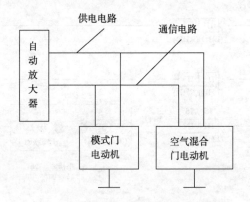

图6-77 内含微芯片的伺服电动机驱动型
（伺服电动机通过数据线与空调电脑相连）控制电路

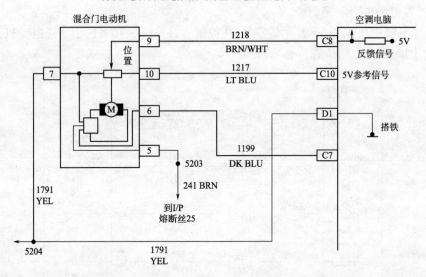

图6-78 内含微芯片的伺服电动机驱动型（伺服电动机不通过数据线与空调电脑相连）控制电路

按控制方式不同，模式门伺服电动机可分为以下5种类型。

(1) 内置模式门位置传感器的直流电动机驱动型。

本型号应用于JEEP、三菱等车型，控制电路如图6-79所示。

(2) 内置位置开关的直流电动机驱动型。

本型号应用于本田、马自达以及日产等车型，控制电路如图6-80所示。

(3) 内含微芯片的伺服电动机驱动型。

目前新款车型上普遍采用这种型号，如风度、新款奔驰等，如图6-84所示，伺服电动机通过数据线与空调电脑通信。

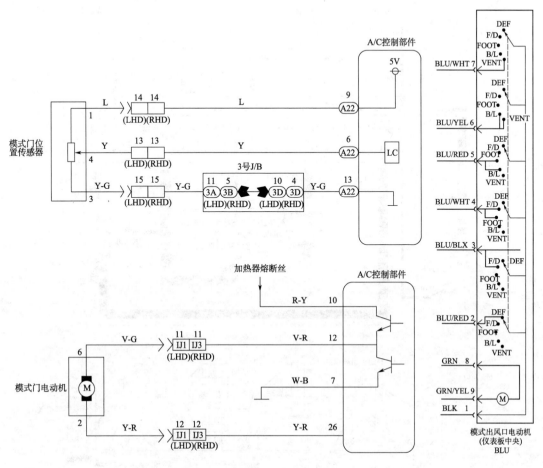

图6-79 内置模式门位置传感器的直流电动机驱动型控制电路

图6-80 内置位置开关的直流电动机驱动型控制电路

(4) 真空伺服电动机驱动型。

本型号结构简单,控制系统如图6-81所示。

(5) 丰田专用的模式门伺服电动机。

丰田专用的模式门伺服电动机的结构示意图见图6-82,伺服电动机外观如图6-83所示。

3) 进气门伺服电动机

进气门的作用是调节新鲜空气循环量,其控制电路如图6-84所示。伺服电动机2脚为电源线,当4脚搭铁时,进气门应运行到新鲜空气位置;当3脚搭铁时,进气门应运行到内循环位置。

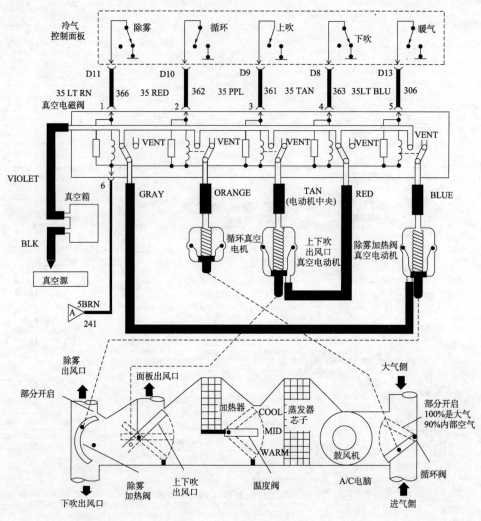

图 6-81 真空伺服电动机驱动型

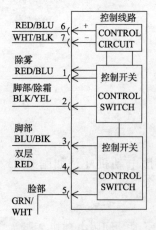

图 6-82 丰田专用的模式门伺服电动机的结构示意图

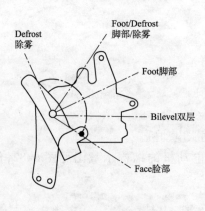

图 6-83 丰田专用的模式门伺服电动机外观

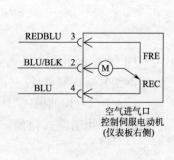

图 6-84 进气门的控制电路

第六章 汽车空调的控制系统

四、典型轿车自动空调电路实例

1 凌志 LS400 空调电路

凌志 LS400 空调是微机控制全自动空调,它的控制功能完备,性能优良,操作使用方便,空气调节效果好;整个系统自成体系,并且具有自诊断功能,其电路原理见图6-85。

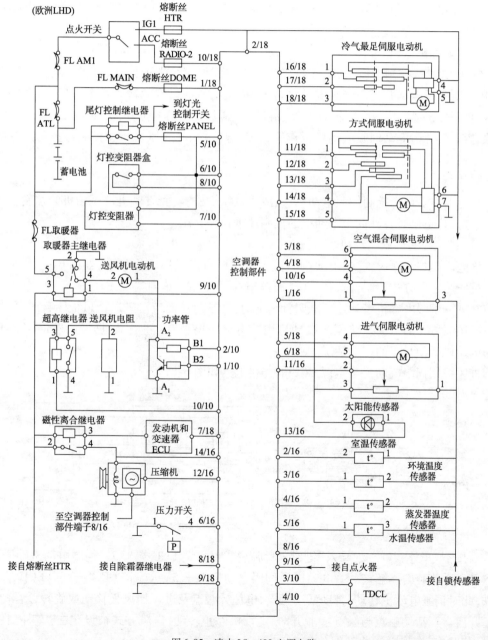

图 6-85　凌志 LS-400 空调电路

111

该电路由传感器、控制器(ECU)和执行器组成,其结构与工作原理如下。

1)传感器

传感器主要包括车内温度传感器、车外环境温度传感器、蒸发器温度传感器、阳光传感器、水温传感器与压缩机锁止传感器等,其中车内温度传感器、车外环境温度传感器、蒸发器温度传感器、水温传感器是具有负温度系数的热敏电阻,当车内温度发生变化时,热敏电阻的阻值改变,从而向空调 ECU 输送车内温度信号;阳光传感器是光敏二极管,利用光电效应将阳光辐射程度转变成电信号,并输送给空调 ECU;压缩机锁止传感器是一种磁电式传感器,安装在空调装置的压缩机内,检测压缩机转速。压缩机每转一圈,该传感器线圈产生4个脉冲信号输送给空调 ECU。

2)空调控制器(ECU)

空调 ECU 与控制面板制成一体,它对输入的各种信号进行计算、分析、比较后,发出指令,接通所需的电路并指令伺服电动机转动,按照功能选择键的输入指令,打开所需的出风口风门、调节出风温度;按照输入的预设温度,控制温度风门的位置;按照输入气源门的空气来源,指令气源门电动伺服电动机工作等,实现温度控制、鼓风机转速控制、进风方式控制、气流方式控制、压缩机控制。

3)执行器

执行器主要包括控制伺服电动机、鼓风机及压缩机等,而鼓风机及压缩机的控制已在前面介绍过,这里仅对各种伺服电动机的控制原理作一介绍。

(1)进风控制伺服电动机。

该电动机控制送风方式,电动机的转子经连杆与进风挡风板相连,如图 6-86 所示。当驾驶员使用送风方式控制键选择"车外新鲜空气导入"或"车内空气循环"模式时,空调 ECU 即控制进风伺服电动机带动连杆顺时针或逆时针旋转,从而带动进风挡风板闭合或开启,达到改变送风方式的目的。该伺服电动机内装有一个电位计,随电动机转动,并向空调 ECU 反馈电动机活动触点的位置情况。

进风控制伺服电动机与空调 ECU 的连接电路如图 6-87 所示。

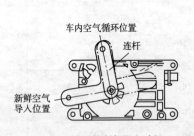

图 6-86 进风控制伺服电动机

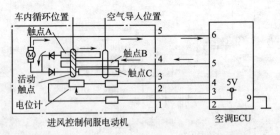

图 6-87 进风控制伺服电动机与空调 ECU 的连接

当按下"车外新鲜空气导入"键时,电流路径为:空调 ECU 端子 5 - 伺服电动机端子 4→触点 B→活动触点→触点 A→电动机→伺服电动机端子 5→空调 ECU 端子 6→ECU 端子 9 搭铁,此时伺服电动机转动,带动活动触点、电位计触点及进风挡风板移动或旋转,新鲜空气通道开启。当活动触点与触点 A 脱开时,电动机停止转动,送风方式被设定在"车外新鲜空气导入"状态,车外空气被吸入车内。

当按下"车内空气循环"键时,电流路径为:空调 ECU 端子 6→伺服电动机端子 5→电动机→触点 C→活动触点→触点 B→伺服电动机端子 4→ECU 端子 5→ECU 端子 9 搭铁。于是电动机带动活动触点、电位计触点及进风挡风板向反方向移动或旋转,关闭新鲜空气入口,同时打开车内空气循环通道,使车内空气循环流动。

当按下"自动控制"键时,空调 ECU 首先计算出所需要的出风温度,并根据计算结果自动改变进风控制伺服电动机的转动方向,从而实现逆风方式的自动调节。

(2)空气混合伺服电动机。

空气混合伺服电动机连杆转动位置及电动机内部电路如图 6-88 所示。

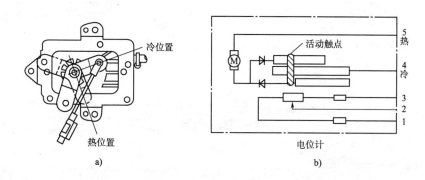

图 6-88　空气混合伺服电动机连杆转动位置及电动机内部电路
a)连杆转动位置;b)电动机内部电路

当进行温度控制时,空调 ECU 首先根据驾驶员设置的温度及各传感器输送的信号,计算出所需要的出风温度,并控制空气混合伺服电动机连杆顺时针或逆时针转动,改变空气混合挡风板的开启角度,从而改变冷、暖空气的混合比例,调节出风温度与计算值相符。电动机内电位计的作用是向空调 ECU 输送空气混合挡风板的位置信号。

(3)气流方式伺服电动机。

该电动机连杆(挡风板)的位置及电动机内部电路如图 6-89 所示。

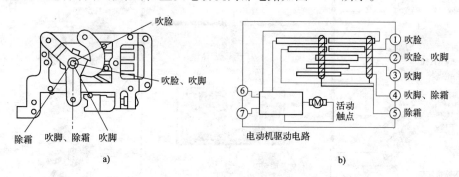

图 6-89　气流方式伺服电动机连杆位置及电动机内部电路
a)连杆转动位置;b)电动机内部电路

当按下操纵面板上某个送风方式键时,空调 ECU 即使电动机上的相应端子搭铁,而电动机内的驱动电路据此使电动机连杆转动,将送风控制挡风板转到相应的位置上,打开某个送风通道。

当按下"自动控制"键时,空调 ECU 根据计算结果(送风温度),在吹脸、吹脸脚和吹脚 3 者之间自动改变送风方式。

(4)最冷控制伺服电动机。

最冷控制伺服电动机的挡风板位置及内部电路如图 6-90 所示。从图 6-90a)可见,该电动机的挡风板具有全开、半开和全闭 3 个位置。当空调 ECU 使某个位置的端子搭铁时,电动机驱动电路使电动机旋转,带动最冷控制面板位于相应位置上。

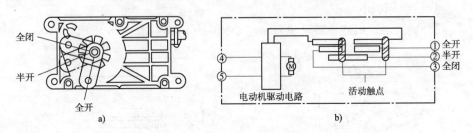

图 6-90　最冷控制伺服电动机的挡风板位置及内部电路
a)结构;b)原理

② 奥迪 A6 空调电路

奥迪 A6 空调系统组成元件如图 6-91 所示,其控制电路原理如图 6-92 所示。

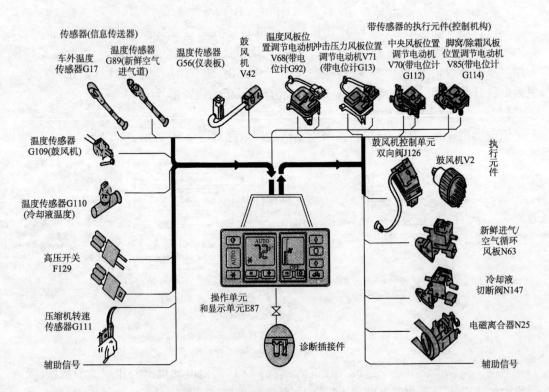

图 6-91　奥迪 A6 轿车空调系统组成元件图

第六章 汽车空调的控制系统

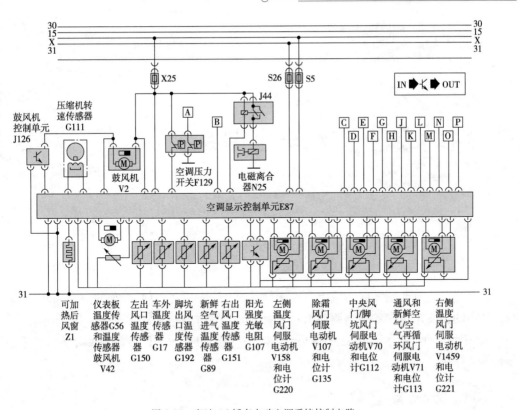

图 6-92　奥迪 A6 轿车自动空调系统控制电路

第七章　独立式汽车空调系统

第一节　客车空调概述

随着我国旅游业的发展和城市公交运输的高档化,对大、中型客车的空调需求猛增,有些大城市的公交车也配备了空调系统。

大、中型客车的空调布置比小轿车较为复杂,种类也比较多。从结构上分为独立式空调与分体式空调。

一、独立式空调

独立式空调系统也称整体式空调系统,其制冷系统所需的动力由副发动机供给,副发动机、空调器和取暖设备都装在一个机架上。整体式空调用风管将冷风送到车内,每个座位上方都有一个可以旋转的风口,由乘客自由控制,让冷风均匀地吹到乘客的头部附近,见图7-1。左右两个玻璃框,巧妙地做成了左右两条冷气输送管,冷气管则埋在车顶的夹层内。同样,若是独立式的暖风源,则用暖风管送到座位的底部,向腿部附近吹暖风,形成一个头冷脚暖的环境。目前的豪华客车都用微机控制空调系统,上部的冷风经过冷暖风的调和,比预先设定的温度低 $1\sim1.5$℃,从上面送到车内,而脚下的温度比预设高 $1\sim1.5$℃。

按照独立式空调系统的布置形式,分为裙置式空调和后置式空调。

裙置式空调系统便于副发动机和轴承散热,通风管道短,容易布置,且空调的安装也比较方便,但是由于裙置式的空调横置于车轴线,所以冷凝器的冷却效果不太理想,而且灰尘、泥水容易污染冷凝器,为此,经常从车侧面开一处引风口,由于此处是负压区,必须由强力抽气风扇进行强制冷却,需要消耗更多的能量,空调器的外来风必须用长管从车顶引入,又增加了装置尺寸。

后置式空调系统由于安装在车辆的后部,安装和维修方便,但不能很好地解决空调系统的散热问题,反而会带来大量的尘土,影响正常工作,风管道比较长,阻力损失大,需要配置大功率的风扇,噪声也较大。因此常将冷凝器和副发动机的散热器分设在车的两侧,与车体之间增设封闭的导流室,引进空气,加强冷凝器和散热器的散热效果,发动机所需空气从车顶引入,经过冷凝器的两侧,风扇冷却后降低吸气温度,提高发动机的动力性。为了空调新风的干净,空调新风口也从车顶引入新鲜空气,而冷风从中间冷风道向两边送风,四根竖风管利用了后窗立柱,不影响客车的整体造型。

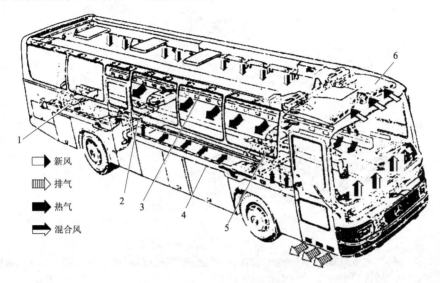

图 7-1 大客车空调系统布置
1-汽车发动机;2-独立制冷装置;3-冷气管;4-暖气管;5-独立取暖装置;6-进风过滤器

二 分体式空调

分体式空调就是将压缩机、冷凝器、蒸发器单独布置或者蒸发器和冷凝器组合,压缩机和冷凝器组合。分体空调布置较为灵活,可按客车的不同情况具体处理。

分体空调主要按蒸发器安装位置来分类,可以归为以下 4 种。

① 蒸发器 + 冷凝器机组顶置式

这种分体空调将蒸发器和冷凝器机组安装在车顶,见图 7-2,它具有不占汽车有效空间,冷凝效果好,空调气流分配均匀,新鲜空气依靠风压进气等优点。还能适应不同的驱动形式,其制冷剂的循环管道和热水管都可以以窗框为依托,整体布局简洁明了,不影响汽车动力性能及燃油消耗。

蒸发器和冷凝器的组合空调结构见图 7-3,它的外壳是用耐腐蚀、高强度、质量轻的玻璃纤维塑料制成,隔热性能较好。

顶置分体式空调为我国大多数的客车所使用,岳阳制冷设备总厂最早从德国的 KONVEKTA 公司引进生产技术,其制冷量规格从 9.3~29kW,用于大、中型客车。若是加长的公交汽车,可以在后车顶上再加装一个空调器,见图 7-4。

② 蒸发器顶置分散式

这种形式的蒸发器分布在车顶上合适的位置,为了便于安装冷气管道和较少阻力,蒸发器一般安装在车顶两边,见图 7-5。两个长形的蒸发器配置几个轴流风扇,形成强大的制冷能力,对车内的温度进行降温。取暖系统一般都用管道从下面送出。

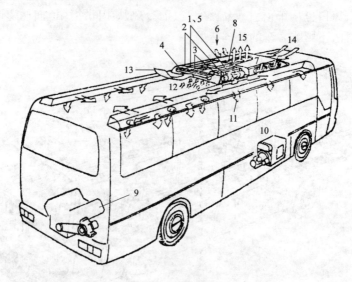

图 7-2 蒸发器 + 冷凝器顶置分体式空调

1-蒸发器；2-加热器芯；3-进气滤清器；4-新鲜空气进口；5-风机；6-电气系统；7-冷凝器；8-冷凝器风扇；9-压缩机(主发动机驱动)；10-独立空调压缩机；11-空调风；12-车内循环空气；13-车外空气；14-冷凝器进气；15-冷凝器出气

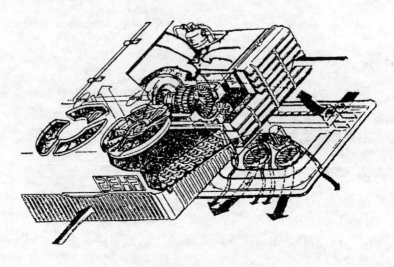

图 7-3 蒸发器和冷凝器组合空调结构

③ 车内顶置式

空调蒸发器布置在车内顶篷之上，上面是一层高凸起的车顶。这种类型常见于中巴和面包车上。空调器又可以分前置、中置和后置几种。前置和后置以集中式为主，一个蒸发器配几个离心风机做成一个空调器，见图 7-6。

④ 后置分散空调

蒸发器安装在车后面的分散空调，多见于大型旅游车和豪华客车上。后置分散空调有以下几种形式：

空调器布置在后车顶,冷凝器安装在后围中部或侧部,压缩机一般由主发动机驱动,也可以副发动机驱动。蒸发器两边各有一个离心式抽风机,新风从车顶吸入,冷气由管道输送。蒸发器装在车后中间,而冷凝器在车后顶部。蒸发器用两个风扇将空调风抽送到上面管道向下吹送到车内,车后中部两侧设有两个新鲜空气入口,车内循环风由车内侧进入蒸发器。而暖气是采用水暖式的,在空调器内和冷气调节好温度后,再送入车内。压缩机可以由副发动机或主发动机驱动。

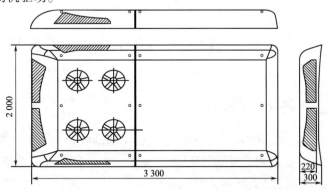

图7-4 顶置分体式空调(单位:mm)

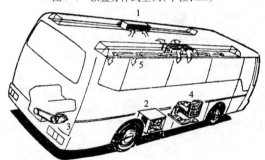

图7-5 蒸发器顶置分散式分体空调
1-蒸发器;2-冷凝器;3-主发动机;4-副发动机;5-空调风

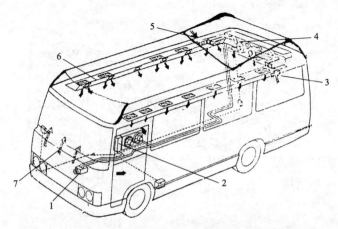

图7-6 蒸发器车内后顶置式分体空调
1-压缩机;2-冷凝器;3-车内循环空气;4-蒸发器;5-车外空气;6-冷气管;7-热空气

蒸发器+冷凝器整体后中置分体空调是蒸发器和冷凝器组装成整体后置车尾中部。蒸发器由两个风扇输送空调风到车内,两侧有新鲜空气进口,车内循环风由内侧进来。发动机的冷却水作为取暖热源,通过空调器内加热器和冷空气调和。而冷凝器则由一排小型轴流风扇强制冷却,冷却风从侧面进来,热风从车后吹出到大气。空调系统分散式结构紧凑,不占车厢空间,基本可以用主发动机的冷却水来取暖,空调实现冷暖一体化和电脑控制,整个空调系统装在车后,设备的噪声、振动对车内干扰较小。

第二节　独立式空调系统组成与工作原理

一、独立空调制冷系统

独立空调制冷系统,又称热旁通阀制冷系统,采用辅助发动机的动力来提供制冷系统所需的动力,如压缩机、冷凝器和蒸发器的风扇、水泵等。所以制冷量不受行车速度的影响,停车时制冷系统可以照样工作,而且可以得到合理的匹配。但是,由于采用了辅助发动机,使汽车的成本大大增加,质量增大,从而影响了整车的动力性,采用辅助发动机的汽车,燃油消耗增加25%~28%,整车的经济性下降。

主、辅发动机的燃油品质一般情况下是一样的,但是有的独立式空调装置还需增加一套燃油供应系统。

1. 总体结构

这种空调制冷装置把制冷系统和辅助发动机装在一机架上,成为完整的独立装置,安装在车架后面或中间。图7-7是日本三菱大型旅游客车BS-400的独立空调制冷系统,与所有的空调制冷系统一样,具有压缩机、冷凝器、储液器、干燥器、膨胀阀、恒温器、蒸发器等。空调装置的动力都由辅助发动机供给。辅助发动机直接驱动压缩机,通过皮带和传动轴驱动冷凝器和空调器的风扇及水泵等。

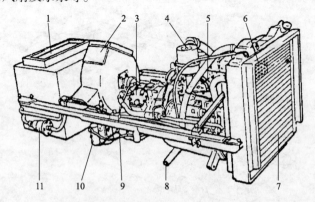

图7-7　整体独立式空调装置

1-吸气口;2-空调器总成;3-压缩机;4-空气滤清器;5-辅助发动机;6-冷凝器;7-水箱散热器;8-发动机排气管;9-储液器;10-燃油泵;11-干燥器

三菱 BS-400FC 独立空调机副发动机动力传输见图 7-8。

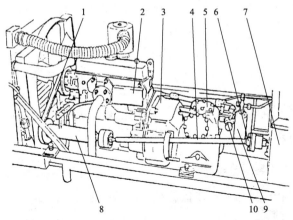

图 7-8　三菱 BS-400FC 空调机组的动力传输

1-冷凝器和水箱散热器风扇;2-辅助发动机;3-压缩机和辅助发动机飞轮连接装置;4-传动轴;5-压缩机;
6-联轴器;7-蒸发器风扇;8-传动轴;9-储液器;10-压力开关

三菱 BS-400 大型客车独立空调的发动机转速有 3 挡,低速:1500r/min,中速:1750r/min,高速:2000r/min。有些独立空调的发动机转速只有高低两挡,低挡转速为 1500r/min,高挡转速为 2000r/min。

2 独立空调制冷系统的工作原理

独立空调制冷系统的工作原理见图 7-9,制冷剂的循环和常规制冷系统相同,即压缩机→冷凝器→储液器→过冷器→干燥器→膨胀阀→蒸发器→压缩机。

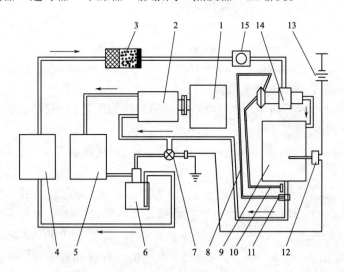

图 7-9　独立空调制冷系统的工作原理

1-副发动机;2-曲轴连杆式压缩机;3-干燥器;4-过冷器;5-冷凝器;6-储液器;7-电磁旁通阀;8-外平衡管;
9-蒸发器;10-毛细管温包;11-外平衡管接口;12-恒温器;13-蓄电池;14-外平衡膨胀阀;15-视液镜

压缩机通过联轴器与副发动机的飞轮相连,并由副发动机驱动。压缩机将制冷剂压缩成高压蒸气,在冷凝器冷却液化,液体在储液器储存,由于大客车空调的制冷量较大,制冷剂经过冷凝后,一般需再经过过冷器的进一步降温,然后干燥,并在膨胀阀降压后进入蒸发器,低压蒸气由压缩机吸入,完成一个制冷循环。

如果蒸发器的温度下降到0℃以下,这时恒温器接通电磁旁通阀,旁通阀打开,让一部分高压蒸气进到蒸发器出口端,则蒸发器的压力立即升高,防止蒸气压力过低,蒸发器温度下降到0℃以下而表面结冰。

用电磁旁通阀将压缩机的高压蒸气引进蒸发器出口,来控制蒸发压力不会低于0.308MPa以下的制冷系统,叫作热旁通阀制冷系统。

③ 独立空调组成及各部分结构

独立空调由于其制冷量比较大,所以各部件的分布和结构与轿车的空调系统略有不同,以广州某型号空调客车为例。

(1) 独立空调制冷系统布局见图7-10。由于该车主发动机后置,所以整个装置放在前桥后面。

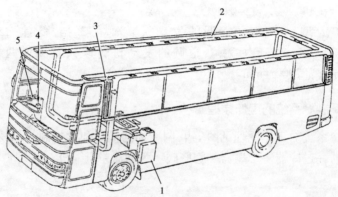

图7-10 广州某型号空调客车制冷系统布置
1-独立空调制冷装置;2-冷风管;3-车内空气出口;4-控制板;5-放大器

(2) 独立空调制冷系统的构成见图7-11。

(3) 该车采用日野客车的6C-500压缩机,其分解图见图7-12,它是六缸曲轴连杆式压缩机,气缸分布成两列W形。

压缩机主轴通过连接凸缘与副发动机的飞轮相连,并用联轴器壳体将联轴器封闭起来,避免灰尘进入。

(4) 冷凝器与发动机冷却水箱装在一起,成为冷凝器机组,它们共用一个风扇冷却。大型客车空调多采用冷凝器机组。现在许多制冷量较大的面包车也采用这一形式。在冷凝器机组后面,再增加一个过冷器,增大制冷液体的过冷度,具有更大的吸热能力,提高制冷系数。冷凝器机组见图7-13,水箱在下方,冷凝器在上方。这样布置能较好解决两者的冷却问题,并能降低功耗和噪声。

(5) 储液器和干燥过滤器在大型客车中两者分开。储液器有3个接头,最上面的接头3接电磁旁通阀,中间为进口(冷凝器接口),下面为出口(过冷器接口),见图7-14。干燥过滤器采用多层滤网,孔目为50~100目。

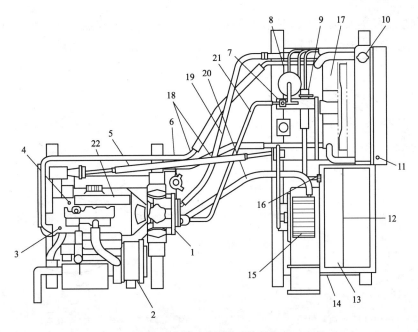

图 7-11 独立空调制冷系统的构成

1-压缩机;2-空气滤清器;3-水温开关;4-油压开关;5-传动轴;6-燃油过滤器;7-电磁旁通阀;8-储液器;9-干燥过滤器;10-水箱散热器和冷凝器;11-室外温度传感器;12-空气过滤网;13-蒸发器;14-蒸发器温度传感器;15-风扇;16-膨胀阀;17-过冷器;18-冷却水管;19-高压蒸气管;20-低压蒸气管;21-热旁通阀回气管;22-副发动机

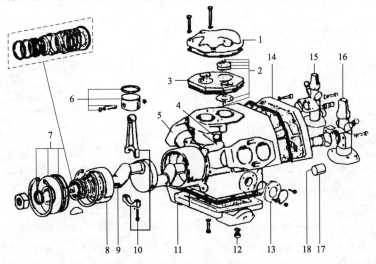

图 7-12 6C-500 压缩机零件分解图

1-气缸盖;2-进气片簧和排气片簧;3-阀板;4-进油塞;5-缸体;6-活塞;7-轴封总成;8-滚球轴承;9-曲轴;10-连杆;11-曲轴箱底;12-放油塞;13-观油孔;14-前缸盖;15-排气阀;16-吸气阀;17-曲轴前端滑动轴承;18-吸气阀滤清器

（6）膨胀阀是外平衡阀的一种,用在大型客车和一般轿车上。这种膨胀阀有两个特点:其一是平衡管直接安装在蒸发器出口管的接头上,其二是安装制冷系统以后,可以根据系统的制冷情况调节蒸发器的过热度。如图 7-15 所示,只要拧开阀盖,旋转调节螺杆,调整弹簧压紧力,即能调整蒸发器的过热度,极为方便。

(7) 观察镜和蒸发器。大型客车上的蒸发器一般使用管翅式蒸发器。由于独立空调装置一般放在车底,外来空气含较多的灰尘和其他杂质,在蒸发器箱的进风口设一个过滤网。

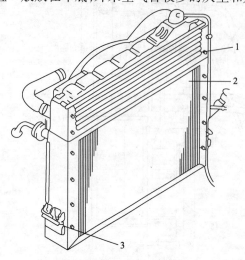

图 7-13 冷凝器机组
1-冷凝器;2-水箱;3-安装架

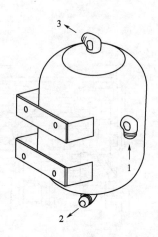

图 7-14 储液器
1-冷凝器接口;2-过冷器接口;3-电磁旁通阀接口

蒸发器、膨胀阀、观察镜通常装在一起,见图 7-16。观察镜独立设置,安装在膨胀阀之前,用于观察制冷系统制冷剂的流动情况。

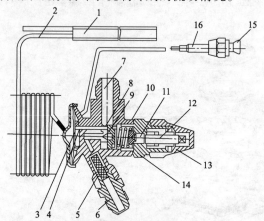

图 7-15 外平衡膨胀阀构造
1-温包;2-毛细管;3-波纹膜片;4-顶杆;5-过滤网;6-进口接头;7-出口接头;8-阀座;9-针阀;10-过热弹簧;11-密封柱;12-调节螺杆;13-阀盖;14-阀体;15-外平衡管接头;16-外平衡管

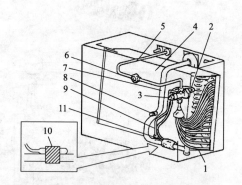

图 7-16 蒸发器、膨胀阀、观察镜的安装
1-膨胀后输液管;2-毛细管;3-膨胀阀;4-蒸发器;5-高压液管;6-观察镜;7-蒸发器出气管;8-低压表检查阀;9-外平衡管;10-感温包;11-外平衡管接口

对于制冷量较大的制冷系统,由于制冷剂流量大,所以制冷剂节流降压后,膨胀阀出口都连接一条驳管,在管后向蒸发器引进多条输液管,分别进入蒸发器的各个蒸发管,然后集中再从出口管出来。

观察镜安装在膨胀阀之前,才能观察到制冷剂的流动情况。从图 7-16 中可以看到,在热旁通阀制冷系统中,蒸发器后面没有设置吸气节流阀来控制蒸发压力。在 HGBV 系统中,蒸发压力是不可控制的。这点与循环离合器控制系统一样,它只有依靠温包、外平衡管感测蒸发参数(压力和温度)来控制流入蒸发器的制冷剂流量。因此,温包的安装就显得非常重要。如果温包安装不适合,会降低温度传感的精度,使膨胀阀的供液波动幅度大,这样不但制冷效率低,而且容易发生压缩机液击现象。

感温包应装在蒸发器出口管靠近外平衡管接口的位置,并且要安装在管子的上面,用绝热胶布包捆牢固。绝不能安装在管子的下方。因为只有两者位置靠近,感测的数据才准确;同时,蒸发器出气管不可避免会有一些制冷剂流出,并在管里继续蒸发吸热。这样管子下方的温度比上方低,而且出气口并非经常有制冷剂流出,这样,温包安装在管子下方,感测到的出口温度波动很大,引起膨胀阀的错误动作,减少制冷剂进入蒸发器,发挥不出最大的制冷效能。

膨胀阀的调整也是很重要的。在图7-16中,有一个低压表检查阀口,可以接上一个低压表进行检查,在发动机2000r/min时压力表指示压力在152~197kPa为合适,也可以凭经验辨别蒸发压力是否合适。

正常的蒸发压力是霜冻结至吸气管道出口处。这时蒸发压力在250~298kPa。这是因为这时蒸发器表面在-5~-1℃。制冷时间长久的话,蒸发器表面会有轻微霜冻。若白霜结到出气管外面,并且到压缩机吸气口,则说明制冷剂流量过大,这时整条出气管都有液态制冷剂在蒸发,必须调小膨胀阀口的开度。若吸气管看不到白霜,则说明制冷剂流量不够,应该调大一些。必须指出,大气状态的不同,以及制冷系统工况的变化,都会影响经验判断的正确性。所以,用压力表来调整蒸发压力,确定蒸发器的过热度,是最科学的方法。

(8)电磁旁通阀是一种开关式自动阀门,其作用是在压缩机高速运转,蒸发温度低于0℃时,将高压端的蒸气放一部分到蒸发器低压端,提高蒸发压力,防止蒸发器表面结冰。在制冷机正常工作时,旁通阀关闭,让制冷机以最大的制冷量工作。电磁旁通阀的构造见图7-17。它由外壳、弹簧、线圈、电工铁芯、阀杆、阀芯、阀座等组成。

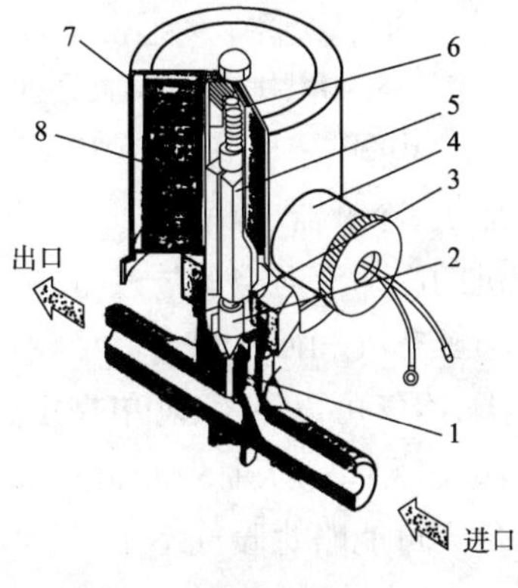

图7-17 电磁旁通阀的构造
1-阀座;2-阀芯;3-阀杆;4-接线柱;5-电工铁芯;6-复位弹簧;7-电磁线圈外套;8-电磁线圈

控制电磁阀线圈电路通断的信号是空调器的晶体管和热敏电阻发出的。当蒸发器温度为0℃时,晶体管接通继电器开关,电磁线圈通电,阀门开启,让一部分高压蒸气进入蒸发器出口,蒸发压力升高,蒸发温度上升。在5~7℃时晶体管和热敏电阻发出信号,使电磁线圈断电,则旁通阀又关闭,制冷系统以正常的制冷状态工作。

二 独立空调取暖系统

一般来说,装配有独立空调的大型客车采用了两种不同的取暖系统:一种是余热水暖式取暖系统,另一种是独立热源取暖系统。

1 余热水暖式取暖系统

在某些地区一年中寒冷的天气时间比较短,夏季时间比较长,若装配独立空调的大型客车采用独立的取暖系统,不仅增加了车辆的成本和质量,而且运行费用增加,这些地方使用的空调可以采用主发动机和副发动机冷却液的余热来取暖,见图7-18。

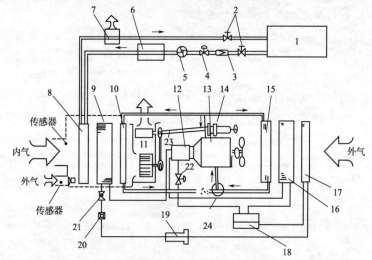

图7-18 大型客车水暖式独立空调系统

1-主发动机;2-手动截止阀;3-过滤器;4-加热器阀;5-水泵;6-预热机;7-除霜器;8-一次加热器;9-蒸发器;10-再热器;11-风机;12-压缩机;13-副发动机;14-电磁离合器;15-散热器;16-冷凝器;17-过冷器;18-储液器;19-干燥过滤器;20-观察镜;21-膨胀阀;22-电磁旁通阀;23-万向轴;24-电磁换向阀

从图7-18中看出,其制冷系统是一个典型的热蒸气旁通阀系统,有自己的副发动机、压缩机、冷凝器、储液器、过冷器、膨胀阀、蒸发器和电磁旁通阀。该系统最大的特点是主发动机的冷却液对空调气进行第一次加热,而副发动机的冷却液的再热器对空气再次加热,室外新鲜空气和回气混合后经过一次加热,再降温除湿,再经二次加热后,送到车内。如果是冬天,冷气可以不用,就单靠主副发动机的冷却液来加热空气。若是夏天,暖气不用,则用截止阀关掉主发动机的冷却液,而副发动机的冷却液则用电磁阀全部引向散热器。这个系统在冬天可能略嫌暖气不足,但基本可以保证车内温度在15℃以上。

2 独立热源取暖系统

在寒冷地区使用的大型客车常常采用独立热源的取暖系统。

独立热源的取暖系统是通过燃烧汽油、煤油、柴油等产生的热量加热空气,输送到车内提高温度。分为独立热源气暖装置和独立热源水暖装置。

1)独立热源气暖装置

独立热源气暖装置见图7-19,这种气暖装置由燃烧室、热交换器、燃料供应、空气供应和控制部分组成。

燃烧室由燃料管、火花塞和环形雾化器、分布器帽组成,环形雾化器直接装在风扇电动机的轴上,依靠离心力和空气的切向力将油雾化、混合,在燃烧室内燃烧。

热交换器是暖气装置的关键设备,它是两个夹层空腔。中心是燃烧室,包围燃烧室的第一层空腔通加热空气;再包围一层空腔通燃烧气体,然后引到排气腔;外面再包围一层空腔通加热空气。燃烧热量通过金属隔板加热空气,加热后的空气集中至暖气室,送到车内。

第七章 独立式汽车空调系统

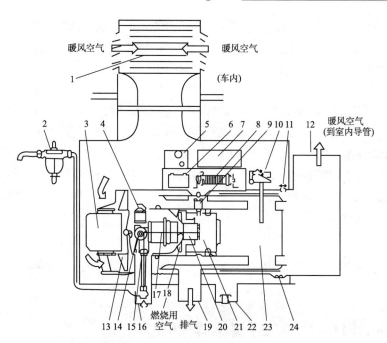

图7-19 独立热源气暖装置

1-暖风空气进气口;2-燃料滤清器;3-暖风空气电动机;4-空气电磁阀;5-开关盒;6-燃烧空气电动机通风装置;7-继电器;8-加热电阻器;9-加热塞;10-炉内热敏开关;11-温度熔断丝;12-暖风空气出气口;13-暖风空气风机;14-燃料电磁阀;15-计量泵;16-燃烧用空气进气管;17-燃烧用电动机;18-燃烧空气风机;19-排气管;20-旋转喷雾器;21-燃烧室;22-排水装置;23-热交换器;24-双金属开关

燃烧室内空气供应和燃料泵都是由风扇电动机来驱动的,燃料泵将燃油从油箱中抽取,经过滤器、吸入管到油泵,送入环形雾化器后和空气混合燃烧。

2)独立热源水暖装置

独立热源水暖装置和气暖装置的结构相近,特别是燃烧室、供油系统和控制系统,见图7-20。

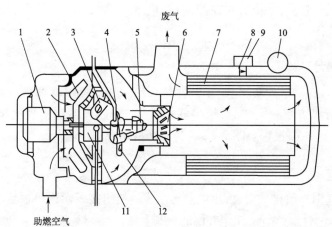

图7-20 德国DBW2003型水暖装置

1-电动机;2-风扇;3-电磁阀;4-电点火器;5-喷油器;6-燃烧室;7-热交换器;8-过热保护器;9-出水管;10-进水管;11-油泵;12-光敏电阻器

127

两者不同的是加热器。水暖装置的加热器是管带式或管翅式结构。管子内部流通待加热的水,而管外的翅片增加热空气的接触面积,增加换热能力。水暖装置的换热系数大于气暖装置,高达80%~85%,而且暖气比较柔和而不干燥。

水加热器的最大优点是不仅可作为车厢取暖之用,而且可以预热发动机、预热润滑油和蓄电池,便于冬季发动机起动和很快转入稳定状况。待发动机工况稳定后,再将被加热的水引向车厢内的加热器作取暖用。如果水加热器和发动机冷却水管相通,在发动机冷却水低于80℃时,水加热器的热水首先供应预热发动机。当水温高于80℃时,由于石蜡式恒温器的控制作用,会将发动机的冷却水引进暖气加热器。当水暖在95℃时,会自动切断燃烧器油泵的电源,停止供油,节省燃料。而加热器中的水泵继续工作,以保证水加热器零件不因过热而损坏和保持继续供应暖气。

第三节　典型客车空调系统电路实例

一、KQFD24II(K72)型客车空调

(一)电路结构

该系统输入电压为24V,负极搭铁。从电路布局方面可分为控制板部分、机组部分、顶置部分及将顶置和开关板、机组连接的连接电缆。从电路功能方面可分为预热电路、起动电路、调速电路、自动保护电路、电压调节电路及发电保护电路,具有承温、油压、低压、高压报警装置(均装在控制面板上),车内装有车内温度控制器和除霜温度控制器各1个(装于顶置部分)。

(二)电路布局

该空调电器元件较多,集中分布在控制板、机组及顶置3大部位上。图7-21为其控制板及机组部分接线图。

1 控制板部分

包括控制面板、印刷电路板、蜂鸣器及连接导线和插接件蜂鸣器为声报警装置,当控制面板上的电源熔断器熔断或未装时,蜂鸣器HA_1报警,而当系统出现故障(水温、高压、油压、低压)时,蜂鸣器HA_2报警。图7-22为控制面板示意图。

2 机组部分

机组部分电气由机组接线盒、机组电器等组成。机组接线盒连接顶置部分和控制板,使3个部分连接成一个合理、完善、操作方便的控制系统。

(1)机组接线盒:机组接线盒固定于机组机架上,由起动继电器、控制继电器、热保护开关、二极管等元件组成,元件均装于接线盒中。图7-23是机组接线盒的外形图及接线盒中电器元件的安装示意图。

第七章 独立式汽车空调系统

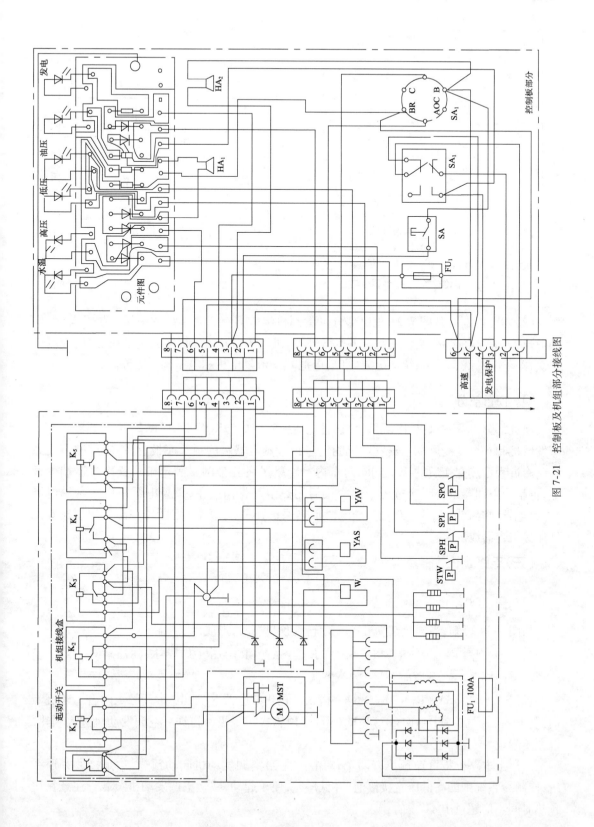

图 7-21 控制板及机组部分接线图

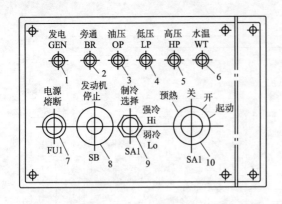

图 7-22 控制面板示意图
1-电信号灯;2-通信号灯;3-油压信号灯;4-低压信号灯;5-高压信号灯;6-水温信号灯;7-电源熔断器;8-发动机停止开关;9-制冷选择开关;10-预热起动开关

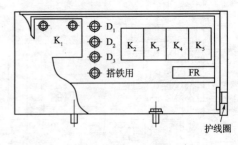

图 7-23 机组接线盒外形图及电器元件安装图

(2)机组电器。从图 7-21 机组部分可看到机组电器有制冷系统的高压保护开关、低压保护开关、旁通电磁阀、空调发动机的水温开关、机油压力开关、预热器、起动机、速度控制电磁铁、停车电磁铁、空调系统的电源(即蓄电池)、交流发电机和电压调节器等。

3 顶置部分

顶置部分由蒸发风机、冷凝风机、顶置电器板等组成。KQFD24Ⅱ(K72)型空调器有 6 个蒸发风机和 6 个冷凝风机。蒸发风机固定于顶置蒸发器端的顶置底板上,将制冷空调器系统制冷过程中热交换后的冷空气吹向车内。冷凝风机外带网罩固定于顶置冷凝器端盖板上,将制冷空调器系统制冷过程中热交换后的热空气排向空中。顶置电器板由 3 种继电器(主继电器、单触头继电器、双触头继电器)、热保护开关、二极管、熔断器和温度控制器等元件连接组合而成。

(三)电路分析

1 预热电路

从图 7-24 可知,当预热起动开关 SA_1 转到预热挡时,形成以下电路:

(1)蓄电池"+"极→FR→FU_1→$SA_1(B)$→$SA_1(BR)$→$K_3(30)$→$K_3(87a)$→D_1:一条通向旁通电磁阀 YV,一条通向 R_4→D_{16}→搭铁。

(2)$SA_1(B)$→$SA_1(R_1)$→$K_2(86)$→搭铁。预热继电器 K_2 通电,常开触点闭合。电流走向:蓄电池"+"极→FR→$K_2(87)$→$K_2(30)$→预热器"+"极→搭铁。空调发动机进入预热,以便于起动。

由以上电路分析可知预热有两个作用:一是给空调发动机起动预热,二是接通旁通系统,使制冷系统中的高低压直接接通,降低压差,便于起动,减轻空调发动机负载。注意每次预热时间不应超过 10s。

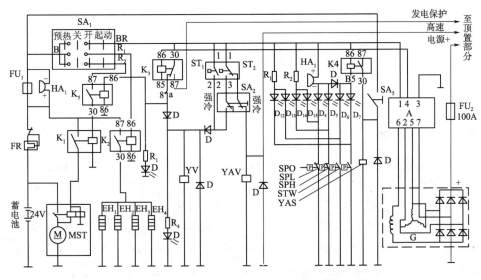

图 7-24 KQFD24I1(K72)型空调控制板及机组部分电路图

② 空调发动机起动电路

在图 7-24 中,当预热起动开关 SA_1 置于起动挡时,SA_1 开关的 B—BR、B—R_2 接通,蓄电池正极通过 K_3 常闭触点 30、87a 向 K_5 继电器线圈供电,因而 K_5 常开触点闭合,蓄电池正极通过 SA_1 的 B—R_2 和 K_5 常开触点(已闭合)向 K_1 线圈供电,电路如下:蓄电池"+"极→FR→K_1 常开触点(已闭合)→空调发动机起动机→搭铁,空调发动机起动。

③ 空调发动机调速电路

空调发动机调速电路用来调整空调发动机及顶置部分蒸发器风机的转速。由于交流发电机、压缩机通过传动机构和空调发动机相连,所以其转速也同时得到控制。

发动机的调速是通过控制面板上的高低速开关 SA_2 来控制的,由图 7-24 可知,高低速开关通过车内温控器 ST_2 的 1 号和 3 号接线柱来接通电源以控制空调发动机上的调速电磁铁 YAV。当空调发动机刚开始起动时,调整开关置于低速挡,调速电磁铁没有通电,因而不工作,空调发动机低速运转。当调速开关置于高速挡时,蓄电池"+"极→SA_1(B−BR)→ST_2(1−3)→SA_2(高速挡)→FU_3→K_8、K_6、K_4 线圈→搭铁。

调速电磁铁工作,空调发动机节气门加大,空调发动机以高速运转,同时顶置部分蒸发器风机也由于 K_8、K_6、K_4 线圈的通电,由串联改为并联,蒸发器风机以高速运转。当车厢内温度低于车内温控器的设定值时,ST_2 的 1、3 号触点断开,切断了高速回路,空调发动机以低速运转。所以有时当车内温度设定太高时(ST_2 的 1、3 断开,1、2 接通),调速开关 ST_2 虽然置高速挡,空调发动机仍以低速运转,此时不要误认为调速开关出了故障,而要认真检查车内温控器,看其设定值是否正确。

④ 除霜电路

为了防止蒸发盘管表面结霜,该空调机组设立了完善的自动除霜电路。空调器的除霜是靠旁通电磁阀的工作而进行的。旁通电磁阀连接于压缩机高、低压管路之间。当该阀打开时,能降低进入制冷系统的液体流量,减少制冷量,从而阻止了蒸发盘管表面结霜。从图 7-24 电路分析,旁通电磁阀 YV 工作有两条线路。一条线路是车内温控器 $ST_2(1→2)→SA_2$(弱冷挡)$→D_2→YV→$蓄电池"-"极;另一线路是除霜温控器 $ST_1(1→2)→D_2→YV→$蓄电池"-"极。

⚙ 5 自动保护电路

该空调机组设立了完善的自动保护电路。在空调发动机组上设立了水温和油压保护,在制冷系统内设立了高压和低压保护。图 7-24 中 D_{12}、D_{13}、D_{14}、D_{15} 为故障显示信号灯。SPO、SPL、SPH、STW 分别为油压开关、低压开关、高压开关、水温开关,D_4、D_5、D_6、D_7 为整流二极管,起限流作用。D_3 起隔离作用,使电流只能从一个方向通过。当出现故障时,电源"+"极经过蜂鸣器 $HA_2→$故障显示信号灯$→$故障开关$→$搭铁,从而使 HA_2 发出警报,以及与之相关的信号灯显示,告知用户故障所在部位。当出现高压和水温报警时,电源"+"极从 K_4 的线圈$→$二极管(D_6、D_7)$→SPH(STW)→$搭铁,形成回路,使 K_4 动作,其常开触头闭合,电源"+"极$→K_4$ 常开触头(已闭合)$→YAS$(停车电磁铁)$→$搭铁,使停车电磁铁动作,自动停机,达到保护作用。

注意:当 D_3 短路、出现油压和低压故障时,也会自动停车;当 D_3 断路,出现高压和水温故障时,蜂鸣器不会发出警报。

⚙ 6 发电保护电路

当空调机组的交流发电机因故不能发电时,无论汽车蓄电池是否和此交流发电机并联,顶置部分的风机均不会接通电源,这样可防止与交流发电机并联的蓄电池的电能被空调器耗尽。

根据图 7-24 所示,只有当空调机组的交流发电机发电时,电压调节器 A 的 4 号接线柱才能进出电源,从而使 K_3 线圈通电,蓄电池"+"极通过 $K_3(30)→K_3(87)$,从而发电保护线通电。

⚙ 7 电压调节电路

电压调节电路在整个空调电路中起着至关重要的作用,主要由分离式调节器与交流发电机组成,电压调节器电路示意图如图 7-25 所示。

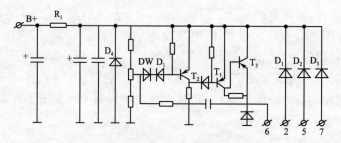

图 7-25 电压调节器电路图

电流通路为 1 号接柱(B+)$→$调节器 T_3 管(e 极)$→$6 号接柱(F)$→$交流发电机励磁线

圈→搭铁(图7-24),从而形成励磁电流(此时 T_3、T_2 导通,T_1 截止)。当空调发动机运转后,交流发电机产生电压,交流发电机经调节器的励磁二极管 D_1、D_2、D_3 得到励磁电流。当交流发电机电压达到额定最大值时,调节器的稳压管 DW 导通,从而 T_1 管导通,T_2、T_3 截止,交流发电机励磁电压下降,如此反复,使交流发电机在额定电压范围内变化。

二 AC31TD 客车空调

AC31TD 空调装置是 SUTRAK 公司客车空调装置产品之一,也是较早在我国客车上安装应用的大客车空调装置,为独立式空调装置,其蒸发器、冷凝器为顶置式。独立式空调装置的压缩机通常是由空调发动机通过联轴器直接带动工作,AC31TD 空调装置的压缩机则是由空调发动机通过皮带带动其运转。在压缩机工作是由发动机通过皮带带动运转这一点上,其与非独立式空调装置的形式相同,所不同的仅是非独立式空调装置的压缩机是由客车主发动机通过皮带带动工作。因此 AC31TD 空调装置的电气控制系统既具有一般独立式空调装置的电气控制特征,又具有非独立式空调装置的电气控制特点。

(一) AC31TD 空调装置电控系统主要部件

1 AC31TD 空调装置各总成件

发动机:R-2 型;
冷凝器:K35-3 型;
蒸发器:V31-3 型;
压缩机:STL14 型。

2 AC31TD 空调装置的电气工作参数

电压:24V(直流);
电流:72A。
其中蒸发器电动机 8 组,工作电流为 44A,冷凝器电动机 5 组,工作电流为 27.5A。

3 AC31TD 空调装置电控系统主要部件

(1)操作面板,见图7-26。

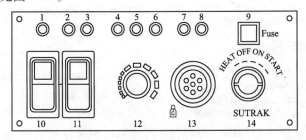

图 7-26 AC31TD 空调操作面板示意图

(2)发动机电气控制箱。控制箱内除安装有电源总开关、熔断器(100A)外,还有控制箱电气元件板。元件板上配置有继电器及报警指示灯。

(3)顶置电气元件板。元件板上配置有继电器、熔断器、电子温控器及温度传感器。

(4)其他部件。发动机上的发电机、起动机、开关等；冷凝器、蒸发器的电动机组；压缩机上的电磁离合器等。

(二)AC31TD空调装置的电气控制特点

AC31TD空调装置的电气控制系统既具有独立式空调装置电气控制特征，又具有非独立式空调装置电气控制特点，前者主要体现在发动机的运转控制上，后者主要体现在压缩机电磁离合器工作和制冷功能的自动控制上。然而，制冷功能自动控制又必定与发动机运转控制有联系，因此AC31TD空调装置具有自身的电气控制特点。图7-27为其电气控制原理图。

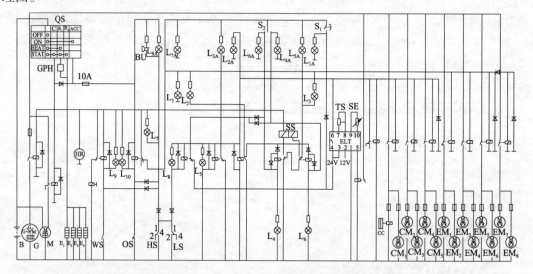

图7-27 AC31TD空调装置电气控制原理图

B-蓄电池；G-交流发电机；M-起动机；QS-起动开关；BU-蜂鸣报警器；S_1-强弱风控制开关；S_2-冷气控制开关；L_{1A}-强风指示灯；L_{2A}-送风指示灯；L_{3A}-冷气指示灯；L_{4A}-弱冷指示灯；L_{5A}-送风指示灯；L_{6A}-强冷指示灯；L_{7A}-电源指示灯；L_{8A}-故障指示灯；GPH-预热指示器；$E_1 \sim E_4$-预热塞；HR-计时器；WS-水温开关；OS-油压开关；LS-低压开关；HS-高压开关；SS-速度选择电磁铁；L_1-电源指示灯；L_2-送风指示灯；L_3-冷气指示灯；L_4-强冷(高速)指示灯；L_5-弱冷(低速)指示灯；L_6-送风指示灯；L_7-故障报警指示灯；L_8-高低压报警指示灯；L_9-水温报警指示灯；L_{10}-油压报警指示灯；ELT-电子温控器；TS-温度调节器；SE-温度传感器；CC-压缩机电磁离合器；$CM_1 \sim CM_5$-冷凝器电动机；$EM_1 \sim EM_6$-蒸发器电动机(弱风)；$EM_7 \sim EM_8$-蒸发器电动机(强风)

1 发动机起动控制

空调发动机的起动操作控制，是通过QS起动开关进行的。在进行起动操作前，应使强弱风控制开关置于"弱风"挡位，S_2冷气控制开关置在中间"送风"挡位。

在QS起动开关在"START"和"ON"挡位时，STS停车阀都能从K_1继电器的常闭触点得到供电，停车阀电磁线圈工作，打开供油泵油路，使发动机能够起动和运转。而当QS起动开关旋至"OFF"挡位时，STS停车阀得不到供电，停止工作，切断供油泵油路，发动机停止运转。

在空调发动机起动过程中，开始由于发动机机油压力低，OS油压开关触点闭合，K_5继电器线圈形成回路而工作，其常闭触点即断开，S_1强弱风控制开关、S_2冷气控制开关的控制电源被切断，制冷系统的电气设备均未进入工作状态，发动机便在空载状况下起动，当发动机起动转速升高后，机油压力上升，OS 油压开关触点分离，K_5 继电器线圈回路中断，其常闭触点恢复闭合，S_1 强弱风控制开关、S_2 冷气控制开关得到控制电源。因此，如起动前 S_2 冷气控制开关未按要求置在中间"送风"位而是置在"弱冷"或"强冷"位置，这对压缩机的电磁离合器会吸合，制冷系工作，发动机进入负荷状态，使发动机起动困难。

② 发动机转速控制

发动机转速变化取决于制冷系工作状态的变化，发动机转速控制是自动与 S_2 冷气控制开关的挡位选择控制相一致，速度控制的执行器件是 SS 速度选择电磁铁。AC31TD 空调装置发动机在运行中有 3 种速度状态：怠速、低速和高速。SS 速度选择电磁铁有两组线圈，工作时产生不同的电磁吸力，通过改变速度选择电磁铁与供油泵调速手柄之间的拉丝长度来实现不同速度的控制。发动机起动后，只要 S_2 冷气控制开关仍置于中间"送风"位置，SS 速度选择电磁铁控制电路中 K_7、K_4 继电器不工作，电磁铁线圈形不成回路而不工作，发动机便以怠速运转。此时整个系统仅处于送风工作状态。发动机怠速宜调整到 1000r/min 左右。

发动机低速运转是随 S_2 冷气控制开关切入"弱冷"挡位时立即进入的。当 S_2 冷气控制开关置在"弱冷"挡位时，只要车厢内温度高于控制设定温度，ELT 电子温控器便导通，其 6 号柱通电，除 CC 压缩机电磁离合器及 CM 冷凝器风机组开始工作外，位于发动机控制箱元件板上的 K_3 继电器也得到供电而工作，其常开触点闭合，而 K_4 低速控制继电器的线圈回路因此接通，K_4 继电器工作，其常开触点闭合，使 SS 速度选择电磁铁的低速线圈工作，电磁铁牵引供油泵调速手柄动作，发动机即由怠速转入低速运转，此时系统处于弱冷工作状态。发动机低速宜调整到 1300r/min 左右。

发动机高速运转是随 S_2 冷气控制开关切入"强冷"挡位时进入的。当 S_2 冷气控制开关置在"强冷"挡位时，同弱冷控制时一样，只要车厢内温度高于控制设定温度，ELT 电子温控器便导通，除制冷功能电气设备开始运行外，K_3 继电器也同时工作，其常开触点闭合。这时，K_7 高速控制继电器的线圈回路因此接通，K_7 电器工作，其常开触点闭合，又使 SS 速度选择电磁铁的高速线圈工作，电磁铁牵引供油泵调速手柄动作，发动机即由低速转入高速运转，此时系统处于强冷工作状态。发动机高速宜调速到 1600r/min 左右。

AC31TD 空调装置的发动机转速控制电路使发动机以 3 种速度适应系统不同制冷工况，使空调装置始终运行在经济合理状态。

③ 故障指示、报警控制

AC31TD 空调装置的故障指示、报警控制部件，在操作板上设有 BU 报警蜂鸣器，L_{8A} 故障指示灯；在发动机、制冷系统相应设有 OS 油压开关、WS 水温开关、HS 高压开关、LS 低压开关；在发动机电气控制箱内还同时配置一些指示报警灯。

当制冷系统因故障导致压力异常，无论是低压低于报警值还是高压高于报警值，即 LS 低压开关或 HS 高压开关的触点闭合，K_6 继电器线圈的控制回路接通，继电器工作，其常闭触点断开。这时 S_2 冷气控制开关虽然置在"弱冷"或"强冷"挡位，ELT 电子温控器的控制电源还是被切断，ELT 电子温控器呈截止，其 6 号柱上无电，压缩机、冷凝器风机组等制冷功能控制部分全部断电,停止工作。发动机控制箱内 L_8 高低压报警指示灯亮。

当发动机润滑系因故障造成机油压力过低并越过报警值时,OS 油压开关触点闭合,K_5 断电器线圈控制回路接通,继电器工作,其常闭触点断开,切断 S_2 冷气控制开关、S_1 强弱风控制开关及蒸发器风机组继电器的控制电源,制冷系统中制冷、送风电气设备全部停止工作。发动机电气控制箱内 L_{10} 机油压力报警指示灯亮。

当发动机冷却系因故障或负荷过重出现水温过高并超过报警值时,WS 水温开关触点闭合,K_1 继电器线圈控制回路接通,继电器工作,其常闭触点断开,STS 停车阀的电磁线圈断电,停车阀便切断供油泵的油路,使发动机自动停止运转。

不管是制冷系高低压还是发动机油压、水温出现故障报警,在其报警控制电路起作用时,操作板上的 L_{8A} 故障报警指示灯都亮,BU 报警蜂鸣器都响,发出声光报警;发动机电气控制箱内 L_7 故障报警指示灯也都亮,相应报警。

AC31TD 空调装置的故障指示报警控制电路是根据系统不同部位故障的实际情况实行逐级保护的电路,故障严重时能使发动机自动停止运转,是一种报警指示功能较全面、合理的电路。

④ 制冷自动控制

AC31TD 空调装置在 S_2 冷气控制开关置于"弱冷"或"强冷"挡位时,制冷系统在自动控制电路的作用下,始终运行在车厢内温度与设定控制温度的平衡及发动机运行速度随之相应变化的自动控制过程中。

当车厢内的温度高于设定控制温度时,ELT 电子温控器导通,其 6 号柱有电,制冷电气设备工作,系统制冷,车厢内温度逐渐下降。同时,如前所述在 S_2 冷气控制开关置"弱冷"时发动机低速运转,置"强冷"时发动机高速运转。

当车厢内温度达到或低于设定控制温度时,ELT 电子温控器截止,其 6 号柱上无电,制冷电气设备停止工作,系统不再制冷,仅蒸发器风机组运转送风。同时,K_3 继电器线圈也断电停止工作,其常开触点由吸合转为分开,使 K_7 继电器(高速控制)线圈或 K_4 继电器(低速控制)线圈的控制回路断开,继电器停止工作,SS 速度选择电磁铁也因此停止工作,发动机由高速或低速运转状态转为怠速运转。车厢内温度将逐渐升高,而当高于设定控制温度时,ELT 电子温控器又导通,其 6 号柱又有电,制冷系统又进入制冷工作状态;同时,K_3 继电器又工作,K_4(或 K_7)继电器线圈控制回路又得以接通,SS 速度选择电磁铁线圈又形成回路而工作,发动机便由怠速转为低速(或高速)运转,车厢内温度又逐渐下降,如此循环,空调装置在自动控制状态下正常运行。

(三)调整与使用

AC31TD 空调装置既然具有这些自身的电气控制特点,在安装使用中应根据这些特点,进行正确的调整和严格按要求进行操作使用,要注意以下几点。

① 按要求调整运行转速

发动机的运行转速是空调装置正常运行的保证,应严格按要求调整,发动机应有 3 种速度状态,每种状态的转速应调整到相应规范要求。

② 在自动控制运行状态下进行检测

在检测制冷系工作状况和效果时，应使空调装置进入自动控制运行状态后进行观察检测，既可以检测制冷效果和达到设定控制温度的时间等，也可注意发动机转速是否随制冷工作状态变化而相应变化。

③ 根据指示灯判断并排除故障

当空调装置出现故障报警时，应根据相应的指示灯情况，判明故障系统，排除后再开机运转。

④ 按规程调整压缩机运行

由于压缩机是由发动机通过皮带带动运转的，因此在调整使用中应调整、检查皮带的张紧度；压缩机又是通过电磁离合器来控制与皮带轮的吸合或分离的，因此还应注意不要人为通电给压缩机电磁离合器，更不能使之在短时间内断续吸合分离，以免压缩机在高压下起动。

⑤ 严格开、关机安全操作要求

开机时，严格按照将 S_2 冷气控制开关置"送风"、S_1 强弱风控制开关置"弱风"挡位的操作要求进行操作。停机时，则将 S_1、S_2 开关置低速运行 3min 后再停机。

第八章 汽车空调维修专用设备

第一节 汽车空调检修专用仪器及设备

在汽车空调的维修过程中,除了使用常用的工具之外,还要用到一些特殊的空调专用维修设备,如歧管压力表、制冷剂罐注入阀、真空泵、制冷剂回收装置、检漏仪和温湿度计等。这些维修工具主要用于空调系统的检修、诊断以及测试,所以要求掌握它们的特点及使用方法。

一、歧管压力表

歧管压力表也称歧管压力计装置,其结构如图 8-1 所示,是维修汽车空调制冷系统不可少的工具。它具有检测制冷系统的高压端压力、抽真空、加注制冷剂和冷冻机油、排放制冷剂等功能。

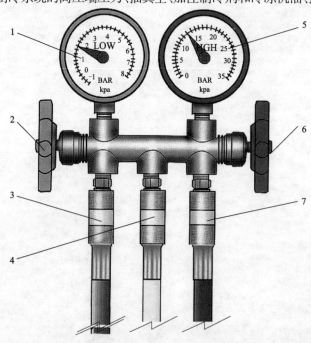

图 8-1 歧管压力表结构

1-低压表;2-低压手动阀;3-低压软管接头;4-维修软管接头;5-高压表;6-高压手动阀;7-高压软管接头

① 歧管压力表结构

歧管压力表是由 2 个压力表(低压表和高压表)、2 个手动阀(高压手动阀和低压手动阀)、3 个软管接头(1 个接低压工作阀,1 个接高压手动工作阀,1 个接制冷剂罐或真空泵吸入口)组成的。这些部件都装在表座上,形成一个压力计量装置。

② 歧管压力表工作原理

歧管压力表有两个压力表:一个用于检验制冷系统高压侧的压力,另一个用于检测低压侧的压力。低压侧压力表既能显示低压侧的压力,又能显示真空度。两个压力表都装在一个阀体上,阀体的两端各有一个手动阀,下部有 3 个通路接口。

③ 3 条歧管压力表阀用软管

表阀用软管是氯丁耐氟橡胶软管,它属于多层结构。里层是柔软而质地紧密的氯丁橡胶层,光滑无气孔,能承受一定的压力,高压软管耐压 3.5MPa 以上,低压软管耐压 1.6MPa,破裂压力高达 13.8MPa。

软管长度已标准化,最常用的长度为 0.914m,其他长度为 0.61m、1.22m、1.52m 等。它的上面有不同的颜色,以防接错。R12 系统用软管有白、黄、红、蓝 4 种,低压软管为蓝色,高压软管用红色,中间软管为黄色或白色;R134a 系统用的软管,低压软管用蓝底带黑色条纹,高压软管用红底带黑色条纹,中间软管用黄或绿底带黑色条纹。

④ 使用时注意事项

(1)歧管压力表是一件精密仪表,必须细心维护,不得损坏,且要保持清洁。
(2)不使用时,软管要与接头连起来,防止灰尘、杂物成水分进入管内。
(3)使用时要把管中的空气排出。
(4)压力表接头与软管连接时,只能用手拧紧,不能用工具拧紧。
(5)R12 与 R134a 不可使用同一个歧管压力表组。两种制冷剂的歧管接头尺寸也不相同,操作时不要混淆。

二、制冷剂注入阀

制冷剂注入阀主要用于开启小罐装的制冷剂罐,如图 8-2 所示。
制冷剂注入阀分为两种,一种为 R12 注入阀,另一种为 R134a 注入阀,这两种注入阀的阀口尺寸不相同。
图 8-3 所示为 R134a 注入阀结构。
制冷剂注入阀的使用方法如下:
(1)按逆时针方向旋转注入阀手柄,直至针阀完全缩回。
(2)将注入阀装到小型制冷剂罐上,逆时针方向旋转板状螺母(圆板)直至最高位置,然后将制冷剂注入阀顺时针扭动,直到注入阀嵌入制冷剂密封塞。
(3)将板状螺母顺时针旋到底,再将歧管压力表上的中间软管固定在注入阀接头上。

(4)用手充分拧紧板状螺母。

(5)顺时针方向旋转手柄,使针阀在小罐上开个小孔。

(6)若要加注制冷剂,就逆时针方向旋转手柄,使针阀抬起,同时打开歧管压力表的相应手动阀。

(7)若要停止加注制冷剂,就顺时针方向旋转手柄,使针阀下落到刚开的小孔里,使小孔封闭,起密封制冷剂作用,同时关闭歧管压力表上的手动阀。

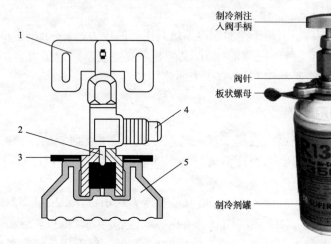

图 8-2 制冷剂注入阀
1-注入阀手柄;2-阀针;3-板状螺母;
4-软管接头;5-制冷剂罐

图 8-3 R134a 注入阀结构

三 真空泵

在安装、检修汽车空调制冷系统时,必定会有一定量的空气进入系统,对系统抽真空十分重要。真空泵的作用就是对制冷系统抽真空,排出制冷系统的空气与水分,大多数使用叶片泵,真空泵如图 8-4 所示。

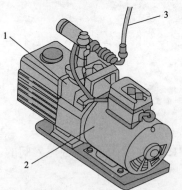

图 8-4 真空泵
1-真空泵;2-电动机;3-真空管

四 汽车空调制冷剂回收/再生/充注机

2010 年 7 月,交通运输部颁布了《汽车空调制冷剂回收、净化、加注工艺规范》(JT/T 774 – 2010)行业标准,规范了维修空调时的操作要求。下面以 AC350C 为例介绍汽车空调制冷剂回收、净化、加注等具体流程。

① 准备工作

AC350C 制冷剂回收/再生/加注机可完成制冷剂的回收、再生及加注等工作,内部包括:压力表组、真空泵、回收单元、存储罐、控制模块等。该设备可以对 R134a 或者 R12 制冷剂进行回收、加注等操作,但是一旦选定了 R134a 或者 R12,则该设备就只能使用选定的制冷剂,两者不可混装。AC350C 外形如图 8-5 所示。

通电之前,应使用合适的有地线的电源插座。确保设备的高低压管路接头关闭,然后连接到车辆空调的高低压检查阀口上。注意:红色软管连接空调系统高压口,蓝色软管连接空调系统低压口。

② 制冷剂回收

(1)排气。此步骤是对 AC350C 设备本身进行排气、管路清理。

按下"排气"键,即开始排气 2s。完成后显示屏显示如图 8-6 所示。

图 8-5　AC350C 制冷剂回收/再生/充注机

根据实际情况,选择"确认"或者"取消"。

(2)回收。此步骤是将车辆空调制冷剂回收到 AC350C 中。打开 AC350C 控制面板上红、蓝色高低两个阀门(手柄箭头指向左边为开)。按 ❄🚗 进入回收界面。可以通过控制面板上的数字键手动设定回收制冷剂的量,也可以不设定。按 ➡ 键系统将先进行管道清理 1min,然后进行回收操作,显示如图 8-7 所示。

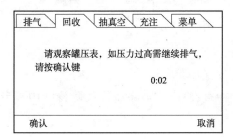

图 8-6　显示屏显示

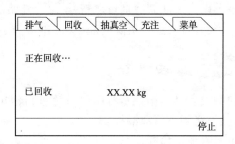

图 8-7　显示屏显示

(3)排油。此步骤是为了清理空调系统中的冷冻油。

回收完成后,显示如图 8-8 所示。

按 ➡ 键进入排油程序。

③ 制冷剂净化操作

根据所回收制冷剂的纯度,设备进行净化操作。若纯度为 98% 以上,则不需要净化。

④ 制冷剂加注操作

(1)空调系统抽真空

按 ∨🚗 键屏幕出现抽真空界面,可以通过控制面板数字键设定抽真空时间,默认为 15min,一般可设定为 5min。

（2）保压

系统抽真空完成后，进入 3min 的保压操作，此时控制面板中压力表指针不应有变化。

（3）添加冷冻油

添加新的空调系统冷冻油，具体添加量可查找对应车型的维修手册或从车辆发动机舱盖内标签获得，如图 8-9 所示。

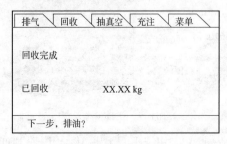

图 8-8　显示屏显示　　　　　图 8-9　显示屏显示

（4）加注制冷剂

将蓝色低压阀关闭，进行单管加注。按 ❄🚗 键进入加注制冷剂界面，可通过控制面板数字键设定加注制冷剂量。按 ➡ 键开始加注制冷剂，加注完成后关闭阀门。系统将自动进行管路清洗，最后拆除管路，关闭电源，操作完毕。

五、检漏设备

检漏设备其作用就是对制冷系统进行泄漏检查；汽车空调系统在故障诊断中或者充注制冷剂后，必须进行泄漏检查。

主要有电子检漏仪与紫外线灯两种检测设备。

1. 电子检漏仪

当空调系统出现泄露时，仪器会发出蜂鸣声以示警告，通过蜂鸣声的急促程度反映泄露程度，可以进行灵敏度调节。外形如图 8-10 所示。

检漏过程中对管路施加振动或压力会使泄漏更容易再现。检测方式如图 8-11 所示。

2. 紫外线灯

紫外线灯需和示踪剂共同使用来进行空调系统检漏。将示踪染料注入制冷系统中，如果存在泄漏，示踪染料在紫外线照射下呈现黄绿色（图 8-12），系统各处有无荧光物质是判断是否泄漏的主要依据。由于紫外线光会造成眼睛的伤害，在检查过程中要佩戴有色眼镜来完成操作。

图 8-10　电子检漏仪

第八章　汽车空调维修专用设备

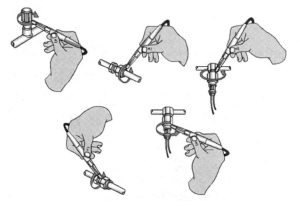

图8-11　电子检漏仪检测方式

图8-12　紫外线灯检漏

六　制冷剂鉴别仪

制冷剂的质量对车辆空调系统是否正常运行非常重要,其检测设备为制冷剂纯度鉴别仪。可以检验制冷剂的类型、纯度、非凝性气体以及其他杂质;可以鉴别5种成分:R134a、R12、R22、HC、AIR(空气);检测结果以纯度百分比显示,精度为0.1%。外形如图8-13所示。

具体操作步骤如下:

(1)预热。连接电源后设备将自动开机、预热,时间约为2min。

(2)海拔高度设定。在预热过程中根据所在地的海拔高度进行设定,默认为100ft❶。

图8-13　16910制冷剂
纯度鉴别仪

(3)系统标定。预热完成后,系统自动进行标定,时间约为1min。

(4)连接管路。将检测管路与车辆空调系统低压检查口相连。

(5)检测纯度。按A键进行检测,约1min后屏幕显示检测结果。检测结果有以下4种类型:

①PASS:制冷剂纯度达到98%或更高。通过检验,可以回收。

②FAIL:R12或R134a的混合物,任一种纯度达不到98%,混合物太多。

③FAIL CONTAMINATED:未知制冷剂,如R22或HC含量4%或更多。不能显示含量。

④NO REFRIGERANT – CHK HOSE CONN:空气含量达到90%或更高。没有制冷剂。

当检测出制冷剂中存在"未知制冷剂"或两种以上类型的制冷剂时,表明循环系统中是多种制冷剂的混合物,这种情况下应采用专门的制冷剂回收设备进行回收,或请专业机构进行回收和处理。

七　温度检测设备

维修汽车空调前后,需要对汽车空调出风口处的温度进行检测,以便检验汽车空调工作

---

❶　1ft = 0.3048m。

的质量,常用的温度检测设备有以下几种:

(1) 玻璃棒式温度计

如图8-14所示,玻璃棒式温度计常见的类型有酒精温度计和水银温度计两种,用它来测量温度,不仅比较简单直观,而且还可以避免外部远传温度计的误差。在选用温度计时,因测量量程的原因,不能使用人体温度计进行测量,因此需要挑选测量范围能包括0~40℃的温度计。此外,测量结束后应妥善保管,一旦温度计损坏,水银温度计有液体泄露导致环境污染、人体中毒的风险,应及时妥善处理。

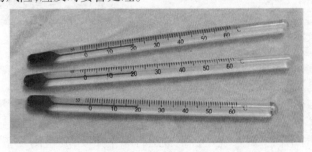

图8-14 玻璃棒式温度计

(2) 万用表

目前,一些汽车数字式万用表兼具温度测量功能,以FLUKE F17B为例,如图8-15所示,其表盘中带有"℃"挡位,将挡位旋至该挡位,使用表包中的温度测量线,将热电偶插入"V、Ω、℃"插孔和"COM"插孔,确保带有"+"号的插孔插入"V、Ω、℃"插孔,万用表就可以通过显示屏显示被测温度了。在实际工作过程中,使用万用表测量温度存在误差,不能满足需要精确测量的场合使用。

(3) 红外测温仪

手持式红外测温仪又名便携式红外测温仪,是一种小巧、便于携带的红外测温仪,如图8-16所示。

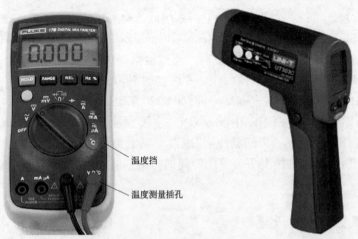

图8-15 万用表测量温度　　图8-16 手持式红外测温仪

手持式红外线测温仪测量被测物体的温度时,应将红外测温仪对准要测量的物体,并保证测量距离与光斑尺寸之比满足视场要求,不要太近,也不要太远。然后按下触发器按钮,在仪器的 LCD 显示屏上即可读出测量温度数据。用红外测温仪时有五件重要的事项要记住。

①环境温度。如果红外测温仪突然暴露在环境温差为 20℃ 或更高的情况下,允许仪器在 20min 内调节到新的环境温度。

②只测量物体表面温度。红外测温仪不能测量物体内部温度。

③注意环境条件。蒸汽、尘土、烟雾等会阻挡仪器的光学系统而影响精确测温。

④定位热点。要发现热点,先要用仪器瞄准目标,然后在目标上作上下扫描运动,直至确定热点。

⑤手持式红外线测温仪不能透过玻璃进行测温。玻璃有很特殊的反射和透射特性,不能够进行精确温度读数,但可通过红外窗口测温。红外测温仪最好不用于光亮的或抛光的金属表面的测温(不锈钢、铝等)。维修汽车空调时,制冷剂的质量至关重要,唯一的鉴别方法就是使用制冷剂鉴别仪器;其可以在极短的时间内鉴别出制冷剂的质量如何。当制冷剂中杂质高于 2% 时,仪器可以准确地判断该制冷剂不能用于空调系统。当制冷剂纯度高于 98% 时能判断制冷剂种类,是 R12 还是 R134a。仪器使用红外技术而不是根据压力/温度关系进行鉴别。具有碳氢含量超标指示功能,判断制冷剂中是否含有煤气或天然气等类似碳氢化合物成分是否超标。

第二节 汽车空调维修常用的工具

一 气门阀

气门阀也称制冷系统检测充注阀,安装在制冷系统管路中,与轮胎的气门阀相似。通常有两个,一个在高压管路,一个在低压管路。接头的尺寸不同。其中 R12 系统的为螺纹接头,R134a 系统的为快速接头。

使用气门阀时的注意事项:
(1)安装时,软管先连接压力表,再连接气门阀。
(2)拆卸时,先拆连接气门阀的接头,再拆压力表。

二 割管器

割管器主要用于铜管或铝管等较软金属的切断,如图 8-17 所示。用割管器切出的管口整齐光洁,易于涨管,切割时将要切断的管子夹在刀片与滚轮间,刀刃与管子垂直按顺时针方向旋紧把手,然后将割刀旋转几周,直到管子被切断为止。切割铜管时,要将刀口垂直压向铜管,不要扭歪或扭动,否则很容易将刀口边缘崩裂。

三 涨管器

涨管器主要用于铜管或铝管的扩口(制喇叭口),如图 8-18 所示,将割下的平齐的管子放入与管径相同的孔中,管口朝向喇叭面,旋紧夹具,在顶尖部涂少许润滑油,然后用手柄旋紧，先使其顶尖向下旋 3/4 圈，然后退出 1/4 圈，如此反复进行直到变成 60°喇叭口。注意：其接触面不应有裂纹和麻点，以防密封不严。

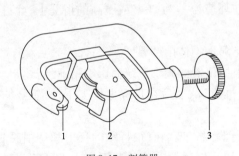

图 8-17　割管器
1-刀架；2-滚轮架；3-旋紧手柄

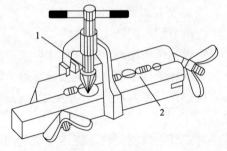

图 8-18　涨管器
1-扩口工具；2-制冷剂固定架

四、离合器毂夹持器

主要用于拆装空调电磁离合器压盘时，对离合器毂进行固定，如图 8-19 所示。

五、离合器皮带轮拔出器

主要用于拆装空调离合器皮带轮时，把离合器皮带轮与转轴分离，如图 8-20 所示。

图 8-19　离合器毂夹持器

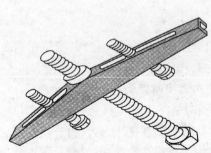

图 8-20　离合器皮带轮拔出器

第九章　汽车空调系统维护与检修

第一节　汽车空调使用与维护

一、空调系统的正确使用

汽车空调正确使用的目的是：减少汽车空调故障和提高其使用寿命；正确使用汽车空调系统，可以节约能源，减少故障出现，并能保证汽车空调系统具有良好的技术状况和工作可靠性，发挥其最大效率，延长其使用寿命；因此，驾驶员在使用空调器时，应注意如下几点：

（1）起动发动机时，空调开关应处在关闭位置。

（2）发动机熄火前，应关闭空调器，以免耗尽蓄电池的电能，造成再次起动困难。

（3）夏天停车时，应尽量避免阳光直晒，以免加重空调的负担；如果在阳光下长时间停车，在开空调之前，应先打开门窗和风机，把车内的热气赶出去。

（4）开空调后，车厢门窗应关闭，以降低热负荷。

（5）在使用空调时，切勿将功能键选在制冷量最大位置而将调风挡选在最小位置，如果这样，冷气排不出去，蒸发器易结霜。

（6）汽车发动机长时间大负荷工作时，为防止其过热，应暂时关闭空调。

（7）应经常清洗冷凝器。清洗时使用压缩空气或冷水冲洗。

（8）冬季不使用空调时，也应定期开启压缩机（每两周一次，每次 10min 左右）以免压缩机轴封处因冷冻油泄露造成转轴咬死，损坏压缩机。

（9）在空调运行过程中，若听到空调装置有异响或发现其他异常情况，应立即关闭空调系统，并及时请有关维修人员进行检修。

（10）防止不洁空气进入，汽车在尘土飞扬的道路上行驶时，应将空气入口置于内循环的位置，以防车外灰尘进入。

（11）不要长时间使用车内空气循环模式，否则没有新鲜空气进入。

（12）车辆停在空气质量差或空气流通不畅的地方时，应开启空气内循环化模式，避免废气进入车内而带来的中毒危险。

二、空调系统的维护

汽车空调的定期检查和维护周期,应根据空调运行的具体情况和相应车辆的维护手册进行。

(一)汽车空调的日常维护

(1)蒸发器风扇以及出风口的调节板和开关要定期除垢去尘,冷凝器翅片应经常用清水冲洗除尘,以保持进气畅通。

(2)经常或定期通过观察窗看制冷剂的流动情况。空调系统及制冷剂量正常时,观察窗应有液体流过。若观察窗中气泡量过多,说明制冷剂不足;若此时发现制冷量有所降低,就应用压力表组测量高、低压侧压力来进一步确诊,必要时补充制冷剂。

(3)经常检查各管路接头是否松动和损坏,压缩机密封处有无泄漏痕迹等,如发现问题,应及时修理。

(4)空调制冷效果差或出现故障时,应及时关闭空调,以防止故障的扩大和恶化,空调故障一般应请专业人士检修。

(5)在使用空调季节,每隔 1~2 周使空调工作 10min 左右,以保持各部件的润滑及密封。

(6)定期更换空调滤清器或防臭滤清。如果不定期更换空调滤清器,可能造成大量的灰尘与杂质附着在过滤器内,使进风量减少并削弱采暖及制冷效果,影响车内空气质量。

(二)汽车空调的定期维护

汽车空调在使用过程中,除了日常维护和检查工作外,还应由汽车空调专业维修人员对空调系统各总成和部件做一些必要的定期维护和调整检查工作。检查的具体内容如下。

1 检查压缩机皮带

查看其张紧力(松紧度)是否适宜,表面是否完好,配对的皮带是否在同一平面上。

皮带过紧会使皮带和压缩机轴承过早磨损;过松则使转速降低,制冷量过小以及发电机的发电量不足。压缩机皮带松紧度检查,在 10kg 的压力下,曲轴张紧轮与压缩机皮带向下的挠度一般在 10~12mm 为合适,如图 9-1 所示。

压缩机皮带松紧度的调整:目前大多数空调压缩机带轮的安装方式是压缩机直接安装在铁架的凸台上,固定不动,中间惰轮安装在一个可调整的支架上。调整时,只要调整中间惰轮的位置即可。

2 检查电磁离合器

接通空调 A/C 开关,压缩机应立即工作;断开空调 A/C 开关,压缩机应立即停止工作。在短时间内断开、接合几次,可检查电磁离合器工作是否正常。如果不

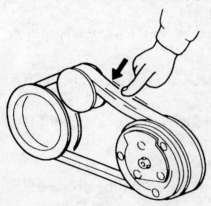

图 9-1 压缩机皮带张紧力检查

正常,应先检查空调电路是否有故障,然后再检查电磁离合器是否正常。

③ 检查高、低压保护开关

高、低压保护开关切断压缩机电磁离合器的电路。正常时,低压开关是闭合的,检查时,用万用表欧姆挡测量其值应为 0Ω;若测量其值为无穷大,则表明低压开关断开。在这时导线跨接低压开关,打开空调 A/C 开关,制冷系统能正常工作,则说明低压开关损坏,更换低压开关。高压开关正常时是断开的,随着制冷系统的压力上升。当压力达到一定值时闭合,这时接通冷凝器风扇的高速挡,如果压力继续上升,上升到 2MPa 时,高压开关断开,切断压缩机电磁离合起的电源。检查时用万用表测量其两端,其电阻应为无穷大。打开空调 A/C 开关,制冷系统正常工作,然后用导线跨接其两端,冷凝器风扇应为高速转动;否则,说明高压开关损坏,应更换。

④ 检查压缩机油面

压缩机有视油窗口,察看油平面是否在红线上。在侧面有放油塞的,可略松开放油塞,如果有油流出就是油量正好;若没有油流出,则需要添加润滑油。如果有油尺的,根据说明书规定用油尺检查。

⑤ 检查膨胀阀

检查膨胀阀感温包与蒸发器出口管是否贴紧,隔热保护是否包扎牢固。

⑥ 检查暖气系统

首先应该保证有足够的冷却液,看看散热器和水箱中是否有足够的冷却液,然后起动发动机,使其怠速 5min 后,打开鼓风机开关,拨动调温键,看看出口的温度是否有变化,操纵机构是否移动自如。如果温度不变,操纵吃力,则应该修理。最后观察暖气系统是否漏水等。

⑦ 检查风机及调速器

按下风机开关后,检查风机工作时是否有异常声响;然后从低挡到高挡分别拨动调速开关,检查其每挡吹出的风量是否有变化。若无风或风速没有变化,则可能是调速器坏或调速电阻坏,应更换。

⑧ 检查观察孔

轿车的观察孔大多数安装在储液干燥器上,通过观察孔来观察制冷系统内部工质流动的情况。观察孔中清晰无气泡,说明制冷剂适量;偶尔出现气泡,并且伴有膨胀阀结霜,说明系统中有水分,若无膨胀阀结霜现象,可能是制冷剂略缺少或混有空气;有气泡且泡沫不断流过,说明制冷剂存量不足,如果泡沫很多,说明系统内可能有空气;有长串油纹,观察孔的玻璃上有条纹状的油渍,说明冷冻机油量过多,如图 9-2 所示。

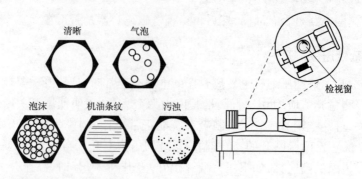

图 9-2 观察窗迹象

⑨ 检查冷凝器

冷凝器的清洁程度与其换热状况有很大关系,因此应经常清洁其表面,以免冷凝器散热不良而造成冷凝器的压力和温度过高,制冷能力下降等情况。在清洁过程中,应注意不要把散热片碰倒,更不能损伤制冷管道。

⑩ 检查空调滤清器

进入车厢内的空气都要经过滤清器,因此应经常检查该过滤器是否被灰尘、杂物所堵塞并进行清洁,如图 9-3 所示,如果滤芯已经积了不少灰尘和污垢,需要使用风枪吹掉滤芯表面灰尘脏物,如果太脏的话,建议直接更换。一般情况下,车辆每行驶 5000km 或 6 个月就应对空调滤清器进行一次清洁,每行驶 20000km 或 24 个月就应该更换空调滤清器滤芯。

图 9-3 空调滤芯的清洁

(三)空调系统的清洗

(1)清洗汽车空调系统时,首先打开车门、车窗,起动发动机并使之怠速运转,开启空调并将通风模式开关置于外循环位置,将空调开关置于冷热中间位置,将鼓风机开关置于最高挡。

(2)关闭车内的所有空调出风口,取出空调进风口的空调滤清器滤芯,将汽车空调清洗剂(图9-4)喷入空调进风口(图9-5),使清洗剂在空调送风口系统内进行内循环,确保清洗剂循环到空调系统各个风道。

(3)伴随着清洗过程的进行,空调送风系统内的污物,会随着清洗剂从位于汽车底盘处的蒸发器排水管排出车外。待蒸发器排水管不再有污物和泡沫排出时,可以逐一打开车内的空调出风口。若有污物和泡沫由此排出,可用抹布擦拭干净。

图9-4 空调清洗剂

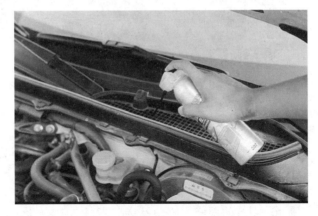

图9-5 将清洗剂喷入空调进风口

（4）待蒸发器排水管和车内的空调出风口均不再有污物和泡沫排出时,更换新的空调滤清器滤芯,或将旧滤芯清理干净后再装回原位,清洗工作结束。

三、空调系统的维修注意事项

（1）在更换零件前,应慢慢地排出制冷剂。

（2）拆开的零件应立即加塞子,以防止水分和灰尘进入系统。新的零件也应加塞子后放置。

（3）在安装新压缩机前,应从检测充注阀排出制冷剂气体。如果不先排出制冷剂气体,当拔除塞子时,压缩机油将会和制冷剂气体一起喷出。

（4）在进行管子弯曲或拉长操作时,不要使用喷灯;否则,管子内会产生氧化皮,从而堵塞系统管道。

（5）特别注意事项:安装时空调系统必须保持一定的润滑油总量。

如果要更换压缩机、蒸发器、冷凝器、过滤器储液干燥器或空调管路,必须向系统补充规定量润滑油,以补偿随原来部件流失的润滑油。

（6）不要在封闭的室内或靠近明火处理制冷剂。

（7）在操作时应戴安全护目镜。

（8）小心不要使制冷剂进入眼睛或接触皮肤,万一液态制冷剂进入眼睛或沾到皮肤上时,应采取以下措施:不要擦眼睛或皮肤,用大量冷水冲洗沾到制冷剂的部位后,用清洁的凡士林涂擦皮肤,并立即去医院治疗。

（9）绝对不要直接加热制冷剂罐,其最高温度须保持在40℃以下。

（10）连接加注装置与空调器前,确保手动切断阀已关闭。加注装置从空调器上拆下来之前,确保加注过程已完成,以避免任何制冷剂泄漏到大气中。

（11）维修保养带有空调装置的车和处理R134a时,需要执行行为规范和安全措施,以防止泄漏的制冷剂伤及人员,如图9-6所示。

戴上防护手套　　　　　戴上护目镜　　　　严禁火、未封闭光源和吸烟

图 9-6　处理 R134a 时的防护设备

第二节　汽车空调制冷系统的检修

汽车空调制冷系统的检修主要包括：制冷剂的排放及回收、抽真空、检漏、充注制冷剂、加注冷冻润滑油等基本操作。

一、制冷系统压力检测

用歧管压力表检查系统压力，如图 9-7 所示。

检测方法：预热发动机；使发动机保持在 1500r/min 或 2000r/min（按维修手册规定）运转；打开空调开关，将鼓风机转速设置为最高挡；设置成内循环模式；将温度控制模式设置为最冷；关闭所有的门以及窗口。

在上述特定条件下，将歧管压力表与空调系统相连，关闭歧管压力表上的高压和低压侧手阀，从歧管压力表上读取压力值；空调系统功能正常，歧管压力表读数为：低压侧 0.15～0.25MPa。高压侧 1.2～1.6MPa，注意：这里的表压力为 R134a 空调系统，如果是 R12 空调系统，压力表读数为：低压侧 0.15～0.2MPa，高压侧 1.2～1.6MPa。

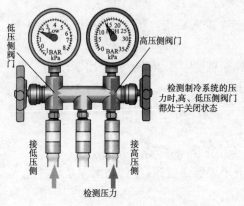

图 9-7　制冷系统压力检测

二、制冷剂的回收利用

1　制冷剂回收利用的意义

在进行汽车空调系统的维修时，通常情况下是禁止将系统中的制冷剂直接向大气排放（特别是 R12 空调系统）；应对制冷剂进行回收、循环利用。这样既能防止破坏臭氧层，危害大气环境，又能有效地利用资源，修理成本节约。

制冷剂的回收必须使用汽车空调制冷剂回收/再生/充注机来完成，如图 9-8 所示。

2 制冷剂的回收操作步骤

以罗宾耐尔347112K冷媒充放机为例，如图9-9所示，操作步骤如下：

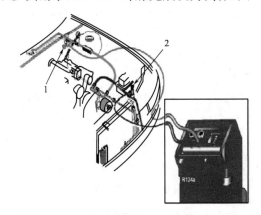

图9-8 制冷剂的回收
1—R134a充注接口(低压侧)；2—R134a充注接口(高压侧)

图9-9 罗宾耐尔347112K冷媒充放机

（1）打开主电源开关，显示屏显示"制冷剂重量×.××kg"。
（2）检查设备左侧的排油瓶油面记下油面刻度。
（3）按下回收键。
（4）如果这时显示屏中显示"已过滤×××kg"，这说明设备已累计回收及再生的制冷剂多达68kg或更多，需更换干燥过滤器，更换干燥过滤器后，按启动键，累计数清零，程序回到正常菜单。
（5）将高低压管连到汽车空调的高低压接口上，并打开快速接头阀门，将面板上的高低压阀，逆时针旋转到"RECOVER/VACUUM"位置，按启动键启动回收操作。
（6）系统压力低时，回收将暂停，并在显示屏提示"系统压力低"。当压力回升或按启动键后，可继续执行回收；或按停止键，退出回收程序。
（7）回收开始后，设备先进行内部清除，程序有两种选择：一是默认清除程序，不做任何改动；二是按启动键跳出清除程序。当回收时要求准确计量回收重量时，选择默认清除程序；当要求回收速度快时，选择跳出清除程序。
（8）设备回收至系统压力到25PSI时，回收自动停止。设备自动排油，油滴排完大约需要90s以上，记下排油瓶内油面增加数。全部结束后，显示屏显示"已回收×.××kg"。

三、制冷剂排放

在拆卸空调系统中的任何零部件前，都必须先排出空调系统中的制冷剂，操作步骤如图9-10所示。

（1）将歧管压力表接至空调系统，方法如下：

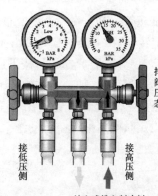

进行系统的放空或排空制冷剂时，低压侧阀门处于关闭状态，高压侧阀门处于打开状态

图9-10 制冷剂的排放

先关闭压力表上高压和低压连接管侧手阀,将低压软管接至低压检测充注阀,高压软管接至高压检测充注阀,并用手拧紧软管螺母。

(2)将管压力表的中央软管自由端放在一干净的工作布上。

(3)很慢地打开高压侧手阀调节制冷剂流量,打开手阀时要轻微而且缓慢,以防制冷剂排放太快,压缩机油从空调系统中流出。

(4)检查干净工作布上是否有油,如果有,应关小手阀。

(5)当高压表读数降到343kPa时,慢慢打开低压侧手阀。

(6)随着空调系统压力下降,逐步将高压和低压侧手阀全开,直至两个表读数为0kPa。

四、制冷系统抽真空

空调系统一经开放就必须抽真空,以清除可能进入空调系统的空气和水分。抽真空的设备一般使用真空泵或者制冷剂回收/再生/充注机,如图9-11、图9-12所示。

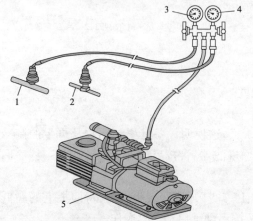

图9-11 制冷系统抽真空、真空泵与制冷系统的连接
1-低压管;2-高压管;3-低压表;4-高压表;5-真空泵

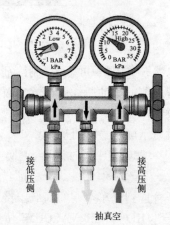

图9-12 制冷系统抽真空、歧管压力表手动阀的位置

1 罗宾耐尔347112K冷媒充放机抽真空步骤:

(1)按下抽真空键。

(2)将高低压管连到汽车空调的高低压接口上,并打开快速接头阀门,将面板上的高低压阀,逆时针旋转到"RECOVER/VACUUM"位置,连接完毕后按启动键。

(3)按数字键修改抽真空时间,按下启动键。

(4)设备运行过程中,如遇特殊情况需要停止可按停止键暂停。如需恢复操作,按启动键恢复;如需停止操作,按停止键退出程序。

(5)到达设定时间后抽真空自动结束,如补充冷冻油,请继续执行下面的程序;如不补充冷冻油,按停止键退出程序。

2 注意事项

(1)抽真空时必须将高压和低压侧管接头与空调系统相连,如果只有一侧管接头与空调系统相连,空调系统会通过其他管接头与大气相通,使空调系统不能保持真空。

(2)系统抽真空后必须立即关闭接管压力表手阀,然后停止真空泵的工作。

(3)关掉真空泵后,继续检查压力歧管表的压力读数。

(4)如果压力读数在真空泵停止运转后保持5min不变,证明制冷系统没有泄漏,可以继续进行下一步工作;如果读数改变了,证明系统有泄漏。进行检查、修补泄漏部分后,重新抽真空。

五、制冷系统制冷剂充注

在制冷剂的充注前插入文字:充注制冷剂前,应先弄清注入制冷剂的类型和数量。一般在汽车前围或发动机舱盖内侧都贴有标签,注明该车所用制冷剂的种类及其充注量,如图9-13所示。制冷剂的充注分为高压侧液态制冷剂的充注和低压侧气态制冷剂的充注,如图9-14、图9-15所示。

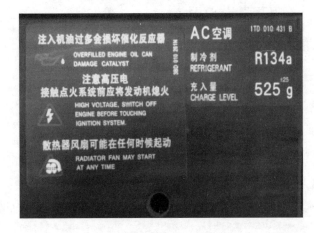

图9-13 大众途安汽车前围上的制冷剂标签

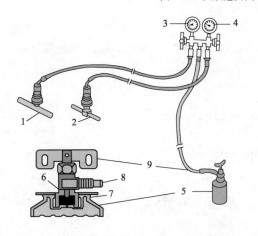

图9-14 制冷剂的充注、歧管压力表与制冷剂罐的连接
1-低压管;2-高压管;3-低压表;4-高压表;5-制冷剂罐;
6-针阀;7-密封垫;8-连接处;9-手柄

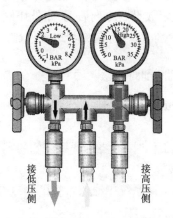

图9-15 制冷剂的充注、歧管压力表手动阀的位置

1. 高压侧液态制冷剂的充注

将制冷剂从压缩机高压侧充注到制冷系统,注入的是制冷剂液体,所以加液速度快,这种充注法适用于首次向制冷系统充注制冷剂,如图9-16所示。

(1)制冷系统抽完真空后,发动机熄火。

(2)制冷剂注入之前,要排除制冷剂注入管道中的空气。

(3)关闭低压侧手阀,完全打开高压侧手阀,并保持制冷剂罐倒置。

(4)制冷剂充入空调系统后,关闭高压手阀。

注意: (1)空调系统中制冷剂数量足够时,干燥器液窗上应无任何气泡流动。

(2)如果低压表没有显示读数,空调系统一定被阻塞,必须进行修理。

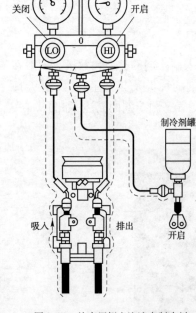

图9-16 从高压侧充注液态制冷剂

2. 低压侧气态制冷剂的充注

将制冷剂从压缩机低压侧充注到压缩机内,注入的是制冷剂气体,所以充注速度慢;这种充注法适用于汽车空调制冷系统制冷剂不足时补充添加,如图9-17所示。

(1)排除制冷剂注入管道中的空气。

(2)制冷剂罐竖直向上放置,打开低压侧手阀,调节手阀使低压表读数不超过412kPa。

(3)将发动机置于快怠速,并使空调系统运行。

(4)充入规定数量制冷剂后,关闭低压侧手阀。

在充入制冷剂时,可将制冷剂罐浸入热水(最高温度40℃)中,可加快注入速度。

3. 充入制冷剂时注意事项

(1)如果空调系统中制冷剂量不足,则压缩机油作用减弱,从而可能引起压缩机烧坏。

(2)压缩机工作时,不要打开高压侧的阀门;否则,制冷剂就会以相反的方向流动,从而引起制冷剂罐破裂。

(3)不要向空调系统中充入过量的制冷剂;否则,会引起诸如冷却不足、油耗增大及发动机过热之类的故障。

(4)通过高压侧充入制冷剂时,决不能起动发动机,也不要打开低压侧手阀。

(5)在充注汽车制冷剂之前需要为汽车空调补充冷冻油,补充油的数量依照回收时的排油数量确定。

4 罗宾耐尔 347112K 冷媒充放机充注步骤

（1）按充注键。

（2）将高低压管连到汽车空调的高低压接口上，并打开快速接头阀门，将面板上的高、低压阀顺时针旋转到"CHANGE/INGECT OIL"位置，连接完毕后按启动键。

（3）按数字键修改充注量，再按启动键确认。

（4）如果输入重量与工作罐中制冷剂相减后远远小于1.36kg，充注程序将无法正常运行，显示屏提示制冷剂不足。

（5）设备没有停止充注时，不得中断，设备充注量达到设定值自动结束。当充注速度仅为30s充注0.02kg时，设备提示充注速度慢而自动停止充注。

（6）当充注速度慢暂停后，请参阅不完全充注程序。

注意：设备在通电过程中，制冷剂原罐应保持一定的制冷剂数量，并保证制冷剂补液管与原罐连接正常。在待机状态几分钟后设备将自动从原罐中补充制冷剂。

（7）充注完成后，将高、低压管从空调系统上拆下。

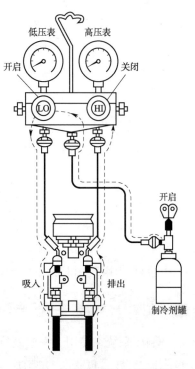

图9-17 从低压侧充注气态制冷剂

六、冷冻机油的加注

1 直接向压缩机内加注冷冻机油

图9-18所示为冷冻机油的直接加注。

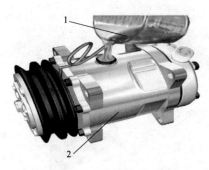

图9-18 冷冻机油的直接加注
1-冷冻机油；2-空调压缩机

（1）将需更换的压缩机内的润滑油排出并测量润滑油量，将新的压缩机内的润滑油排尽，重新对新的压缩机定量充注润滑油时，油量为更换压缩机排出并测量的润滑油量，再增加10~15mL。

（2）将需修理的压缩机内的润滑油排出并测量润滑油量，重新装配压缩机后，再将等量的新的润滑油注入压缩机内。

2 利用歧管压力表加注冷冻机油

如图9-19所示为利用歧管压力表加注冷冻机油。

（1）将歧管压力表接至空调系统，将空调系统抽真空至92kPa。

（2）将规定数量的冷冻机油倒入油杯中，并将中央软管放入杯中。

（3）打开高压侧手阀，油从油杯中被吸入空调系统，油杯中油一干，应立即关闭高压侧手阀，以免吸入空气。

（4）加完压缩机冷冻机油后，应再次对空调系统抽真空。

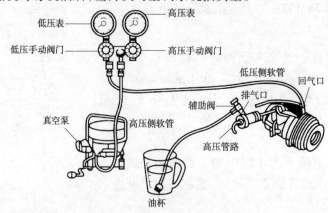

图 9-19　利用歧管压力表加注冷冻机油

也可利用冷冻机油加注器加注，方法与利用歧管压力表加注一样。

七　制冷系统泄漏检测

制冷系统在使用过程中及维修后，当系统的压力及真空无法保持时，就说明系统出现制冷剂泄漏，应进行制冷剂泄漏位置的确定与排除。

制冷剂泄漏的检测方法有：肥皂泡检漏、电子检漏仪检漏、卤素灯检漏、紫外线荧光检漏等。目前使用较多的是电子检漏仪检漏、肥皂泡检漏、紫外线荧光检漏 3 种。

泄漏检测的主要检查部位是：各接口连接处、软管表面、压缩机油封、密封垫、高低压加注阀、冷凝器表面、膨胀阀及连接处、储液器或管件上的窥视孔、蒸发器表面、高压和低压开关等处，如图 9-20 所示。

1　电子检漏仪（图 9-21）

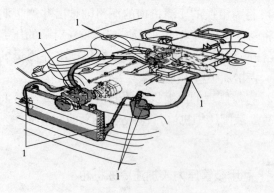

图 9-20　制冷剂泄漏的检测位置
1-泄漏检测点

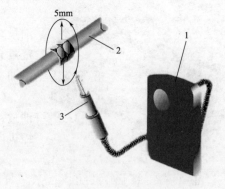

图 9-21　电子检漏仪
1-电子检漏仪；2-制冷系统管道；3-检测探头

检测步骤（按使用说明书进行）：

（1）把电子检漏仪的全部控制器和开关拨到断开位置或归零。

（2）电子检漏仪接上电源，预热 5~10min。

(3)开启电子检漏仪,可以听到轻微的嘀嘀声,调整好检漏仪的灵敏度。

(4)将电子检漏仪探头的头部靠近制冷系统各部件及管路接口容易发生泄漏处,距离3~5mm,慢慢移动(不要让探头的头部直接接触部件或接口;否则,可能产生读数错误并损坏探头)。

(5)当电子检漏仪的探头检测到泄漏时,嘀嘀声的频率会明显加快,发出警告声;重复检测2~3次,以确定泄漏位置;作好泄漏标记。电子检漏仪分为3种:R12检漏仪,R134a检漏仪和可检测R12和R134a的两用电子检漏仪。

❷ 肥皂泡检漏

如图9-22所示,向系统充入100~200kPa压力的氮气,再在系统各部位涂上肥皂水,冒泡处即为渗漏点。这种办法是目前路边修理厂最常见的检漏方法。但是人的手臂是有限的,人的视力范围也是有限的,很多时候根本看不到漏点。使用时要防止弄湿车上的电气系统,否则可能引起不必要的麻烦。

❸ 卤素灯检漏

点燃检漏灯,手持卤素灯上的空气管,当管口靠近系统渗漏处时,火焰颜色变为紫蓝色,即表明此处有大量泄漏。这种方式有明火产生,不仅很危险,而且明火和制冷剂结合会产生有害气体,此外也不易准确地定位漏点,所以这种办法现很少有人使用。

❹ 紫外线荧光检漏

荧光检漏利用荧光检漏剂在紫外/蓝光检漏灯照射下会发出明亮的黄绿色光的原理,对各类系统中的流体渗漏进行检测。使用时,只需将荧光剂按一定比例加入到系统中,系统运行20min。戴上专用眼镜,用检漏灯照射系统的外部,泄漏处将呈黄绿色荧光,如图9-23所示。荧光检漏的优点是定位准确,渗漏点可以直接用眼睛看到,而且使用简单方便,同时具有预防控制泄漏的作用。

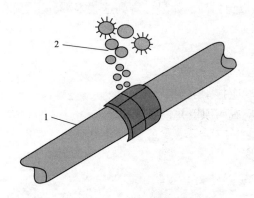

图9-22 使用肥皂泡进行检漏
1-制冷管道;2-泄漏的气泡

图9-23 紫外线荧光灯检漏

第三节 汽车空调系统部件的拆装与检修

一、管路的维修、更换

1. 拆卸

(1)在开始拆卸零件之前,必须先将电池的负极拔掉,如图9-24所示。

(2)当制冷系统、空调的管路打开时,一定要给每个开口盖上保护帽以防灰尘、外界杂质或水分的侵入。

在每个管子的末端都安上保护帽,直到管子被接到制冷系统上,如图9-25所示。

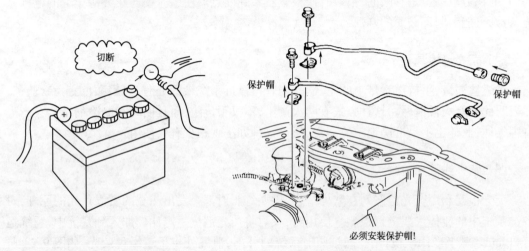

图9-24 拆下蓄电池的负极接头　　　图9-25 拆下制冷系统的管道

(3)在连接管子的时候,给O形圈加一点压缩机油,并且用两个扳手来紧固螺母。注意不要将压缩机油溅到涂漆的零件或塑料零件上,以免污浊。如果已溅到这些零部件上,要立即擦除,如图9-26所示。

2. 制冷系统管道检查

(1)检查管子和软管的连接是否松动,若松动应拧紧至规定力矩。

(2)检查管子和软管是否有渗漏现象,若有应查明原因并按要求修理。

二、冷凝器总成的拆装与检修

1. 拆卸

重要注意事项:断开蓄电池会影响某些车辆的电子系统。断开蓄电池要按照蓄电池断开程序进行。

（1）断开蓄电池搭铁引线。
（2）从空调系统中回收制冷剂。
（3）按如下程序拆卸散热器上罩2，如图9-27所示。

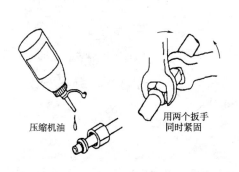

图9-26　更换管道的O形圈

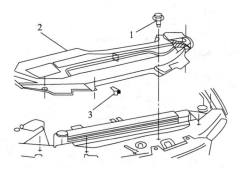

图9-27　拆卸散热器上罩
1-固定件；2-散热器上罩；3-卡夹

①利用小的平刃螺丝刀，向上撬松固定件1的芯轴，然后拆卸固定件。
②向上提起散热器罩，以脱开卡夹3并拆卸散热器罩。
③从模制在风扇护罩上的卡夹2中松开自动变速器冷却管1，如图9-28所示。
④挤压主线束至冷却风扇电动机线束连接器上的凸舌以便将连接器拆下，如图9-29所示。

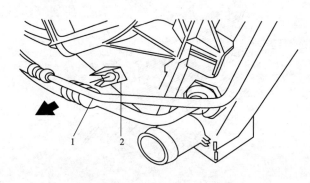

图9-28　松开自动变速器冷却管
1-自动变速器冷却管；2-风扇护罩上的卡夹

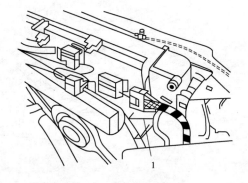

图9-29　拆卸线束连接器

⑤拆卸压缩机排气管接至冷凝器的固定螺母。
⑥堵上所有打开的管路，以防湿气进入系统。
⑦报废O形密封圈。
⑧从过滤器储液干燥器2上拆卸液管接头1并报废O形密封圈3，如图9-30所示。
⑨从环境温度传感器2上断开线束连接器1。切勿从冷凝器4上将托架3拆下，如图9-31所示。
⑩用螺丝刀压缩散热器固定卡夹，以便将其从散热器上安装托架中撬出。
⑪将散热器总成从减振块上取下。倾斜散热器总成上部，使其斜靠在散热器支架总成后面。

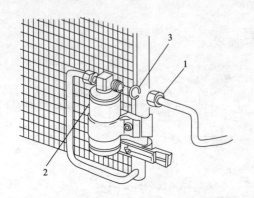

图9-30 拆卸过滤器储液干燥器的液管接头
1-液管接头;2-储液干燥器;3-O形密封圈

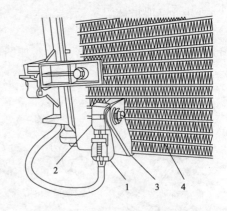

图9-31 拆卸环境温度传感器的线束连接器
1-线束连接器;2-环境温度传感器;3-托架;4-冷凝器

⑫松开冷凝器至散热器的固定卡夹。操作时按图中箭头指示,用手指按压锁舌,同时用另一只手抬起冷凝器总成。对于另一侧,重复本程序,如图9-32所示。

⑬向上抬起冷凝器总成,将其提离散热器前部的模制支座。将过滤器储液干燥器随冷凝器一并拆卸。

⑭必要时,拆卸过滤器储液干燥器,如图9-33所示。

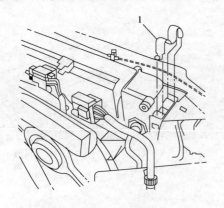

图9-32 松开冷凝器的固定卡夹
1-固定卡夹锁舌

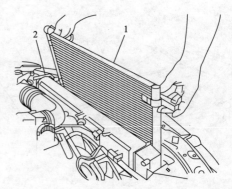

图9-33 抬起冷凝器总成
1-冷凝器总成;2-散热器

2 检修

(1)检查冷凝器散热片是否阻塞或损坏,如果散热片有污垢,则可用水清洗,并用压缩空气吹干。如果散热片已弯曲,则可用螺丝刀或钳子校直,但应小心不要损伤散热片。

(2)用气体渗漏检测器检查冷凝器接头是否渗漏;如有渗漏,应检查各接头的拧紧力矩是否达到规定值。

3 安装

按与拆卸相反的顺序重新安装冷凝器,同时注意如下事项:

(1)在安装散热器前,检查散热器芯,确保散热器翅片上没有异物。用压缩空气由后向前吹,清理散热器芯翅片。

(2)确保散热器下减振块正确装入散热器支承板。

(3)确保将上减振块安装到上插脚上,检查散热器上安装支架两侧的卡夹是否卡紧,以确保散热器夹持器正确安装在散热器两侧。

(4)安装过滤器储液干燥器。

(5)用经过润滑的新O形密封圈安装液管和排气管。紧固接头至正确的扭矩规格。

(6)将空调系统抽空并加注制冷剂。

(7)保证风扇和护罩总成至散热器的固定卡夹完全接合,上侧卡夹的两个锁舌将护罩正确固定。

三、储液干燥器的拆装与检修

1 拆卸

(1)从空调系统中回收制冷剂。

(2)从储液干燥器(FDR)2上拆卸液管接头1并报废O形密封圈3,如图9-34所示。

(3)从过滤器储液干燥器上拆卸排气管接头4,再将排气管5小心地向左拉,以便拆卸过滤器储液干燥器。报废O形密封圈6。

(4)拆卸过滤器储液干燥器安装托架2上的螺钉1,见图9-35。

(5)堵上所有打开的管路,以防湿气进入系统。

(6)展开托架,然后将过滤器储液干燥器3向上提离托架,如图9-35所示。

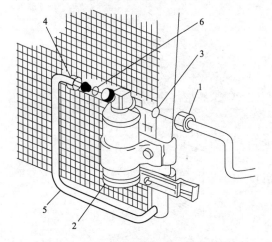 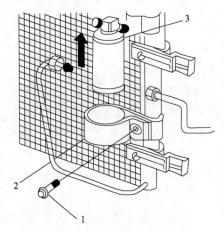

图9-34 拆下储液干燥器的液管接头
1-液管接头;2-储液干燥器(FDR);3-O形密封圈;
4-排气管接头;5-排气管;6-O形密封圈

图9-35 拆下储液干燥器体
1-螺钉;2-过滤器储液干燥器安装托架;
3-过滤器储液干燥器

2 检修

储液干燥器内干燥剂失效时,湿气会集聚在膨胀阀孔口,结成冰块,使系统发生堵塞,此时必须更换。储液干燥器内部滤网堵塞,必须更换储液干燥器。如果出液管残破,液体管路内发生不正常的气体闪亮,应更换储液干燥器。

3 安装

按与拆卸相反的顺序重新安装过滤器储液干燥器(FDR),同时注意以下事项:

（1）安装过滤器储液干燥器1,保证冷凝器接头与过滤器储液干燥器顶端冲压有IN字样一端的螺纹2相连。

（2）用经过润滑的新O形密封圈将液管和排气管安装至冷凝器。紧固安装螺钉和接头至正确的扭矩规格。

（3）将空调系统抽空并加注制冷剂,如图9-36所示。

4 安装注意事项

（1）垂直安装,这样才可保证出口管将随制冷剂一起循环的冷冻润滑油压出储液干燥器,并流回压缩机,保证出口到膨胀阀都是液态制冷剂,使膨胀阀正常工作。

（2）进出口不能接错,若接错进出管口,冷冻润滑油就会储存在储液器内,压缩机没有足够的油润滑。同时,其出口还会有气泡,使膨胀阀无法正常工作。

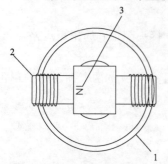

图9-36 注意储液干燥器的安装记号
1-过滤器储液干燥器;2-螺纹;3-冲压有"IN"字样

（3）安装或维修制冷系统时,储液器应最后接入系统,防止新干燥剂吸收空气中的水分而破坏其干燥性能。

四 膨胀阀的拆装与检修

1 拆卸

（1）回收空调系统中的制冷剂。

（2）拆卸液管和吸气管板2至热膨胀阀(TXV)3的带垫圈的螺钉1,见图9-37。

（3）拆卸吸气管4和液管5。

（4）拆卸并报废液管和吸气管的O形密封圈6。

（5）松开两颗带帽螺钉7,然后拆卸热膨胀阀。

（6）拆卸并报废蒸发器管O形密封圈8。

2 检修

膨胀阀的故障主要是阀口卡死;如果膨胀阀有故障,低压表读数将落至0,同时蒸发器的进出管口侧无温差,一般进行更换。当出现震动噪声时,必须更换膨胀阀。

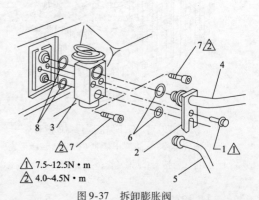

⚠ 7.5~12.5N·m
⚠ 4.0~4.5N·m

图9-37 拆卸膨胀阀
1-螺钉;2-吸气管板;3-热膨胀阀(TXV);4-吸气管;
5-液管;6-O形密封圈;7-带帽螺钉;8-O形密封圈

3 安装

(1)润滑两个O形圈并安装至蒸发器管。
(2)将热膨胀阀安装至蒸发器管。
(3)将热膨胀阀安装至蒸发器管板,然后安装两条带帽螺钉。紧固螺钉至规定扭矩。热膨胀阀至蒸发器管固定螺钉的扭矩值为4.0~4.5N·m。
(4)将经过润滑的新O形密封圈安装至吸气管和液管。
(5)安装液管,然后再将吸气管管板安装至热膨胀阀。
(6)安装带垫圈的螺钉并紧固至规定扭矩。
液管和吸气管固定板至热膨胀阀螺钉的扭矩值为7.5~12.5N·m。
(7)将空调系统抽空并加注制冷剂。

五、蒸发器的拆装与检修

1 拆卸

(1)回收空调系统中的制冷剂。
(2)拆卸热膨胀阀接头托架2至暖风、通风与空调装置3的固定螺钉1,然后拆卸托架,见图9-38。

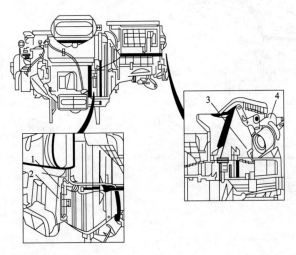

图9-38 拆卸蒸发器箱
1-固定螺钉;2-热膨胀阀接头托架;3-空调装置;4-加热器芯

(3)拆卸加热器芯4。
(4)从蒸发器温度传感器连接器上拆卸线束连接器。
(5)拆卸进气执行器的真空管路。
(6)拆卸夹持器1并从前壳3上拆卸线束2,见图9-39。
(7)从水阀真空开关阀5上拆卸真空管路4。
(8)拆卸前壳2至上、下壳体总成的8条固定螺钉1,见图9-40。

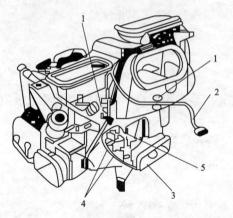

图9-39 拆卸蒸发器箱上的线束及真空管
1-夹持器;2-线束;3-前壳;4-真空管路;5-水阀真空开关阀

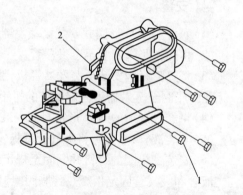

图9-40 拆卸蒸发器箱上、下壳体总成的固定螺钉
1-固定螺钉;2-前壳

(9)拆卸穿过上壳体安装的10条螺钉4、穿过下壳体安装的1条螺钉5和4只卡夹6,然后从上壳体3上拆开下壳体2,这样就能拆卸蒸发器1了。切勿从壳体上拆卸风门。如图9-41所示。

(10)如果要更换蒸发器,从蒸发器上拆卸蒸发器温度传感器卡夹1,然后拆卸传感器3,见图9-42。

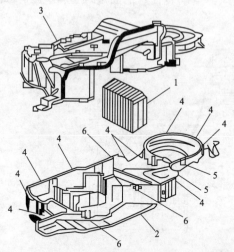

图9-41 分解蒸发器箱上、下壳体
1-蒸发器;2-下壳体;3-上壳体;4-螺钉;5-螺钉;6-卡夹

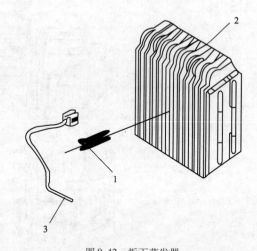

图9-42 拆下蒸发器
1-温度传感器卡夹;2-蒸发器;3-传感器

(11)从上壳体上小心地拆下蒸发器。从上壳体上拔下管路,以便拆卸。

(12)从蒸发器1另一侧拆卸固定蒸发器管2的螺钉3。从蒸发器管上拆卸并报废O形密封圈4,如图9-43所示。

② 蒸发器的检修

(1)检查蒸发器的散热片是否被阻塞,如果散热片被阻塞,则可用压缩空气吹干净,但不可用水清洗蒸发器。

(2)检查接头是否有裂缝和划痕,如有按需要进行修理。

(3)检查蒸发器表面是否有快速结冰时现象,快速结冰可能会导致压缩机损坏。行驶时间较长并且空气湿度高时,出现结冰现象有时是正常的。

(4)检查蒸发器后面的温度传感器是否有故障,如果传感器为空调的控制单元提供错误数值或者未插入到外壳中时,压缩机的输送功率就不能进行正确调节。

③ 安装

按与拆卸相反的顺序重新安装蒸发器,同时注意如下事项:

(1)将新的蒸发器O形密封圈安装至蒸发器管接头。

(2)紧固蒸发器管螺钉至规定扭矩。

(3)将蒸发器温度传感器正确安装至蒸发器。

(4)紧固暖风、通风与空调装置壳体螺钉至规定扭矩。

(5)紧固热膨胀阀接头托架螺钉至规定扭矩。

(6)抽空系统,然后加注制冷剂。

六、鼓风机电动机和风扇总成的拆装

① 拆卸

(1)拆卸右侧仪表板下隔音板总成。

(2)必要时,拆卸车身控制模块。

(3)从鼓风机电动机和风扇总成分线束上拆卸分线束连接器1,见图9-44。

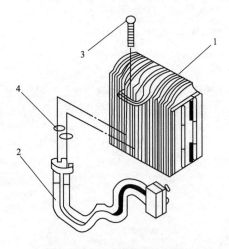

图9-43 拆下蒸发器的连接管
1-蒸发器;2-蒸发器管;3-螺钉;4-O形密封圈

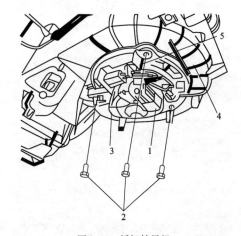

图9-44 拆卸鼓风机
1-分线束连接器;2-螺钉;3-鼓风机电动机和风扇总成;
4-下壳体;5-鼓风机电动机和风扇总成分线束及托架

(4)拆卸3条螺钉2,再从下壳体4上拆卸鼓风机电动机和风扇总成3。

(5)从鼓风机电动机上拆卸鼓风机电动机和风扇总成分线束及托架5。

② 安装

按与拆卸相反的顺序重新安装鼓风机电动机和风扇总成。紧固螺钉至规定扭矩。

七、鼓风机电动机电子控制器

拆卸步骤:
(1)拆卸右侧仪表板下隔音板总成。
(2)从鼓风机电动机电子控制器2上拆卸线束连接器1,见图9-45。
(3)拆卸控制器至暖风、通风与空调装置4的2条固定螺钉3。
(4)从暖风、通风与空调装置下方拆卸控制器。

八、暖气系统的分解

暖气系统的分解如图9-46所示。

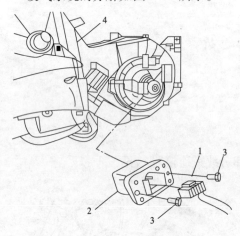

图9-45 拆卸鼓风机控制器
1-线束连接器;2-鼓风机电动机电子控制器;3-螺钉;4-空调装置

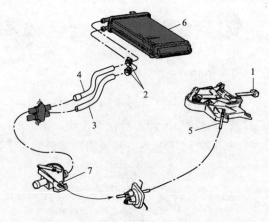

图9-46 暖气系统的分解图
1-暖气拨杆;2-夹箍;3-热交换器至凸缘接头导管;4-暖气调节阀至热交换器导管;5-暖气调节阀拉索;6-热交换器;7-暖气调节阀

九、通风系统的分解

通风系统的分解如图9-47所示。

十、空调压缩机总成的拆装与检修

① 空调压缩机总成拆卸

(1)断开蓄电池搭铁引线。
(2)从空调系统中回收制冷剂。

(3)拆卸吸气/排气管接管板2至空调压缩机总成3的固定螺母1,如图9-48所示。
(4)拆卸并报废端口密封件。

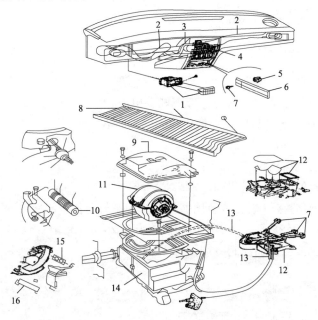

图9-47 通风系统的分解图
1-侧面空气出风口;2、3-导风管;4-中央出风口;5-鼓风机开关;6-空调控制盖板;7-鼓风机调速开关旋钮;8-排水箱挡水罩;9-风箱盖;10-鼓风机调速电阻;11-鼓风机;12-通风调节装置;13-通风拉索;14-新鲜空气风箱;15-密封圈;16-新鲜空气风箱风门

(5)立即盖上或堵住断开的软管和端口,防止吸入大气中的湿气。
(6)拆卸附件传动皮带,参见"发动机机械系统"。
(7)断开压缩机离合器电气连接器。
(8)用千斤顶顶起车辆。
(9)拆卸压缩机总成2与压缩机安装托架3之间的3个固定螺母,如图9-49所示。

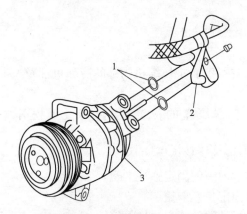

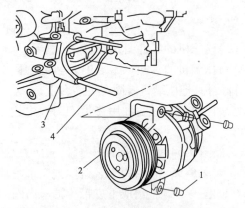

图9-48 拆卸空调压缩机的连接管道
1-固定螺母;2-吸气/排气管接管板;3-空调压缩机总成

图9-49 拆卸压缩机总成的固定螺母
1-固定螺母;2-压缩机总成;3-压缩机安装托架;4-安装螺柱

(10)拆卸压缩机的3条安装螺柱4。

重要注意事项:压缩机安装螺柱的外端攻有六角形螺母螺纹,这样可便于拆卸。

(11)拆卸压缩机总成。

❷ 空调压缩机总成安装

(1)重新安装压缩机安装螺柱。

(2)安装空调压缩机总成并紧固螺母至规定扭矩。

空调压缩机总成固定螺母的扭矩值为 40.0~60.0N·m。

(3)安装附件传动皮带。

(4)拆卸压缩机端口护帽。

(5)安装两个新的端口密封垫圈。

(6)将吸气/排气管接管板安装至压缩机并紧固螺母至规定扭矩。

压缩机吸气/排气管接管板固定螺母的扭矩值为 25.0~35.0N·m。

(7)将空调系统抽空并加注制冷剂。

❸ 压缩机分解与检修

(1)压缩机的总的分解图,如图 9-50 所示。

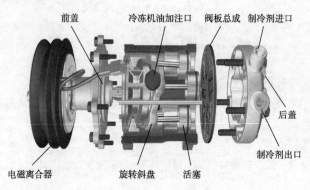

图 9-50　空调压缩机的分解图

(2)压缩机的零件图,如图 9-51 所示。

(3)压缩机的拆卸。如图 9-52 所示,压缩机拆卸前,把压缩机内部的冷冻机油及所有压力都排放掉,把压缩机紧固在拆装台上。

①如图 9-53 所示,用专用工具固定离合器压盘的位置,用套筒扳手松开紧固螺母。

②如图 9-54 所示,拆下压力盘,从压力盘上拆下调整垫片。

③如图 9-55 所示,用卡簧钳拆去皮带轮轴承内圈的固定弹性卡簧。

④如图 9-56 所示,取下皮带轮轴承内圈的固定弹性卡簧。

⑤如图 9-57 所示,用卡簧钳拆去皮带轮轴承外圈的固定弹性卡簧。

⑥如图 9-58 所示,取下皮带轮轴承外圈的固定弹性卡簧。

⑦如图 9-59 所示,取下驱动轴上的半圆键。

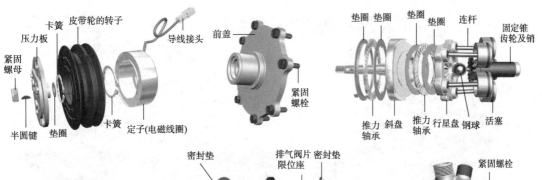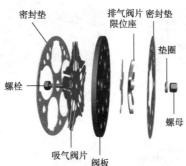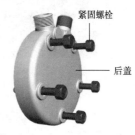

图 9-51 空调压缩机的零件图

图 9-52 放掉冷冻机油

图 9-53 松开离合器压盘紧固螺母

图 9-54 拆下压力盘

图 9-55 用卡簧钳拆皮带轮轴承内圈的固定弹性卡簧

图 9-56　取下皮带轮轴承内圈的固定弹性卡簧

图 9-57　拆去皮带轮轴承外圈的固定弹性卡簧

图 9-58　取下皮带轮轴承外圈的固定弹性卡簧

图 9-59　取下驱动轴上的半圆键

⑧如图 9-60 所示，用专用工具（拉器）拉出皮带轮。

⑨如图 9-61 所示，取下皮带轮。

图 9-60　拉出皮带轮

图 9-61　取下皮带轮

⑩如图 9-62 所示，用螺丝刀将电磁线圈的导线从压缩机壳件上脱开。

⑪如图 9-63 所示，取出驱动轴的密封毛毡和毛毡座。

第九章 汽车空调系统维护与检修

图9-62 脱开电磁线圈的导线

图9-63 取出密封毛毡和毛毡座

⑫如图9-64所示,取出驱动轴的密封弹性卡簧。

⑬如图9-65所示,用卡簧钳拆去电磁线圈体的固定弹性卡簧。

图9-64 取出驱动轴的密封弹性卡簧

图9-65 拆卸电磁线圈体的固定弹性卡簧

⑭如图9-66所示,取下弹性卡簧。

⑮如图9-67所示,取下电磁线圈体。

图9-66 取下弹性卡簧

图9-67 取下电磁线圈体

⑯如图9-68所示,把空调压缩机上下翻转180°,并把它固定在拆装台上,松开压缩机壳体的紧固螺栓。

⑰如图9-69所示,用一字螺丝刀小心地撬开气缸盖,注意不要划伤气缸与衬垫的接触表面,拆下定位销。

图 9-68 松开压缩机壳体的紧固螺栓　　　图 9-69 撬开气缸盖

⑱ 如图 9-70 所示,取下气缸盖及衬垫。

⑲ 如图 9-71 所示,取下进、排气阀板。

图 9-70 取下气缸盖及衬垫　　　图 9-71 取下进、排气阀板

⑳ 如图 9-72 所示,检查气缸及活塞的磨损情况,每次拆除气缸盖后应更换密封垫片及 O 形密封圈。

㉑ 如图 9-73 所示,把空调压缩机上下翻转 180°,并把它固定在拆装台上;用梅花扳手拆下前盖紧固螺栓。

图 9-72 检查气缸及活塞的磨损情况　　　图 9-73 拆下前盖紧固螺栓

㉒如图 9-74 所示,小心取下前盖及旋转斜盘。

㉓如图 9-75 所示,检查旋转斜盘及轴承的磨损情况,每次拆除前盖后应更换 O 形密封圈及油封。

图 9-74　取下前盖及旋转斜盘　　　　图 9-75　检查旋转斜盘及轴承的磨损情况

㉔然后取下旋转斜盘及活塞,检查活塞、活塞环、气缸阀片和限位器的磨损情况,如有任何零件损坏,必须更换。

(4) 压缩机的安装按拆卸的相反顺序进行。

① 如图 9-76 所示,清洁空调压缩机各部件,注意不要损伤各部件的密封面;更换所有 O 形圈及密封垫片;在装配之前,用冷冻机油润滑各运动部件及 O 形圈及密封垫片;首先安装活塞、行星盘及旋转斜盘。

② 如图 9-77 所示,更换新的密封垫片,注意旋转斜盘一定要安装到位;装上前盖,并拧紧前盖螺栓(对角拧紧),初次扭矩为接近 19.6N·m,然后用 25N·m 的扭矩最终拧紧。

图 9-76　安装旋转斜盘　　　　图 9-77　拧紧前盖螺栓

③ 如图 9-78 所示,把空调压缩机上下翻转 180°,并把它固定在拆装台上;更换新的密封垫片,将新的定位销子装入缸体上,注意将阀板和进排气簧片阀装到气缸的定位销子上。

④如图9-79所示,更换新的密封垫片,装上气缸盖。

图9-78 安装进、排气阀板　　　图9-79 安装气缸盖

⑤如图9-80所示,放置并拧紧缸盖螺栓(对角拧紧),初次扭矩为接近19.6N·m,然后用35N·m的扭矩最终拧紧。

⑥如图9-81所示,把空调压缩机翻转180°,并把它固定在拆装台上;安装电磁线圈体,注意对准其定位孔。

图9-80 拧紧缸盖螺栓　　　图9-81 安装电磁线圈体

⑦如图9-82所示,用卡簧钳安装电磁线圈固定的弹性卡簧;安装弹性卡簧时,应使其倒角端朝上。

⑧如图9-83所示,用卡簧钳安装驱动轴的密封弹性卡簧。

⑨如图9-84所示,安装驱动轴的密封毛毡和毛毡座。

⑩如图9-85所示,用螺丝刀安装电磁线圈的导线。

⑪如图9-86所示,按原位置安装皮带轮。

⑫如图9-87所示,把压缩机的尾部放在压力机的底座上,把皮带轮与其轴承孔对正,用专用套筒对准驱动轴及轴承内圈,然后用压力机把皮带轮、轴承压装在压缩机的壳体上。

图9-82 安装电磁线圈固定的弹性卡簧

图9-83 安装驱动轴的密封弹性卡簧

图9-84 安装密封毛毡和毛毡座

图9-85 安装电磁线圈的导线

图9-86 安装皮带轮

图9-87 把皮带轮、轴承压装在压缩机的壳体上

⑬如图9-88所示,用卡簧钳安装皮带轮轴承外圈固定的弹性卡簧。
⑭如图9-89所示,用卡簧钳子安装皮带轮轴承内圈的固定弹性卡簧。
⑮如图9-90所示,安装驱动轴上的半圆键。

图9-88 安装皮带轮轴承外圈固定的弹性卡簧　　图9-89 安装皮带轮轴承内圈的固定弹性卡簧

⑯如图9-91所示,安装离合器压盘时,按需要先装离合器调整垫片,离合器的间隙由调整垫片的厚度决定,注意把压盘上的槽对准半圆键。

图9-90 安装驱动轴上的半圆键　　图9-91 安装离合器压盘

⑰如图9-92所示,用专用工具固定离合器压盘的位置,再用扭力扳手拧紧转轴螺母,拧紧力矩为19.6N·m。

⑱如图9-93所示,压缩机安装完后,用厚薄规测量电磁离合器的间隙,间隙的大小一般为0.4~0.8mm;如果间隙不在规定的范围内,要重新拆下离合器压盘,更换调整垫片,直到符合要求为止。

图9-92 用扭力扳手拧紧转轴螺母　　图9-93 用厚薄规测量电磁离合器的间隙

(5)压缩机的检修。

①压缩机的检测:

a. 接上歧管压力表,使发动机在2000r/min左右的转速下工作。

b. 压缩机工作时,检查是否有金属撞击声;若有,应更换压缩机总成。

c. 检查空调系统压力,高压表读数应不低于正常值,低压表读数应不高于正常值。

d. 检查压缩机轴的油封部分是否有制冷剂渗漏;若有,更换油封或更换压缩机总成。

e. 压缩机电磁离合器的检修:如果电磁离合器的线圈与转子的间隙不对,或转子与吸铁之间的间隙不对,或压缩机的工作扭矩过大,或电压不对,都会引起电磁离合器工作不正常或烧坏线圈。

②电磁离合器检查:

a. 外观检查。检查离合器轴承润滑油是否渗漏,压力盘或转子上是否有润滑油痕迹;若有,按要求进行修理或更换。

b. 检查离合器轴承噪声。起动发动机,闭合A/C开关,检查压缩机有否异常噪声;若有,应检修或更换电磁离合器。

c. 检查电磁离合器。从电磁离合器上拆下接线插头,将蓄电池正极接至电磁离合器接线插头,负极接车身,检查电磁离合器是否吸合;如未吸合,则应修理或更换电磁离合器。

d. 检查皮带轮和离合器的间隙尺寸。因磨损会造成离合器尺寸间隙变大,维修时可以通过垫圈调整间隙尺寸。

十一　空调系统电子部件的检测

1　常用传感器的检测

1)车内温度传感器的检测

车内温度传感器的控制电路如图9-94所示,一般可以使用万用表或利用自诊断系统进行检测。

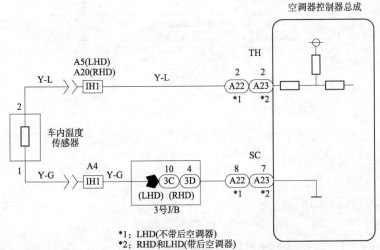

图9-94　车内温度传感器的控制电路

(1) 万用表检测

检查电源线：拆下车内温度传感器的连接器，测量线束侧 2 脚与搭铁之间应有 5V 的直流电压；否则，说明线束或 ECU 有故障。

检查搭铁线：拆下车内温度传感器的连接器，测量线束侧 1 脚与搭铁之间的电阻，应为 0Ω；否则，说明线束或 ECU 有故障。

检查传感器：拆下车内温度传感器的连接器，车辆传感器侧 1 脚与 2 脚之间的电阻，其电阻值应随温度的升高而减小，并与规定相符；否则，说明传感器有故障。

检查传感器信号电压：插好车内温度传感器的连接器，测量 1 脚与 2 脚之间的信号电压，电压值应随温度的升高而减小，并与规定值相符；否则，说明传感器或控制电路有故障。

(2) 诊断检测

空调 ECU 具有自诊断系统，用故障诊断仪和通过空调控制面板读取车内温度传感器测量的温度值，与实际的车内温度相比较。如果测量的温度值与实际温度值不同，则说明车内温度传感器或控制电路有故障，详情请查阅各车型的维修手册。

车内温度传感器有故障时，ECU 自诊断系统能够存储相应的故障码，用故障诊断仪读取故障码可以快速判断故障部位。有些车型在温度传感器出现故障时，空调 ECU 会采用默认值代替，以使空调继续工作，不同的车型替代值不同，如上海别克的替代之为 53℃。

(3) 车内温度传感器的强制通风装置的检测

使鼓风机高速运转，如图 9-95 所示，将一小片纸（5cm×5cm）靠近车内温度传感器，若纸片被吸住，说明车内温度传感器的强制通风良好；若没有被吸住，说明强制通风装置有故障。对于吸气型车内温度传感器，应检测抽风管道密封是否良好；对于电动机型车内温度传感器，应检测电动机及其控制线路。

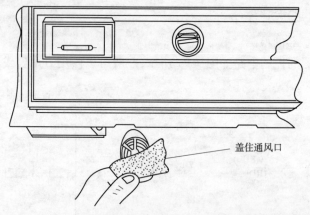

图 9-95　车内温度传感器强制通风装置的检测

2）车外温度传感器的检测

车外温度传感器的检测方法与车内温度传感器的检测方法相同。

3）阳光辐射传感器的检测

(1) 万用表检测

检查传感器电阻：拆下阳光辐射传感器的连接器，车辆传感器侧两插脚之间的电阻，当强光照射时应为 4kΩ；遮住光线时应为无穷大；否则，说明传感器有故障。检测方法如

图 9-96 所示。

检查传感器信号电压:插好阳光传感器的连接器,测量两插脚之间的信号电压,当强光照射时应小于 1V,遮住光线时应大于 4V;否则,说明传感器或控制电路有故障。

(2)自诊断检测

阳光辐射传感器有故障时,ECU 自诊断系统能够存储相应的故障码,用故障诊断仪读取故障码可以快速判断故障部位。注意:在阳光不足的地方(如车间内),也会存储阳光辐射传感器的故障码,此时,可用 60W 的灯源距阳光辐射传感器 25cm 照射来模拟阳光,这时阳光辐射传感器的故障码应消失。

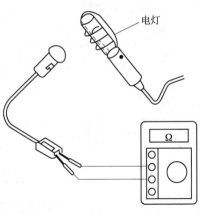

图 9-96 阳光辐射传感器的检测

4)蒸发器温度传感器的检测

蒸发器温度传感器的检测方法与车内温度传感器的检测方法相同。

5)冷却液温度传感器的检测

冷却液温度传感器的检测方法与车内温度传感器的检测方法基本相同,首先检测冷却液温度传感器的供电电压是否为 5V,搭铁脚与发动机缸体之间的电阻是否为 0Ω,若数值异常,则传感器的线路或 ECU 有故障。然后拆下冷却液传感器,对其进行电阻检测,检测方法如图 9-97 所示。

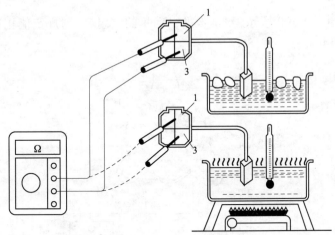

图 9-97 冷却液温度传感器的检测

将拆下的冷却液温度传感器放于不同温度的水中,使用万用表检测冷却液温度传感器的两个插脚,当水温低时,冷却液温度传感器的阻值较大;当加热水温升高后,万用表所测的阻值逐渐减小,且在不同温度值下,冷却液温度传感器的阻值应符合规定值,否则,传感器存在故障。

2 执行器的检测

1)混合门电机的检测

(1)直流电动机驱动型混合门

检测混合门位置传感器:改变设定温度,从最低温度(16℃)调至最高温度(32℃),混合

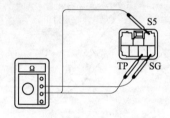

图9-98 混合门位置传感器检测

门从冷气侧移至暖气侧,混合门位置传感器的 TP 与 SG 之间的信号电压应从 4V 均匀下降至 1V,TP 与 SG 之间的电阻应在 3.76~5.76kΩ 无间断地逐渐下降至 0.94~1.44kΩ。检测方法见图9-98所示。

检测直流电动机:将蓄电池正负极加于混合门电动机,混合门应能平稳移动;改变蓄电池极性,混合门应向相反方向移动,检测方法见图9-99所示。

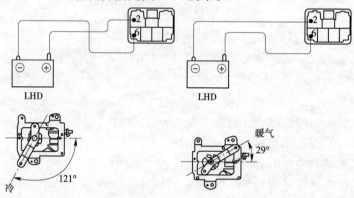

图9-99 混合门直流电动机的动态检测

（2）步进电动机驱动型混合门

其检测方法如图9-100所示,测量步进电动机的电阻,应与规定值相符。如雷克萨斯400步进电动机的电阻为 16-18Ω。

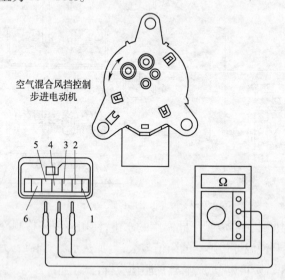

图9-100 混合门步进电动机的检测

（3）内含微芯片的伺服电动机驱动型

①伺服电动机通过数据线与空调电脑相连:其检测方法是检测数据线提供电脑供电电路和通讯电路的电压,风度车型分别为 12V 和 5.5V。拆下接在统一数据线上的气流方式模式门电动机,如此时空气混合门正常,说明气流方式模式门电动机有故障;拆下接在统一数

据线上的空气混合风门电动机,如此时气流方式模式门正常,说明空气混合门电动机有故障;否则,说明空调电脑有故障。

②伺服电动机不通过数据线与空调电脑通信:其检测方法是当混合门电动机控制信号脚电压为2.5V时,混合门不动;当电压为5V时,混合门移动至冷侧,当控制信号脚电压为0V时,混合门应移动至热侧,此时混合门电机的位置传感器信号电压应从4V(最冷)无间断地组件下降到1V(最热)。

2)气流方式模式门伺服电动机

(1)内置位置开关的直流电动机驱动型检测

检测气流方式模式门处于不同位置时位置开关的动作见表9-1。

位置开关的检测 表9-1

模式门位置	位置开关接脚							模式门位置	位置开关接脚						
	2	7	5	6	3	4	1		2	7	5	6	3	4	1
DEF	○			○			○	B/L			○		○		○
F/D					○	○		VENT		○		○			○
FOOT					○		○								

(2)丰田专用的模式门伺服电动机检测

丰田专用的模式门伺服电动机检测方式如图9-101所示。

将伺服电动机7脚接蓄电池负极,6脚接蓄电池正极,若1脚搭铁,伺服电动机应运行在除雾位置,若2脚搭铁,伺服电动机应运行在脚部位置,若4脚搭铁,伺服电动机应运行到双层位置,若5脚搭铁,伺服电动机应运行在吹脸位置。

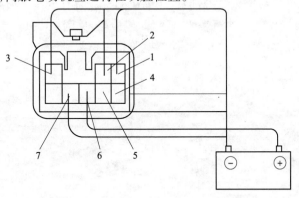

图9-101 丰田专用的模式门伺服电动机检测

第十章　汽车空调系统故障诊断与排除

第一节　汽车空调常见故障诊断与排除

制冷系统故障主要是不制冷或制冷不足、制冷间断、机械噪声。故障的原因主要在制冷系统和电气控制系统。

一、常规检查

（1）检查皮带是否松动，压缩机的安装是否牢固，见图10-1a）。

（2）熔断器、继电器安装是否牢固、是否损坏，开关、线插、接头是否松动、脏污、锈蚀，见图10-1b）。

（3）冷凝器散热片被灰尘、草叶、昆虫堵塞，应冲洗清除；蒸发器过脏也应清洗，见图10-1c）。

（4）通过视液窗检视系统内制冷剂量，压缩机刚接通时有少量气泡属正常。管路有否变形、擦伤破损，管路或接头处有油渍表明有泄漏，应检漏，见图10-1d）。

（5）检查各控制元件工作是否正常，控制电路是否正常。

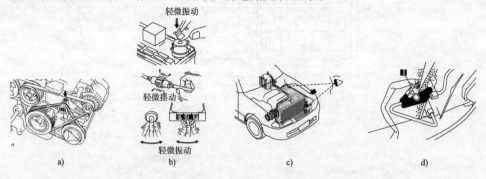

图10-1　空调常规检查

常规检查及调整/修复见表10-1。

汽车空调系统常规检查　　表10-1

部　件	现　象	检查方法	调整/修复	更　换
管路/接口	油迹	目视，检漏仪	拧紧	更换管路及O形圈
	破损	目视		更换
	堵塞	目视	高压水枪/高压空气清洗	

续上表

部件	现象	检查方法	调整/修复	更换
冷凝器	变形	目视	使用专用工具整理	
	管路破损且有油迹	目视		更换冷凝器
蓄电池	接线松动	目视,手触摸	重新连接	
	电量	目视	如电量低,请先充电	
传动皮带	松动	胀力检测器	调整胀紧轮力度;皮带位置	
空气滤芯	堵塞	目视	更换	
储液罐	油迹	目视,检漏仪		更换
	破损	目视		更换
出风口	堵塞	目视,手感	清除杂物;更换	
压缩机	泄压阀开启过/油迹	目视,检漏仪		更换
	机体有破损/裂痕	目视		更换压缩机
	油塞松动/油迹	目视/手感	拧紧	更换油塞及O形圈
	离合器电线破损	目视		更换离合器
	离合器电线接头松动	目视/手感	重新连接	更换
	吸盘松动/破损	目视/手感	拧紧螺母,更换	更换
	吸盘固定螺母松动/脱落	目视/手感	拧紧	

在常规检查结束后,为检查空调的工作状态,还应进行空调的动态检查,核实空调的故障现象,分析可能的故障点,便于进一步的检查与维修。动态初步检查的条件是:启动发动机 5~10min 后启用空调,将进气模式调至外循环,风量调至最大,温度调至最低,运转 5~10min。检查项目及分析见表10-2。

汽车空调系统动态检查 表 10-2

检查	正常情况	异常现象	可能问题点	维修/进一步检查
仪表盘水温指示	90℃左右	水温过高	水箱散热不良	检查散热风扇等原件
感觉出风口温度	温度 3~11℃	温度偏高	空气被加热/热风窜漏	检查风道控制系统
			制冷系统有问题	检查制冷系统压力
感觉出风口风量	风量强劲	风量不足	蒸发器风堵/结霜	检查蒸发器箱/温度控制器
触摸压缩机吸排气管路温度	明显温差(吸气管温度低,排气管温度高)	温差小/无温差	压缩机损坏	压力检查
触摸冷凝器进出管路温度	出口管路温度较低	进出管温度相同	冷凝器散热不良	冷凝器散热工况
膨胀阀进出管路温差	有明显温差	无温差	膨胀阀堵塞	检查膨胀阀
触摸储液罐进出管温度	温度一致	有较大温差	储液罐堵塞	更换储液罐

续上表

检查	正常情况	异常现象	可能问题点	维修/进一步检查
观察压缩机离合器	吸盘紧随皮带轮转动	吸盘打滑	电压低	检查电路
			间隙过大/偏移	检查间隙
			压缩机主轴运行不平稳	检查压缩机
	皮带轮运转	皮带打滑	皮带涨紧力不足	涨紧力检测器

二、用歧管压力表诊断制冷循环系统故障

(一)测试条件

制冷系统压力测试条件如图10-2所示。

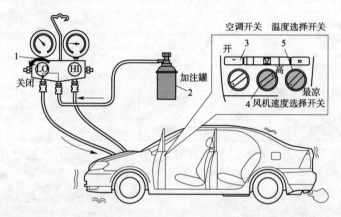

图10-2 制冷系统压力测试条件

1-歧管压力表;2-制冷剂加注罐;3-空调开关;4-风机速度选择开关;5-温度选择开关

(1)发动机:热车。

(2)所有车门:打开。

(3)气流选择器:FACE。

(4)循环方式:内循环。

(5)发动机转速:1500r/min。

(6)鼓风机转速:最高。

(7)温度调节:最冷。

(8)A/C开关:打开。

(二)正常读数

关闭高、低压手动阀,读取高、低压侧压力表的数值,正常读数为:低压侧 0.15~0.25MPa(1.5~2.5kgf/cm²);高压侧 1.37~1.57MPa(14~16kgf/cm²),如图10-3所示。

(三)不制冷故障的诊断

不制冷故障主要由系统阻塞引起。

1 症状

(1)对于完全阻塞,由于制冷剂没能循环(由于冷冻剂循环阻塞),低压侧表压立刻指示一真空压力,高压侧表压变得低于标准值,见图10-4。

(2)阻塞部位前后有温差。

图10-3 制冷循环系统的正常压力

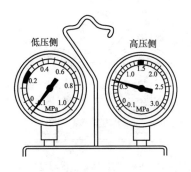

图10-4 高压表指示过低、低压表指示真空

2 排除

(1)弄清楚阻塞的原因:膨胀阀、冷凝器脏堵,清洗或更换;感温包松动,重新绑紧;管路折弯,恢复或更换。

(2)彻底对系统排空、清洗。

(四)制冷量不足的故障诊断

1 制冷剂过多或冷凝器冷却不足

1)症状

如果制冷剂过多或冷凝器散热不良导致冷却不足,低压和高压侧表压显示高于标准值(图10-5);制冷剂过多时甚至低速运行向冷凝器喷水,检视孔也看不到气泡。

2)排除

(1)调节制冷剂量到合适的位置。

(2)冲洗清除冷凝器散热片中灰尘、草叶、死昆虫。

(3)检查汽车的冷却系统(电扇等)。

2 制冷循环中有空气

1)症状

当空气渗透入制冷循环时,低压和高压侧表压均高于标准值(图10-6)。如果制冷剂量是正确的,在观察孔看到的气泡流动与正常运行期间相同,而冷却性能与低压的降低成正比。

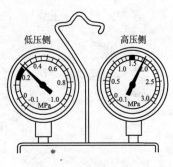

图10-5 高低压表指示均高

2)排除

(1)放出制冷剂,严格对系统抽真空并检漏。

(2)更换制冷剂。

③ 制冷剂不足

1) 症状

歧管压力表测得高低压侧压力均低于标准值(图10-7),检视孔可见大量气泡。有气泡说明制冷剂不足;成泡沫状说明制冷剂严重不足;视液窗看到机油条纹说明系统没有制冷剂了。

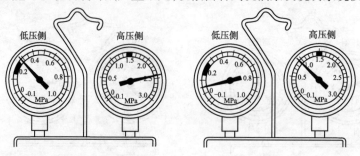

图10-6　高低压表指示均过高　　　　图10-7　高低压表指示均低

2) 排除

(1) 找出泄漏点并修理。

(2) 补充制冷剂。

④ 压缩机机械故障

1) 症状

当在压缩机中有压缩缺陷发生时,低压侧表压高于标准值,高压侧表压低于标准值(图10-8)。关掉空调器后,高压侧和低压侧立刻恢复到同一压力。手摸压缩机组感觉不烫,冷却不足。

2) 排除

(1) 更换压缩机。

(2) 更换缸盖密封垫。

(五) 制冷间断故障

制冷间断故障主要原因是系统中有水分。

① 症状

空调刚起动时一切正常,经过一段时间后低压表针指示逐渐跌落至真空压力,在几秒至几分钟后,低压又恢复到标准值,这一现象反复发生,见图10-9。

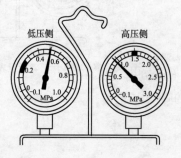 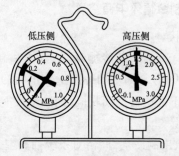

图10-8　高压表指示过低、低压表指示过高　　　图10-9　系统中有水分时的压力表显示

② 排除

(1) 更换储液罐。

(2) 放出制冷剂，反复抽真空，重新充注制冷剂。

三 电气系统故障

① 电气系统检测设备

(1) 数字式多功能汽车万用表

数字式多功能汽车万用表除具有一般万用表的通断性、电压、电流和电阻测试功能之外，还具有信号频率测量、脉宽测量、温度测量、占空比测量等汽车电路检测的实用功能，是汽车电工必备的工具，如图10-10所示。

(2) 汽车检测仪

汽车检测仪是现代汽车故障诊断、检测和维修必不可少的设备。汽车检测仪一般都具有读取故障码、清除故障码、动态数据分析和执行元件测试等功能。如图10-11所示，VAS6150是大众车系专用汽车检测仪，是一个集车辆诊断、检测、信息系统于一体的综合检测仪。在大众车系电路检测，特别是汽车网络系统的故障诊断、检测和波形分析中发挥着不可替代的作用。

图10-10　数字式多功能汽车万用表

图10-11　VAS6150汽车检测仪总成

② 电气系统故障检测

(1) 电磁离合器、鼓风机电动机、冷却风扇电动机的检查，可将其线插拔下，然后用一段导线直接接蓄电池，观察离合器是否动作，电动机是否运转。

(2) 恒温开关或放大器失灵，可用短接法查明损坏原因。

(3) 鼓风机调速电阻故障，查明更换。

(4) 高、低压开关故障：低压开关是常开的，系统压力高于210kPa时就应接通。高压开关是常闭的，在2650kPa左右触点断开。若不符，查明原因，更换损坏件。

(5) 压缩机继电器、风扇继电器故障，可用万用表检测，也可用替换法加以排除。电气系统常见电路如图10-12所示。

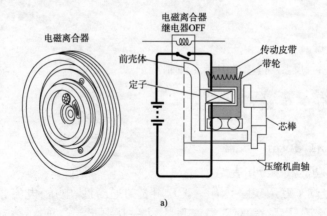

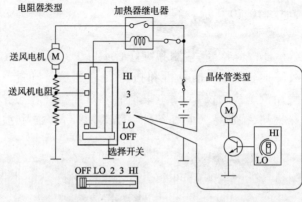

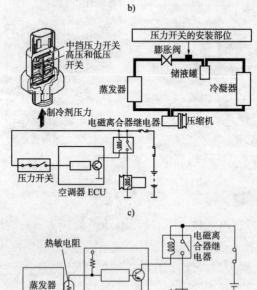

图10-12 电气系统常见电路

四 系统噪声过大

1 传动部分

(1)皮带打滑或带轮中心线不平行。
(2)轴承损坏。
(3)离合器打滑。
(4)压缩机安装不牢。

2 制冷系统

(1)制冷管路由于制冷剂过多、过少或水分过多引起振颤。
(2)风扇叶片变形或刮碰机罩。
(3)压缩机内部损坏。

五 不供暖或供暖不足

1 送风系统故障

(1)空调鼓风机损坏。可将其线插拔下,然后用一段导线直接接蓄电池,观察电动机是否运转。
(2)鼓风机继电器、调温器损坏故障,用万用表检测或更换。
(3)热风管道堵塞故障,予以清除。
(4)温度门真空驱动器损坏。

2 水循环系统故障

图 10-13 所示为水暖式加热系统,其故障原因如下:
(1)冷却水流动不畅。
(2)热水开关或真空驱动器失效。
(3)发动机冷却系节温器失效。
(4)冷却液不足。

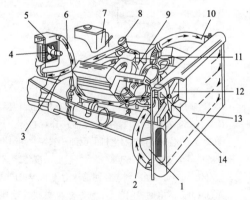

图 10-13 水暖式加热系统
1-溢流管;2-回液管;3-加热器进水管;4-风扇;5-加热器芯;6-加热器出水管;7-溢流管(副水箱);8-热水开关;9-发动机;10-出液罐;11-节温器;12-风扇;13-散热器;14-水泵

第二节　自动空调控制系统故障诊断与排除

一、自动空调故障诊断的特点和基本方法

1 诊断特点

(1)制冷系统同手动空调基本相同。
(2)上汽大众汽车全自动空调的联网图,见图10-14。
(3)具有自我诊断和失效保护功能。
(4)利用电脑自诊断功能来获取汽车空调系统故障的第一手资料。

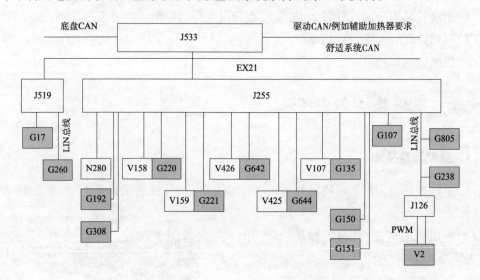

图10-14　上汽大众汽车全自动空调的联网图

EX21-暖风装置/空调操作元件;G17-车外温度传感器;G107-日照光电传感器;G135-除霜翻板伺服电机电位计;G150-左侧出风口温度传感器;G151-右侧出风口温度传感器;G192-脚部空间出风口温度传感器;G220-左侧温度翻板伺服电机电位计;G221-右侧温度翻板伺服电机电位计;G238-空气质量传感器;G260-空调的空气湿度传感器;G308-蒸发器后的温度传感器;G642-空气分配电位计;G644-新鲜空气/循环空气翻板电位计;G805-制冷剂循环回路压力传感器;J126-新鲜空气鼓风机控制单元;J255-全自动空调控制单元;J519-车载电网控制单元;J533-数据总线诊断接口;N280-空调压缩机调节阀;V2-新鲜空气鼓风机;V107-除霜翻板伺服电机;V158-左侧温度翻板伺服电机;V159-右侧温度翻板伺服电机;V425-新鲜空气/循环空气翻板伺服电机;前V426-空气分配翻板伺服电机

2 诊断基本方法

仍按手动空调的看、听、摸、测的方法检查。
(1)检查皮带松紧程度。
(2)熔断器、继电器的状况。

（3）从视液窗检查制冷剂的多少。

（4）制冷系统管路、接头表面有无泄漏留下的油渍。

3 自诊断故障码的读取方法

（1）在自诊断系统中，ECU将指示器、传感器和执行器存在的所有异常以故障代码的形式存入存储器内，即使点火开关关掉，自我诊断结果也保存在存储器中。第一代自诊断系统读取故障码的方法很多，对不同的车型，提取故障码所用的方法不尽相同，大部分汽车利用仪表上发动机故障指示灯的闪烁，高级轿车多通过电子仪表板显示出来故障码数字，维修时必须参阅各车型维修手册正确操作，见图10-15。有条件的维修企业则利用通用或专用解码器直接读取故障信息。需要注意的是，故障码未必指明故障部件，只指出系统不正常的电路范围。

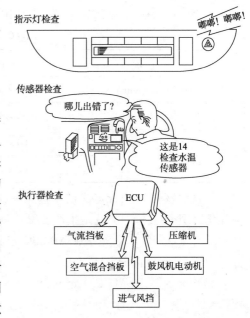

图10-15 利用空调自诊断系统检测故障

（2）目前世界各汽车制造厂生产的新车普遍采用第二代车载诊断系统，即OBD-Ⅱ。该诊断系统有统一的16端子诊断座并统一安装在驾驶室仪表板左下方。规定有统一的检测方式、统一的诊断模式，只需一台仪器就可对各种配备OBD-Ⅱ接口的汽车进行检测。诊断座形状如图10-16所示，端子的代号、意义如表10-3所示。

OBD-Ⅱ诊断座各端子代号及意义　　　表10-3

端子代号	端子功能	端子代号	端子功能
1	供制造厂使用	9	供制造厂使用
2	SAE-J1850"+"	10	SAE-J1850"-"
3	供制造厂使用	11	供制造厂使用
4	车身搭铁	12	供制造厂使用
5	信号回路搭铁	13	供制造厂使用
6	ISO 15765-4 CAN_H	14	ISO 15765-4 CAN_L
7	ISO-9141 资料传输 K	15	ISO-9141 资料传输 L
8	供制造厂使用	16	接蓄电池正极

DTC通常由字母加数字的形式组成，共5位。根据其所属系统不同，DTC可以描述4种系统故障，如表10-4所示。

在所有的DTC中，关于动力系统的故障定义最多，下面就以"P"开头的DTC为例，学习一下DTC的格式。

我们将DTC分为4个部分（图10-16），其中：

P0301
① ② ③ ④

图 10-16

① 表示该 DTC 属于何种系统,见表 10-4。

DTC 表 述 的 系 统 表 10-4

系　统	代码范围	DTC 首字母
动力系统(Powertrain)	P0×××–P3×××	P
车身(Body)	B0×××–B3×××	B
底盘(Chassis)	C0×××–C3×××	C
网络(Network)	U0×××–U3×××	U

② 表示该 DTC 由谁定义的。这里一共有两大类,一类是美国汽车工程学会 SAE/国际标准化组织 ISO,另一类就是生产厂家。具体如下:

P0×××、P2×××——SAE/ISO 定义;P1×××——生产厂家定义;P3×××——部分生产厂家定义,部分 SAE/ISO 预留。

B0×××——SAE/ISO 定义;B1×××、B2×××——生产厂家定义;B3×××——预留。

C0×××——SAE/ISO 定义;C1×××、C2×××——生产厂家定义;C3×××——预留。

U0×××——SAE/ISO 定义;U1×××、U2×××——生产厂家定义;U3×××——预留。

以上可以看出,一般来说,第 2 位如果是"0"那么就是标准 DTC,所有的车辆都一样,第 2 位如果是"1",那么就是由生产厂家自定义了。所以,不能简单地认为,第二代车载诊断系统的故障代码就绝对标准化了,A 厂家的"P0301"等于 B 厂家的"P0301",而 A 厂家的"P1301"并不等于 B 厂家的"P1301"。

③ 表示故障的子系统。虽然第 1 位已经表示了故障的所属系统,但对于一个故障而言,这个范围还是太大了,故在第 3 位进行了详细划分。

P00××——燃油、空气流量及辅助排放控制;

P01××——燃油和空气流量;

P02××——燃油和空气流量;

P03××——点火系统或失火;

P04××——辅助排放控制;

P05××——车速、怠速控制及辅助输入;

P06××——控制单元及辅助输出;

P07××、P08××、P09××——变速器;

P0A××——混合动力;

P0B××–P0F××——预留。

以上可以看出,SAE/ISO 对燃油、空气流量定义的故障代码最多,这也说明了控制空燃比的重要性。

④ 表示故障的精确属性,由 2 位数字组成,从"00"到"99"。

综上,我们知道例子中的 DTC 首先它表示一个动力系统的故障,为标准 DTC,具体描述为点火系统或失火,再通过查询 SAE J2012/ISO 15031-6 得知,P0301 表示"检测到 1 缸失火"。

④ 诊断流程

自动空调系统的故障检测可采用汽车检测仪,按照图 10-17 所示的检测流程进行。

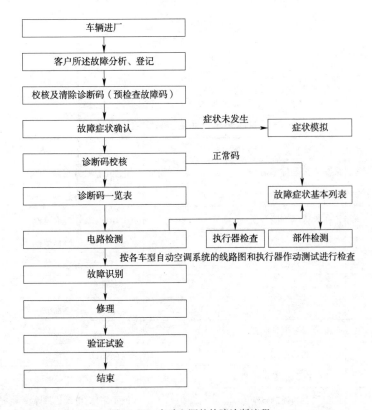

图 10-17 自动空调的故障诊断流程

⑤ 部分车型自诊断举例

1)本田雅阁车自动空调故障诊断

本田雅阁车自动空调控制面板如图 10-18。

(1)故障码的读取。

接通点火开关 ON(Ⅱ),并将温度控制按钮先旋到 MAX COOL(最冷)位置,然后再旋到 MAX HOT(最热)位置;1min 后,同时按下 AUTO 按钮和 OFF 按钮。在按下两按键时,如果系统检测到故障,温度显示器将以不同的显示段(A~N)指示相应的故障部件;如无故障,温度显示器将间隔 1s 重复显示"88"(全部字段);若出现多个故障,相应的指示灯都会点亮。若指示灯 A、C、E、G、I 和 L 同时点亮,则传感器公共搭铁可能存在断路故障,故障码如表 10-5 所示。

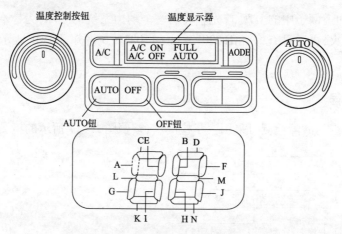

图 10-18 本田雅阁轿车自动空调系统控制面板

本田雅阁轿车自动空调系统故障码表　　　　表 10-5

显示段	故障部件	故障原因
A	车内温度传感器	电路断路,传感器故障
B	车内温度传感器	电路断路,传感器故障
C	车外温度传感器	电路断路,传感器故障
D	车外温度传感器	电路断路,传感器故障
E	阳光传感器	电路断路,传感器故障
F	阳光传感器	电路断路,传感器故障
G	蒸发器温度传感器	电路断路,传感器故障
H	蒸发器温度传感器	电路断路,传感器故障
I	空气混调控制电动机	电路断路
J	空气混调控制电动机	电路断路
K	空气混调控制电动机	通道堵塞,电动机故障
L	模式控制电动机	电路断路或短路
M	模式控制电动机	通道堵塞,电动机故障
N	鼓风机电动机	电路断路或短路,电动机故障

(2) 故障码的清除。

关闭点火开关即可清除故障码。为确认故障已完全排除,一般应再重复读码清码一次。

(3) 故障分析诊断。

诊断前应先做好以下检查工作:

①检查熔断器盒内 56 号、57 号、58 号熔断器是否完好;

②发动机运转至正常工作温度;

③检修已出现的所有故障。

读取故障码后,可根据故障码进行故障诊断。一般应按照传感器、执行器的线插、配线,传感器、执行器、控制器的顺序检查。

2) 宝马 3 系列轿车空调的诊断程序

宝马 3 系列轿车空调系统控制单元存储间歇性或永久性故障码,可用宝马维修测试仪和诊断软件读取故障码,按照故障码的指示进行故障诊断。宝马 3 系列轿车空调系统故障码如表 10-6 所示。

宝马 3 系列轿车空调系统故障码　　　　表 10-6

故障码	故障部件/连接器颜色/端子号	故障部位及原因
01	右温度选择旋钮/黑色/21	电压不正常,配线或选择旋钮故障
04	右加热传感器/白色/25	电压不正常,配线或右加热传感器故障
07	蒸发器温度传感器/白色/22	电压不正常,配线或蒸发器温度传感器故障
10	车外温度传感器/白色/23	电压不正常,配线或车外温度传感器故障
13	车内温度传感器/黑色/24	电压不正常,配线或车内温度传感器故障
16	车内鼓风机传感器/蓝色/18	配线或车内鼓风机传感器故障
25	左温度选择旋钮/黑色/22	电压不正常,配线或选择旋钮故障
28	左加热器传感器/白色/24	电压不正常,配线或左加热传感器故障
31	鼓风机旋钮/黑色23	电压不正常,配线或控制旋钮故障
34	空气分配控制旋钮/白色/21	电压不正常,配线或混合气控制旋钮故障
40	左水阀/黑色/5	配线、控制单元或左水阀故障
44	压缩机参考信号/蓝色/22	配线、发动机控制单元或风扇继电器故障
46	右水阀/黑色/12	配线、控制单元或左水阀故障
47	空调信号至发动机控制单元/黑色/18	配线或耦合继电器故障
48	后窗继电器/蓝色/20	配线或后窗除雾继电器故障
52	新鲜空气风门电动机/蓝色/10、11、12、13	电压不正常,配线或新鲜空气风门电动机故障
55	空气内循环风门电动机/蓝色/6、7、8、9	电压不正常,配线或空气内循环风门电动机故障
61	混合空气风门电动机/蓝色/23、24、25、26	电压不正常,配线或混合空气风门电动机故障
92	端子 50/黑色/1	配线故障
94	单独的加热和通风/白色/17、20	配线或继电器盒故障

二、微电脑控制汽车空调故障诊断与排除

以丰田 LEXUS 车系为例,当系统发生故障时,可通过显示屏读取故障码。LEXUS 车型的空调显示屏如图 10-19 所示。

(一) A/C 系统故障码的读取与清除

1 A/C 系统故障码的读取程序

(1) 同时按 Auto 钮与循环开关。
(2) 将点火开关置 ON,显示屏会闪烁 4 次。

(3) 按一次 OFF 键,即进入故障码读取功能。

(4) 如有故障,温度显示屏会显示故障码。左显示屏显示的故障码为传感器检查诊断故障码,右侧显示屏的故障码为控制键诊断故障码。

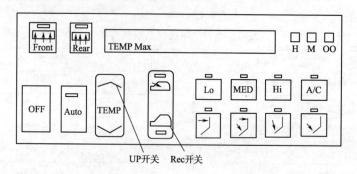

图 10-19　LEXUS 车型的空调显示屏

2 故障码清除程序

(1) 拆下"DOME"熔断丝 10s 后,再装回即可清除故障码。

(2) 控制键检查故障码后,只要按下 OFF 开关即可。

(二) 丰田 LEXUS 车系 A/C 系统故障码表(表 10-7)

丰田 LEXUS 车系 A/C 系统故障码表　　　　表 10-7

故障码	内　容	故障码	内　容
00	系统正常	32	换气循环混合阀位置传感器线路不良
11	车内温度传感器线路不良	33	冷暖气混合阀位置传感器线路不良
12	车外温度传感器线路不良	34	换气循环混合阀位置传感器线路不良
13	蒸发器温度传感器线路不良	41	空气混合温度门的伺服电动机工作,但空气混合温度门位置传感器输出数值无变化
14	水温传感器线路不良		
21	阳光传感器线路不良	42	进气风门伺服电动机工作,但进气风门位置传感器输出数值无变化
22	压缩机皮带伸张传感器线路不良		
23	压力传感器电路开路,制冷剂压力不正常	44	冷气最足伺服电动机工作,但冷气最足风门位置传感器输出数值无变化
31	冷暖气混合阀位置传感器线路不良		

三　独立式汽车空调故障诊断与排除

由于采用独立空调的大型客车其空调系统自控程度都较高,这样前述的空调系统许多故障在控制板上都有所显示,维修人员只需从控制板上的指示灯和控制键的显示情况便会找到许多故障的原因。不过需要说明的是,控制板上所显示的故障均是与空调电气或与该部分有关的元器件发生的故障,当有故障而控制板又不能显示故障时,用一般汽车空调故障的处理方法加以判断和排除。控制板上显示的制冷系统的故障诊断程序及排除方法如下。

① 高压指示灯亮,副发动机停止的故障判断和排除(压力太高)

(1)系统中制冷剂过量,排除多余的制冷剂。
(2)系统中混入空气,放掉全部制冷剂,然后查漏、补焊、抽真空,重新注入制冷剂。
(3)两车停靠太近,冷凝器散热困难。此时将车移位即可。
(4)冷凝器V形皮带打滑,导制冷风量不足,此时更换V形皮带或张紧V形皮带即可。
(5)冷凝器翅片和管道不洁受堵,此时应排除受堵不洁之处。
(6)排气阀与储液干燥器之间堵塞,清理排堵。
(7)高压开关在较低压力下即起动,此时应调整高压开关的动作压力至设定高压。

② 低压指示灯亮,副发动机停止的故障判断程序和排除(压力太低)

(1)系统中制冷剂量太少,查漏补焊后充足制冷剂。
(2)储液干燥器截止阀关闭,打开截止阀即可。
(3)储液干燥器与吸气阀间管路堵塞,查堵并排除。
(4)膨胀阀堵塞,校验阀的工作情况,修理或更换。
(5)压缩机的冷冻润滑油太多,放卸多余油至规定油量。
(6)蒸发器进气滤网被杂物堵塞,应予清除。
(7)蒸发器结霜或通风量不足,由于是受送风机V形皮带过松打滑或送风机烧坏所致,所以相应地应进行蒸发器翅片清洗,调整带轮张力或更换V形皮带、更换风扇电动机。
(8)低压开关在正常的工作压力启动,此时应调整低压开关的启动压力。

③ 冷却液温度指示灯亮,副发动机停止的故障判断程序和排除

(1)散热器内冷却液量不足,查漏后加注冷却液。
(2)水泵故障,修理或更换水泵。
(3)管路堵塞,清洗散热器管路。
(4)风扇V形皮带打滑,更换V形皮带。
(5)冷却液温度开关在正常工作时就接通,校正冷却液温度开关至设定工作温度。
(6)散热器散热片杂物积尘太多,清洗散热片。

④ 1~2个灯亮,但副发动机不自动停止的故障判断和排除

(1)副发动机电路开路或接头松动,查清电路并将接头接牢。
(2)副发动机熄火继电器故障,应予查修,若无法修复则予更换。
(3)副发动机的熄火电磁阀有故障,应予查修,若无法修复则予更换。

⑤ 副发动机自动停止,但指示灯不亮的故障判断和故障排除

(1)指示灯失灵,应更换。
(2)指示灯安装错误,应重新安装。
(3)线路故障(水温电路、压力报警灯电路),检查线路,拧紧接头。
(4)燃油用完,加油。

(5)熄火继电器故障,检修或更换。

(6)熄火电磁阀故障,检修或更换。

6 副发动机在运转中,油压指示灯亮故障的判断和排除

(1)副发动机的润滑油量不足,加足润滑油。

(2)油压开关启停压力太高,检修和调整油压。

(3)机油滤清器堵塞,清堵或更换。

(4)机油润滑管路堵塞,油路清堵,检修发动机。

(5)机油泵故障,检修或更换。

(6)机油黏度太低,更换黏度高的机油。

7 当控制开关旋至 Auto 位置时,发动机无法高速运转故障的判断和排除

(1)线路或副发动机速度转换线路故障,将松动或断开的线路接通,无法解决则更换。

(2)熔断丝熔断(10A),应更换熔丝。

(3)温控器故障,应检修,无法排除则更换。

(4)副发动机速度转换电磁阀故障,检修故障,无法排除则予更换。

(5)电磁阀和节气门之间的连动杆故障,此时应检修连动杆,调整距离,无法解决则予更换。

(6)喷油泵的调速器故障,应修理喷油泵调速器,并进行调整,无法解决则予更换。

8 当控制开关转到 ON 位置,油压灯不亮的故障判断和排除

(1)线路或油压灯电路故障,此时应拧紧松开和接通断开处,无法解决则更换。

(2)熔断丝(10A)熔断,更换熔断丝。

(3)指示灯失灵,应更换。

(4)指示灯安装错误,应重新安装。

(5)油压开关无断开功能,应检修或更换。

(6)开关钥匙在 OFF 的位置触点断开,应检修或更换。

9 点火开关在 OFF 位置,副发动机不停止工作的故障判断或排除

(1)副发动机的停止电路故障,此时检修松动或断开的电路,无法排除则更换。

(2)开关没有置于 OFF 位置,置于 OFF 的位置。

(3)点火开关故障,检查触点,减小电阻或更换开关。

(4)副发动机电路总开关动作太大,修理或更换总开关。

10 点火开关在 ON 位置,副发动机无法起动的故障判断和排除

(1)副发动机起动线路故障,检修松动或更换断开线路,无法解决则更换。

(2)起动电动机故障,更换电动机。

(3)点火开关触点开路或电阻太大,此时应检查触点,减小电阻,无法解决则更换。

(4)副发动机电路总开关电阻太大,应修理或更换。

第十一章　汽车空调系统维修后的性能调试

修理过的汽车空调系统必须进行技术性能的检测,以保证其质量的可靠性。检测内容包括空调系统的外观检查及性能测试。

第一节　汽车空调系统维修后的外观检查

汽车空调的外观检查包括以下内容。

一、外观检查

空调系统各管路连接是否正常;管路接头处是否有油渍;冷凝器表面是否有杂质,翅片是否变形;空调压缩机皮带张紧度是否正常;空调滤清器是否有脏污;线束连接器是否连接牢固;制冷剂有无泄漏等。

二、空调控制面板操作检查

空调控制面板各按钮是否能正确响应;按下 A/C 开关后,空调压缩机电磁离合器是否能正确吸合;调节风量旋钮(或按钮)时,鼓风机能否正确调节风速;调节温度旋钮(或按钮)时,出风口温度是否能正确变化;调节出风口功能按钮时,出风口风向是否正确变化;调节内环循环按钮时,内环循环功能是否正常。如果是自动空调,看其是否在设定的温度范围内稳定工作。

三、制冷剂观察口检查

起动发动机,运行空调系统,发动机转速保持 1800r/min 五分钟,观察制冷剂观察口,会有以下 4 种状态。

(1)观测孔几乎透明,在发动机加速或者减速时偶尔能看见气泡,则说明循环系统正常。

(2)观测孔大量气泡出现,说明缺少制冷剂或系统内存在空气。

(3)观测孔什么也观察不到或者观察到有油纹,可能是循环系统内无制冷剂。

(4)观测孔出现乳白状泡沫或者雾状情况,则可能是制冷剂被污染或湿度过大。

四、温度和压力检查

制冷系统运行时,可通过触摸高低压管路的表面对空调系统进行直观检查。连接压缩机和冷凝器的高压管温度相对很高,可达 70~80℃;连接冷凝器和膨胀阀的高压管,包括储液干燥器温度可达 40~60℃;经过膨胀阀或节流管后,温度会明显下降,温度为 0~3℃;蒸发器出口到压缩机的管路也比较凉,温度为 0~5℃。

第二节 汽车空调系统维修后的性能测试

在所有的安装或维修工作结束,并经过外观检查,在路试之前应做一些简单项目的性能测试,以检查制冷系统的制冷性能是否恢复、故障是否排除等。而对于维修后的汽车空调,在其设计阶段考虑的空调保温性能、车内气流分布、温度差异等都不用检查,故汽车空调系统维修后作简单性能测试,合格即可出厂。

汽车空调系统简单性能测试的方法是用压力表测量其高、低压力值和用温度计测量空调器出风口处的空气温度,检测其是否满足要求。

一、常规空调性能测试

当完成制冷系统的常规检查或者怀疑制冷系统有问题时,还可以对系统进行性能测试。操作步骤如下:

(1)将车辆停放在通风良好的车间内,连接尾气抽排系统。

(2)当发动机运转时,测量并记录冷凝器前面一定距离内(10cm 左右)的外部环境温度。

(3)连接压力表组或制冷剂回收/再生/加注机,读取系统高压侧和低压侧的压力。当制冷系统没有运行时,高压表和低压表将显示相同的压力值;如果只有一个压力表有压力数据,则另外一个压力表可能连接不到位;如果两个压力值都接近于大气压力值,说明该系统内部可能没有制冷剂。

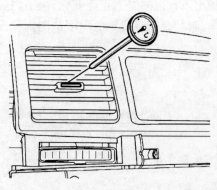

图 11-1 测量出风口温度

关闭除驾驶员侧以外的所有车门及车窗(驾驶员侧车门关闭、车窗保持打开约 12~15cm)、鼓风机转速调整到最高挡、温度调整到最冷位置、空调出风口置于面部出风位置。在仪表台的面部出风口处放置一个温度计或者温度表,如图 11-1 所示。

(4)运行制冷系统,并使发动机转速保持在 1500r/min 约 5min。此时出风口的温度范围应该在 2~7℃。

(5)记录高压表与低压表上的压力值。

(6)关闭发动机,查阅维修手册中空调系统性能表(表 11-1)。将实际测量得出的高、低压力值和出风口的温度值进行对比,确定空调系统性能是否良好。

汽车空调系统性能表   表 11-1

环境空气温度	相对湿度	检修口压力		左侧中心最高排气温度	左后侧最高排气温度
		低压侧维修口压力	高压侧维修口压力		
19~24℃	低于40%	151~241 千帕	1040~1309 千帕	12℃	13℃
	高于40%	172~261 千帕	1102~1391 千帕	13℃	14℃
25~29℃	低于35%	186~261 千帕	1191~1412 千帕	13℃	14℃
	35~50%	199~268 千帕	1219~1440 千帕	13℃	15℃
	高于50%	206~282 千帕	1247~1488 千帕	15℃	18℃

二、独立式汽车空调性能测试

由于独立空调的副发动机转速只有 2~3 挡可调,所以压缩机的工况比较稳定,其高低压力相应也比较稳定。现以日本三菱机电公司生产的 BS701C 独立式大公共汽车空调(制冷量即 88000kJ/h)为例,说明其测试方法。

(1)切断副发动机,将其转速置于高速挡,并关闭所有车门,在压缩机工作后 15min 测定下列数值:高、低压表值;车外环境温度;车内蒸发器循环风入口处的湿球温度。

(2)对照标准低压压力表值图进行比较,若对应的低压表值和车内循环风入口湿球温度值相对坐标点落在室外温度线上,则视为正常运行。从图 11-2 可得标准低压值。例如,车内循环空气湿球温度为 19.5℃,冷凝器入口空气温度为 35℃,则从 19.5℃作垂直线交 35℃坐标直线上的 A 点,A 点的纵坐标(低压表值)为 245kPa,按独立空调工作原理,如果表阀上的低压表值在 245kPa±10kPa 范围内,均属正常范围。

(3)低压表值从图上求出后,再按图 11-3 求出高压表值,对照测试的表阀上压力值是否在正常范围内。例如:从图 11-2 求出低压表值为 245kPa,在图 11-3 中横坐标 2.5kg/cm² 作垂线,相交于 35℃坐标线的 B 点,B 点对应的标准高压压力值为 1.422MPa。如果测试的表阀高压压力值在 1.422MPa±0.2MPa,属于正常工作状态。

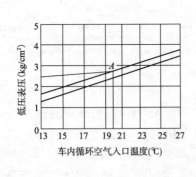

图 11-2 大型客车独立空调标准低压值

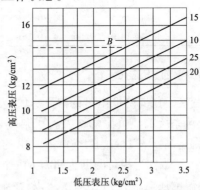

图 11-3 大型客车独立空调标准高压值

三、系统检测数据与自然环境条件变化的关系

测试空调时,压缩机的排气压力和吸气压力、空调器吹出的冷风温度,均受到外界因素,如温度、湿度和海拔高度的影响。

1 海拔高度的影响

海拔高度的变化主要影响测试的表阀压力表上的读数。海拔高度每升高304.8m，压力下降3.5kPa。所以，不同海拔高度的汽车修理厂，应根据自己工厂的海拔高度，对相应高、低压力表的读数进行高程修正。

2 环境温度的影响

环境温度越高，吹向冷凝器的温度越高，其冷却效果越差，这时其冷凝的饱和温度较高，对应的饱和蒸气压力也较高，其测试的高压表值也较高。

环境温度一般对蒸发器的蒸发压力影响不大，因为蒸发压力主要受压缩机转速、蒸发器压力控制装置和膨胀阀影响。在21～32℃的环境温度下蒸发器压力基本不受影响；如果高于32℃，则蒸发器压力会略有升高，但影响不大。所以表阀上的低压表值变化不大。环境温度影响空调冷风的温度。环境温度升高，空调系统的热负荷将增加。同时进入蒸发器表面的空气温度也相对增加，所以吹出来的空调风温度也较高。

环境温度对汽车空调体系测试结果的影响见表11-2。表中的数据是空调系统在如下的工作状态（工况）得出的。压缩机转速2000r/min；温度键置于COOL；功能选择键在A/C；风扇转速为Hi；制冷剂为正常量，冷冻润滑油标准量；用一个大风扇对冷凝器高速送风，并关好车窗门，打开车盖。

环境温度对空调系统的影响　　　　　　表11-2

环境温度 (℃)	排气表压 (MPa)	低压端表压（MPa）		空调冷风温度（℃）	
		POA、VIR、EPR 压力	离合器循环的吸气压力	蒸发器压力控制系统	离合器控制循环系统
21.1	1.01～1.05	0.193～0.214	0.118～0.217	0.6～4.4	1.0～6.7
26.7	10.6～12.1	0.193～0.214	0.118～0.217	1.6～5.6	1.5～7.2
32.2	12.6～14.6	0.193～0.214	0.118～0.217	1.6～6.1	3.0～8.0
37.8	14.4～15.5	0.200～0.241	0.138～0.227	2.8～6.7	4.2～10.0
43.3	18.3～19.0	0.214～0.261	0.158～0.238	3.3～8.1	4.5～12.0

3 环境湿度的影响

空调制冷不仅要降低空气的温度，还要对空气中的水分除湿。显然，空调环境的空气湿度越大，空调系统的热负荷就越大。在制冷量一定的空调系统中，环境的湿度越大，空调冷风的温度就越高。表11-1中，空调器吹出的温度变化值，主要是受湿度的影响，其中当湿度为30%时，为下限；当相对湿度为90%时，冷风温度在上限。如果通过蒸发器空气的湿度为95%时，其温度还会上升2～3℃。所以，在湿度很大的时候，空调的外循环风门最好关闭，以有利于减少空调器的热负荷，使空气温度尽快下降。

由于大气环境温度、湿度的海拔高度，特别是环境温度和湿度对空调系统的影响极大，所以，要为各种不同类型的汽车空调制定一个特定的检测特性数据表是不切合实际的。所以，如果性能试验的结果在正常工作的压力和温度之内，且其他检查都无缺陷，就可以认为修理工作可以结束。

参 考 文 献

[1] 马华祥,朱建风.自动空调系统[M].福州:福建科学技术出版社,2001.
[2] 郝军.汽车空调[M].北京:机械工业出版社,2004.
[3] 德威金斯·BH.汽车空调.林梅,林江,夏永玲,等,译.北京:机械工业出版社,1998.
[4] 潘卫荣.汽车空调[M].北京:机械工业出版社,2004.
[5] 徐淼,汪立亮,周玉茹.现代汽车自动空调系统原理与检修[M].北京:电子工业出版社,2000.
[6] 李祥峰.汽车空调[M].西安:西安电子科技大学出版社,2006.
[7] 刘波,李德伟.轿车空调系统精选故障诊断排除实例[M].北京:人民交通出版社,2003.
[8] 唐晓丹.汽车空调系统结构与原理彩色图册[M].北京:人民交通出版社,2007.
[9] 徐向阳.进口高级轿车电控系统维修技术手册[M].哈尔滨:黑龙江科学技术出版社,1998.
[10] 马勇智,刘可湘.汽车电器维修技师培训教材[M].北京:人民交通出版社,2003.
[11] 张西振,毛峰.轿车空调系统检修培训教程[M].北京:机械工业出版社,2004.